Florian Allerding

AF239108

Organic Smart Home

Energiemanagement für Intelligente Gebäude

Organic Smart Home

Energiemanagement für Intelligente Gebäude

von
Florian Allerding

Dissertation, Karlsruher Institut für Technologie (KIT)
Fakultät für Wirtschaftswissenschaften, 2013
Tag der mündlichen Prüfung: 25. Juli 2013
Referenten: Prof. Dr. Hartmut Schmeck, Prof. Dr. Wolf Fichtner

Umschlagsgestaltung
Florian Allerding

Impressum

 Scientific
Publishing

Karlsruher Institut für Technologie (KIT)
KIT Scientific Publishing
Straße am Forum 2
D-76131 Karlsruhe

KIT Scientific Publishing is a registered trademark of Karlsruhe
Institute of Technology. Reprint using the book cover is not allowed.

www.ksp.kit.edu

 *This document – excluding the cover – is licensed under the
Creative Commons Attribution-Share Alike 3.0 DE License
(CC BY-SA 3.0 DE): http://creativecommons.org/licenses/by-sa/3.0/de/*

 *The cover page is licensed under the Creative Commons
Attribution-No Derivatives 3.0 DE License (CC BY-ND 3.0 DE):
http://creativecommons.org/licenses/by-nd/3.0/de/*

Print on Demand 2014

ISBN 978-3-7315-0181-7
DOI: 10.5445/KSP/1000038928

Organic Smart Home

Energiemanagement für Intelligente Gebäude

Zur Erlangung des akademischen Grades eines
Doktors der Wirtschaftswissenschaften

(Dr. rer. pol.)

von der Fakultät für Wirtschaftswissenschaften
des Karlsruher Instituts für Technologie (KIT)

genehmigte

DISSERTATION

von

Dipl.-Inform. Florian Allerding

Tag der mündlichen Prüfung: 25. Juli 2013
Referent: Prof. Dr. Hartmut Schmeck
Korreferent: Prof. Dr. Wolf Fichtner

2013 Karlsruhe

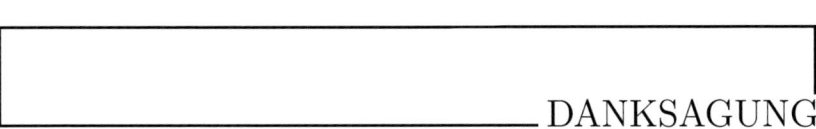

DANKSAGUNG

Der Weg vom Beginn meiner wissenschaftlichen Tätigkeit über die Themenfindung bis zur vollendeten Promotion war eine in jeder Hinsicht bereichernde Erfahrung. Dafür möchte ich zunächst meinem Doktorvater, Herrn Prof. Hartmut Schmeck, danken. Die Möglichkeit und Freiheit, das Thema dieser Arbeit selbst finden zu können und seine volle Unterstützung dabei zu erhalten, waren für mich von unschätzbarem Wert.

Auf jedem Schritt dieses Weges war die familiäre und konstruktive Arbeitsatmosphäre, die meine Kollegen und Freunde in der Forschungsgruppe Effiziente Algorithmen am Karlsruher Institut für Technologie und in der Gruppe IIK am Forschungszentrum für Informatik schufen, eine große Unterstützung. Dafür, sowie für das geduldige Korrekturlesen, an dieser Stelle ein tief empfundenes „Danke!".

Insbesondere sind hier jene hervorzuheben, die mitgeholfen haben, die Forschungsarbeit Organic Smart Home in eine produktiv einsetzbare Energiemanagement-Plattform zu überführen.

Florian Allerding
Karlsruhe, Juli 2013

INHALTSVERZEICHNIS

TABELLENVERZEICHNIS

ABBILDUNGSVERZEICHNIS

KAPITEL 1

EINFÜHRUNG

Der Klimawandel, die zunehmende Rohstoffverknappung, die dadurch bedingt steigenden Rohstoff- und Energiepreise sind von dem Parkett der aktuellen Politik nicht mehr wegzudenken. Gleichzeitig ist die ständige Verfügbarkeit verschiedenster Energieformen im täglichen Leben selbstverständlich. Insbesondere gilt dies für die Verfügbarkeit elektrischer Energie. Die Versorgungssicherheit steht daher im Zentrum mannigfaltiger politischer, wirtschaftlicher und gesellschaftlicher Interessen und Bestrebungen. Ein weiterer Begriff, der in diesem Themenkomplex in den letzten Jahrzehnten zunehmend an Bedeutung gewann, ist der Nachhaltigkeitsaspekt. Hierin vereinen sich sowohl Ziele hinsichtlich der heutigen Ausgangslage als auch Gedanken hinsichtlich der Ausgangslage zukünftiger Generationen, die unter einer Ausbeutung natürlicher Ressourcen und der Überbeanspruchung der Umwelt direkt oder indirekt zu leiden haben. Dabei stehen in besonderem Maße die Treibhausgasemissionen, die bei der Energieerzeugung, -umwandlung und -nutzung entstehen, im Fokus. Die Europäische Kommission geht davon aus, dass 80% der entsprechenden Emissionen in diesem Bereich entstehen [Komm07], und sie gelten als hauptverantwortlich für eine zunehmende Erwärmung des weltweiten Klimas. Ein Anstieg der Meeresspiegel, die Zunahme extremer Wetterlagen

1

sowie daraus resultierend eine Verknappung der Anbauflächen und des Lebensraums, die häufig als Folgen einer derartigen Erwärmung gesehen werden, bei gleichzeitig global steigenden Bevölkerungszahlen könnten weitreichende soziale, ökonomische und ökologische Konsequenzen nach sich ziehen.

Dieser Umstände werden sich Politik und Öffentlichkeit zunehmend bewusst und daraus entstehen sowohl in der Ausgestaltung der Gesetzeslage als auch im privaten Bereich Bestrebungen, dieser Entwicklung entgegenzuwirken und vielmehr einen nachhaltigen Umgang mit Energieerzeugung und -verbrauch anzustreben[1].

Vor diesem Hintergrund sollen im Folgenden die daraus abgeleiteten politischen Zielvorstellungen auf europäischer und deutscher Ebene vorgestellt werden, die eine wichtige Motivation zu den Forschungstätigkeiten im Rahmen der vorliegenden Arbeit bilden. Darüber hinaus soll auch der motivierende Aspekt auf Basis der komfortorientierten Weiterentwicklung der Technik erwähnt werden. Daraufhin sollen die allgemeine Zielsetzung der vorliegenden Arbeit und ihre wichtigsten Beiträge zusammenfassend dargestellt werden. Dieses Kapitel schließt mit einer Vorstellung der Gliederung der Arbeit, die eine weitere Orientierung erleichtern soll.

1.1 Motivation

Die Verfügbarkeit und Nutzbarmachung fossiler Energieträger stellten in der Menschheitsgeschichte in unterschiedlichen Zusammenhängen immer eine wichtige Bedingung zum Überleben und zur Weiterentwicklung dar. In besonderem Maße gilt dies seit dem Beginn der Industrialisierung und der daraus inzwischen entstandenen globalen Wirtschaft, wie man sie heutzutage beobachten kann (vgl. [SPH10]). Ganze Volkswirtschaften befinden sich dabei in einer Lage, dass diese Rohstoffe im eigenen Land nur in beschränktem Maße verfügbar sind oder nur mit sehr hohem Aufwand gewonnen werden können. Insbesondere gilt dies für viele Länder in der Europäischen Union, die bereits heute, bezogen auf ihren Gesamtenergie-

---

[1]Energie kann in einem geschlossenen System weder *erzeugt* noch *verbraucht*, sondern nur *umgewandelt* werden (erster Hauptsatz der Thermodynamik). In wirtschaftlich-technischer Hinsicht kann jedoch von einem Vorgang der Erzeugung und des Verbrauchs gesprochen werden [SPH10].

verbrauch, zu 50% von Importen abhängig ist - mit steigender Tendenz (vgl. [Komm07]).

Auf dieser Basis sowie vor dem Hintergrund der hohen Bedeutung der Verfügbarkeit von sicherer, qualitativ hochwertiger und preisgünstiger Energie einerseits für die Bürger, andererseits für die Wirtschaft, hat sich die Europäische Union diesbezüglich für die Zukunft ambitionierte Ziele gesetzt. Dabei handelt es sich um:

- Die Senkung der Treibhausgasemissionen um 20% bis zum Jahr 2020 bezogen auf die Werte von 1990.

- Die Steigerung der Energieeffizienz um 20% bis zum Jahr 2020.

- Die Erhöhung des Anteils erneuerbarer Energiequellen am Brutto-endenergieverbrauch auf 20% bis zum Jahr 2020.

Diese Ziele werden zusammenfassend als *20-20-20-Ziele* bezeichnet und sind unter anderem in der Richtlinie 2009/28/EG des Europäischen Parlaments und des Rates verankert. In diesem Kontext spielt auch der Aspekt des Klimaschutzes eine wichtige Rolle.

Eine Umsetzung dieser Ziele erfordert von allen Mitgliedstaaten umfangreiche Maßnahmen, die sich in Deutschland vor allem in dem von der Bundesregierung 2012 vollumfänglich verabschiedeten Energiepaket niederschlagen. Insbesondere im Hinblick auf die Stromerzeugung, die ab 2022 ohne den Einsatz von Kernkraftwerken erfolgen soll, haben diese Ziele weitreichende Auswirkungen, die zu Recht als *Energiewende* bezeichnet werden wie Abbildung 1.1 dargestellt. Bis 2050 soll sich dazu der Anteil der Erzeugung aus erneuerbaren Quellen auf mindestens 80% erhöhen (vgl. [Bund12a]).

Zur Unterstützung der Umsetzung dieser Politik wurden und werden diverse Forschungsprojekte vorangetrieben. Dazu zählen insbesondere Projekte des Förderprogramms *E-Energy - IKT-basiertes Energiesystem der Zukunft* des Bundesministeriums für Wirtschaft und Technologie in ressortübergreifender Partnerschaft mit dem Bundesministerium für Umwelt, Naturschutz und Reaktorsicherheit[2]. In diesem Rahmen fand beispielsweise das Forschungsvorhaben *MeRegio* (Aufbruch zu Minimum

---

[2]http://www.e-energy.de/

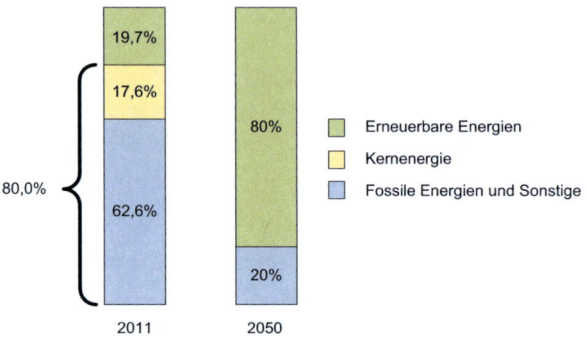

Abbildung 1.1: Energiewende in der Stromerzeugung, angelehnt an [Bund12b]

Emission Region) statt, das sich unter anderem mit der Vernetzung zentraler und dezentraler Energieerzeugungsanlagen über Informations- und Kommunikationstechnologie (IKT) auseinander setzte[3]. Konzepte einer solchen Verbindung klassischer Stromnetze mit IKT sollen dazu betragen, die Energiesysteme der Zukunft flexibler und intelligenter zu gestalten, sodass eine Einbindung auch dezentraler volatiler Erzeugungsanlagen auf Basis von erneuerbaren Quellen wie Windkraft oder Photovoltaik, wirtschaftlich und ökologisch erfolgen kann. Ansätze in dieser Hinsicht werden oft unter dem Oberbegriff *Smart Grid* zusammengefasst.

In einem derartigen intelligenten Netz gewinnt auch die Einbindung des Verbrauchers an Bedeutung. Während sich in der klassischen Herangehensweise die Produktion von Energie auf die Nachfrage einstellt, kann durch IKT zunehmend die Möglichkeit geschaffen werden, dieses Verhältnis hin zu einer eher produktionsorientierten Nachfrage umzugestalten. Neben der Chance auf eine verstärkte Nutzung des Stroms aus erneuerbaren Quellen bilden sich für den Verbraucher neuartige Wege aus, seinen eigenen Energiekonsum zu überwachen und zu steuern und dadurch einerseits seine Kosten zu senken, andererseits ein umweltbewusstes Verhalten an den Tag zu legen.

---

[3]http://www.meregio.de/

Diese Integration kann mit der verankerten Verpflichtung der Energieversorger zur Einführung variabler Stromtarife[4] sowie der Einführung intelligenter Stromzähler[5] erfolgen, ist jedoch für den Verbraucher oft mit einem hohen Mehraufwand verbunden [Verb12].

An dieser Stelle bieten Hausautomatisierungssysteme, die bisher meist zur Steigerung des Komforts für die Bewohner dienten, eine interessante Ausgangsbasis zur Schaffung eines Systems, das in der Lage ist, den Energie- und insbesondere den Stromverbrauch in einem Haushalt auf mehrere der folgenden Anforderungen hin zu gestalten:

- Verbesserung der Einbindung erneuerbarer Energien in die Stromerzeugung und dadurch Senkung der energiespezifischen Treibhausgasemissionen.

- Erhöhung der Energieeffizienz durch intelligente Ausgestaltung von Komponenten der Stromnetze, insbesondere auf der Ebene des Endverbrauchers.

- Entlastung des Verbrauchers, indem ihm die Möglichkeit zur umweltbewussten Senkung seiner Kosten geboten wird ohne ihn dabei in seinem Alltag zu beeinträchtigen.

- Verantwortliche Integration des Endverbrauchers in die Gestaltung eines zukünftigen intelligenten Energiesystems, das ihm gleichzeitig zusätzliche Komfortfunktionen bietet.

Auf Basis dieser motivierenden Elemente werden im Folgenden die zentralen Zielsetzungen der vorliegenden Arbeit vorgestellt.

1.2 Zielsetzung

Um die ambitionierten Ziele hinsichtlich der Eingliederung erneuerbarer Energien in die Stromerzeugung in die Realität umzusetzen, sind umfangreiche Investitionen, insbesondere in den Ausbau der Netze, vonnöten [Bund12a]. Der Aufbau eines intelligenten Stromnetzes bietet dabei

---

[4]EnWG §40 Abs. 5
[5]vgl. EnWG §21d

weniger einen Ersatz dieser Maßnahmen, sondern vielmehr eine Erweiterung und trägt dadurch zu einer effizienten Gestaltung der Umsetzung der energiepolitischen Zielstellungen bei.

Wie bereits im Vorhergehenden erwähnt, spielt dabei die Einbindung des Endverbrauchers eine wichtige Rolle. Darauf aufbauend soll die vorliegende Arbeit einen Lösungsansatz vorstellen, der diese Einbindung ermöglicht. Dabei wird die Problemstellung in einem Bottom-up-Ansatz angegangen, indem ein *Energiemanagement-System* konzipiert wird, das auf der Basis von informationstechnisch vernetzten Komponenten bzw. Geräten in Gebäuden oder Haushalten agiert. Dabei gilt es, verschiedenste Gegebenheiten bzw. Restriktionen eines solchen Systems in die Betrachtungen miteinzubeziehen.

Darunter ist zuerst die Heterogenität einer realen Haushaltsumgebung zu nennen. Es werden verschiedenste Geräte unterschiedlicher Hersteller eingesetzt, die jeweils von dem Bewohner respektive dem Benutzer zur Erfüllung seiner Bedürfnisse eingesetzt werden oder deren Erfüllung dienen. Diese Geräte müssen auf eine möglichst generische Weise von einem Energiemanagement-System eingebunden werden können.

Darüber hinaus ist ein Haushalt ein dynamisches System, das permanenten äußeren wie inneren Veränderungen unterworfen ist. Die äußeren Bedingungen sind dabei durch die Umwelt beeinflusst, beispielsweise durch Veränderung der Wetterlage, die inneren Bedingungen werden größtenteils von dem Benutzer selbst gestaltet, der Geräte verwendet, sie neu anschafft oder entfernt. Ein statisch entwickeltes Energiemanagement-System würde es erfordern, dieses bei jeglicher Veränderung im Gebäude, wie beispielsweise das Hinzukommen eines neuen Gerätes, mit eventuell massivem Aufwand anzupassen.

Der dazu erforderliche Aufwand würde die Benutzerfreundlichkeit und eventuell die Kosten eines derartigen Systems negativ beeinflussen, weswegen die Zielvorstellung vielmehr darin liegt, ein flexibles und erweiterbares System zu schaffen.

Eine weitere, permanent zu beachtende und extrem dynamische Komponente in diesem Gesamtsystem bildet der Benutzer selbst. Seine Wünsche müssen stets im Vordergrund stehen, auch wenn sie eventuell, rational betrachtet, einem optimalen Endergebnis entgegenstehen. Eine Überwachungs- und Steuerungsfunktion des Energiemanagements muss daher diese Wünsche stets in das Zentrum aller Entscheidungen stellen. Bei allen diesen und weiteren Veränderungen muss das System darüber hinaus stabil und robust agieren und die bestmöglichen Ergebnisse hinsichtlich seiner diversen Zielstellungen generieren. Dazu zählt unter anderem, dass ein akzeptabler Betrieb der im Haushalt befindlichen Komponenten durchgehend aufrecht erhalten muss, trotz Störungen und unvorhergesehener Ereignisse.

Zusammenfassend soll im Rahmen der vorliegenden Arbeit ein System vorgestellt werden, das sich für den Einsatz im Energiemanagement intelligenter Gebäude eignet und zusätzlich in der Lage ist, gleichzeitig den Komfort für den Benutzer zu erhöhen, dazu beitragen kann, übergeordnete energie- und klimapolitische Ziele zu unterstützen und sich beim laufenden Betrieb flexibel und robust verhält sowie in verschiedenster Hinsicht erweiterbar ist.

Von den Zielstellungen hinsichtlich eines derartigen Energiemanagement-Systems ausgehend werden nun die wesentlichen Beiträge der Arbeit vorgestellt und klassifiziert.

1.3 Beiträge der Arbeit

Ein entscheidender Aspekt bei der Entwicklung eines Energiemanagement-Systems für Gebäude ist der Entwurf einer Architektur, die den in diesem Kontext auftretenden Herausforderungen genügt. Dazu zählt zunächst die Heterogenität der Konfiguration von Komponenten, die in einem (privaten) Haushalt beispielsweise durch die Verwendung von Geräten unterschiedlicher Hersteller auftritt. Durch Neuinstallation, Entfernung oder Austausch von Komponenten bewegt man sich zudem in einem stark veränderlichen Umfeld. Um ein Energiemanagement-System flächendeckend in Gebäuden zu integrieren, ist es erforderlich, dass ein solches Energiemanagement-System in der Lage ist, die aus den heterogenen und veränderlichen Situationen resultierenden Anforderungen hinsichtlich Flexibilität, Adaptivität und Erweiterbarkeit zu erfüllen.

Der Beitrag der vorliegenden Arbeit ist die Entwicklung eines generischen Rahmenwerks und einer Laufzeitumgebung zum Betrieb eines Energiemanagement-Systems für intelligente Gebäude, das Organic Smart Home.

Viele der vorhandenen Lösungen stellen häufig nur eine geringe Flexibilität und Erweiterbarkeit zur Verfügung, was insbesondere dann zutage tritt, wenn sie in sehr unterschiedlichen Haushalten betrieben werden oder es zu unvorhergesehen, sich stark verändernden Situationen kommt.

Das Organic Smart Home ist dahingegen in der Lage, über eine *Hardware-Abstraktion* das Energiemanagement transparent gegenüber der heterogenen, im Haushalt eingesetzten Komponenten zu realisieren. Diese Transparenz wird durch den Einsatz von Treibern für die einzelnen Komponenten erreicht, indem diese Treiber die hersteller- und gerätespezifischen Eigenschaften und Kommunikationsprotokolle an eine einheitliche Schnittstelle zum Energiemanagement adaptieren, die *Hardware-Abstraktionsschicht* des Organic Smart Home. Dadurch wird eine Entkoppelung zwischen der Komponentenebene und der Energiemanagement-Ebene im Gebäude erreicht.

Darauf aufbauend bietet das Organic Smart Home eine flexibles und generisches Rahmenwerk, in dem ein Energiemanagement betrieben werden kann. Um dies zu realisieren, wird den einzelnen Geräten und Anlagen im Haushalt auf der Ebene des Energiemanagements jeweils eine spezifische lokale Einheit zugeordnet. Diese lokalen Einheiten kooperieren mithilfe eines hierarchischen Energiemanagement-Ansatzes mit einer globalen Einheit.

Die globale Energiemanagement-Einheit erhält dabei einerseits externe Signale, wie beispielsweise variable Stromtarife, andererseits ist ihr Verhalten durch die Wünsche und Präferenzen der Bewohner des Haushalts bestimmt. Um dabei sowohl internen als auch externen Vorgaben möglichst optimal zu genügen, wird im Zuge des hierarchischen Energiemanagements ein *teilproblembasiertes Optimierungsverfahren* eingesetzt. Die Idee der teilproblembasierten Optimierung ist, dass jede einzelne Komponente im Haushalt, die an dem Energiemanagement teilnimmt, ein Teilproblem darstellt. Diese Teilprobleme werden durch die lokalen Einheiten abstrahiert, in der globalen Einheit zusammengefügt und als Gesamtproblem, unter Berücksichtigung der internen und externen Vorgaben gelöst.

Um den hierarchischen Ansatz sowie die teilproblembasierte Optimierung in einem Haushalt einsetzen zu können, bietet das Organic Smart Home eine Laufzeitumgebung. Diese stellt dabei eine Art „Betriebsystem" für intelligente Gebäude dar, indem sie die einzelnen Einheiten des Energiemanagements verwaltet und die Kommunikation zwischen den Energiemanagement-Einheiten und den physikalischen Anlagen und Geräten im Haushalt sicherstellt.

Das Organic Smart Home wurde im Rahmen dieser Arbeit simulativ mit diversen Haushaltskonfigurationen evaluiert und die Erweiterbarkeit, Flexibilität und Adaptivität der zugrundeliegenden Konzepte validiert. Darüber hinaus kommt das Organic Smart Home dauerhaft in der realen Umgebung eines intelligenten Gebäudes zum Einsatz.

Der folgende Abschnitt erläutert nun die Gliederung der vorliegenden Arbeit.

1.4 Gliederung der Arbeit

Um die Beiträge der vorliegenden Arbeit in einen Gesamtzusammenhang einordnen zu können, führt Kapitel 2 zunächst die Konzepte des intelligenten Netzes, *Smart Grid*, und des intelligenten Gebäudes, *Smart Home*, ein und beleuchtet deren Bestandteile und weitere Aspekte näher. Darauf aufbauend schildert Kapitel 3 einige der darin möglichen Techniken und Maßnahmen, führt den Begriff des *autonomen Energiemanagements* ein und stellt einen möglichen Ansatz zur Klassifizierung von Komponenten eines Haushalts vor.

Damit ist der Rahmen geschaffen, in dem der Hauptbeitrag der Arbeit entwickelt wurde, welcher unter dem Oberbegriff des *organischen Energiemanagements* in Kapitel 4 zunächst hinsichtlich seiner Wurzeln im *Organic Computing* sowie der daraus entwickelten generischen *Observer/Controller-Architektur* beleuchtet wird. Das *Organic Smart Home* stellt dabei eine konkrete Ausprägung dieser Architektur als Rahmenwerk und Laufzeitumgebung für ein Energiemanagement-System in intelligenten Gebäuden dar. Seine Komponenten, deren Funktionsweise sowie ihr Zusammenspiel werden dort erläutert, der Einsatz in einer Simulationsumgebung und reale Einsatzszenarien geschildert, bevor eine konkrete Implementierung des Organic Smart Home vorgestellt wird.

Der Fokus von Kapitel 5 liegt zum einen auf den Problemstellungen, denen sich ein Energiemanagement-System gegenübersieht, die dort in einer formalen Modellierung zusammengefasst werden.

Darauf aufbauend ist in Kapitel 6 die Einbindung dieser Problemstellungen und Lösungsansätze in das Organic Smart Home dargestellt, die in Form einer Problempartitionierung und deren Lösung mit einem teilproblembasiertes Optimierungsverfahren erfolgen. Diese Konzepte bilden einen weiteren wichtigen Beitrag der vorliegenden Arbeit und können durch die Einbindung einer Prädiktion unterstützt werden, die in diesem Zuge in das Energiemanagement integriert wird. Darüber hinaus werden Plattformen für das Organic Smart Home vorgeschlagen, die seinen Einsatz in realen Szenarien ermöglichen.

Der vorliegenden Arbeit verwandte Ansätze sind Gegenstand von Kapitel 7, das die in der vorliegenden Arbeit dargelegten Konzepte ausgewählten, bereits bestehenden wissenschaftlichen und technologischen Ergebnissen gegenüberstellt.

Die Evaluation und Validierung der untersuchten Energiemanagement-Konzepte erfolgte dabei einerseits in einer realen Umgebung, anderseits auf simulativer Ebene. Deren Beschreibung sowie die durchgeführten Experimente und deren Ergebnisse, werden in Kapitel 8 vorgestellt und diskutiert. Die Arbeit schließt mit einer zusammenfassenden Darstellung und einem Ausblick.

KAPITEL 2

ELEKTRISCHE ENERGIENETZE DER ZUKUNFT

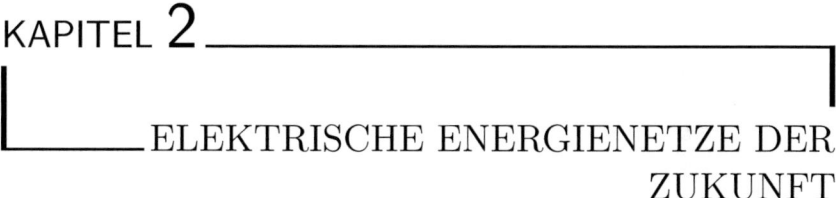

Im Rahmen der in Deutschland geplanten Energiewende soll die traditionelle Energieversorgung erweitert bzw. teilweise ersetzt werden durch verstärkt dezentrale Komponenten. Diese Komponenten umfassen unter anderem den schwerpunktmäßigen Einsatz erneuerbarer Energien, die zumeist in kleineren, verteilten Erzeugungsanlagen gewonnen werden.

Abbildung 2.1 illustriert eine der Folgen eines solchen Umbaus. In einem klassischen Strahlnetz nimmt die Spannung, ausgehend von der Ortsnetzstation, in Richtung der Netzsenke kontinuierlich ab (vgl. Abbildung 2.1(a)). Durch die Einbindung dezentraler Erzeuger kann es hingegen lokal zu Spannungserhöhungen oder durch starke Verbraucher (wie beispielsweise Elektrofahrzeuge) zu erheblichen Spannungseinbrüchen kommen (vgl. Abbildung 2.1(b)). Da auf dieser Ebene des Netzes in Deutschland bisher keine flächendeckende Überwachung stattfindet (vgl. [BKZ10]), werden daraus resultierende Probleme, wie die hier dargestellte verminderte bis inakzeptable Spannungsqualität, weder erkannt noch kann ihnen entgegengewirkt werden. Eine Lösung um die geplan-

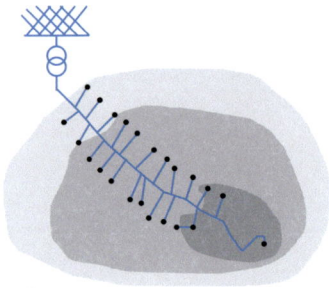 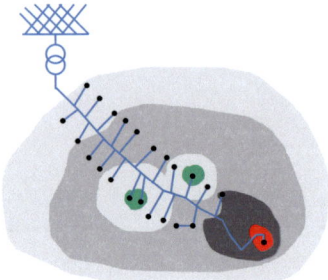

(a) Spannungsverlauf: klassische Sicht   (b) Spannungsverlauf: mit dezentralen Erzeugern

Abbildung 2.1: Beispielhafte Spannungsverhältnisse in einem Strahlnetz

ten Veränderungen umzusetzen und dennoch ein kontrollierbares und robustes Netz weiter aufrecht zu erhalten, stellt die Anreicherung der klassischen elektrischen Energieversorgung mit intelligenten Systemen und Komponenten dar. Diese Umstrukturierung wird mit dem Schlagwort *intelligentes Netz* oder *Smart Grid* in Zusammenhang gebracht. Eine wesentliche Komponente eines solchen Smart Grid ist die Informations- und Kommunikationstechnologie (IKT), die das Zusammenspiel der einzelnen Komponenten ermöglicht. In diesem Kapitel wird zunächst eine Definition des Begriffs *Smart Grid* eingeführt, welche insbesondere den in der vorliegenden Arbeit vorgestellten Ansatz abdeckt. Ausgehend davon werden im weiteren Verlauf einzelne relevante Elemente, die Bestandteil eines solchen intelligenten Netzes sein können, vorgestellt. Dabei wird insbesondere das in der vorliegenden Arbeit zentrale Element, das *Smart Home*, hervorgehoben und dessen einzelne Komponenten in diesen Zusammenhang eingeordnet.

2.1 Smart Grid

Unter dem Oberbegriff Smart Grid werden seit der Prägung dieses Begriffs immer mehr Lösungsansätze und Konzepte eingeordnet. Die *SmartGrids*

European Technology Plattform setzt bei ihrer Definition eines intelligenten Netzes daher so an, dass sie mit diesem Begriff ein Elektrizitätsnetz
beschreibt, das in der Lage ist, die Aktivitäten aller damit verbundenen Benutzer, von der Erzeuger- über die Verbraucherseite bis hin zu
den Akteuren, die in beiden Bereichen tätig sind, intelligent zu integrieren [Smar].

Dagegen versucht die Bundesnetzagentur in [Bund11], analog zur *Ent-
flechtung* zwischen reguliertem Netzbereich und liberalisiertem Strommarkt der Erzeugung und Belieferung mit Energie, die Ansätze mit einem
eher netzbasierten und diejenigen mit einem eher marktbasierten Fokus
auch sprachlich differenziert zu betrachten. Unter einem Smart Grid
ist in diesem Sinne ein konventionelles Elektrizitätsnetz[1] zu verstehen,
das informations- und regeltechnisch erweitert wurde, sodass erweiterte
Überwachungs- und Steuerungsmöglichkeiten entstehen (vgl. [Bund11]).
Von dieser, auf die Netzkapazität fokussierten, Definition klar abgegrenzt
ist die wettbewerbliche Sphäre, in der beispielsweise mit Energiemengen
gehandelt wird oder basierend auf der informationstechnischen Verknüp-
fung der Akteure durch das Smart Grid (neuartige) Dienstleistungen
angeboten werden. Lösungsansätze mit einem Fokus auf das Geschehen und die Verknüpfungen im Strommarkt sollten daher unter dem
Oberbegriff *Smart Market* zusammengefasst werden (vgl. [Bund11]).

Der in der vorliegenden Arbeit vorgestellte Ansatz für ein Energiemanagement-System kann dabei Aspekte aus beiden Bereichen integrieren.
Eine eindeutige Zuordnung ist daher schwierig, weswegen für diese Arbeit die Smart Grid Definition der SmartGrids European Technology
Plattform aufgegriffen wird, die einen integrativen und hybriden Ansatz eher abdeckt. Die Entwicklung eines Smart Grid wird in Analogie
zu den vernetzten Strukturen im Internet teilweise auch als Entwicklung hin zu einem *Internet der Energie* wahrgenommen und angegangen
(vgl. [ReW09]).

---

[1]Konventionelle Netze bezeichnen „alle elektrotechnischen Komponenten, die erforderlich sind, um eine elektrische Verbindung zwischen Produzenten und Verbrauchern
herzustellen (...)" [Bund11, 11]

Oft genannte Komponenten (vgl. z.b. [SSK10] und [Hled09] sowie weitere), die Bestandteile eines Smart Grid sein können, sind:

- Smart Homes

- Smart Building allgemein

- Smart Office

- Smart Production

- Dezentrale Erzeuger

- Dezentrale Speicher

- Elektrofahrzeuge

- Mess- und Steuerungskomponenten

- Vernetzung der Bestandteile durch Informations und Kommunikationstechnologie

Diese Liste bildet dabei kein vollständiges Bild aller möglichen technischen oder marktermöglichenden Komponenten in einem Smart Grid, sondern soll an dieser Stelle dazu dienen, die in der vorliegenden Arbeit erarbeiten Konzepte einzuordnen.

Eine vereinfachte Topologie eines Smart Grid beschreibt aus Sicht der vorliegenden Arbeit Abbildung 2.2. Von der linken Seite der Abbildung ausgehend gelangt man von einem vermaschten Verteilnetz über Ortsnetzstationen zu den Niederspannungsnetzen. Dabei werden die höheren Netzebenen in der Abbildung durch die blau schaffierte Fläche symbolisiert und für den weiteren Verlauf der Arbeit bereits als intelligent geführt angenommen (vgl. [Bund11]). Bei den Niederspannungsnetzen kann es sich um einen Netzabschnitt, der ganze Ortsteile oder einzelne Straßenzüge versorgt, handeln. An diesem können beispielsweise mehrere Wohnhäuser angeschlossen sein. In einer solchen Wohngegend könnten sich darüber hinaus Ladepunkte für Elektrofahrzeuge befinden oder dezentrale Erzeuger und Speicher lokalisiert sein (vgl. Teilnetz (A) und (B) in Abbildung 2.2).

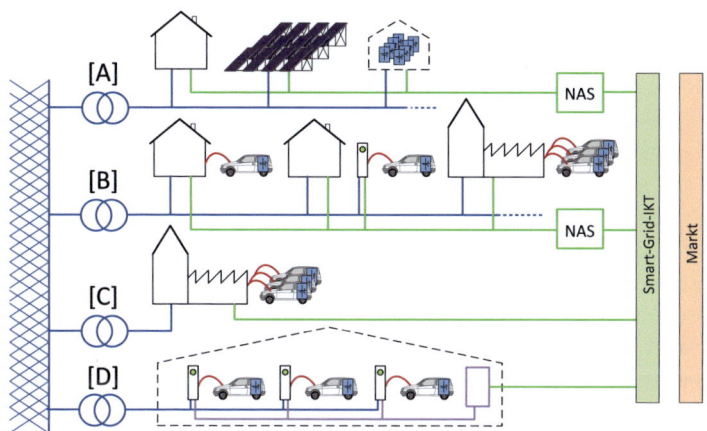

Abbildung 2.2: Vereinfachte Darstellung eines Smart Grid

Ein solcher Netzabschnitt wie in Teilnetz (B) kann auch kleinere Industrie-betriebe oder Bürogebäude umfassen, die jeweils wiederum Ladepunkte anbieten, eventuell pro Gebäude sogar mehrere. Dies würde es ermög-lichen, dass Mitarbeiter dort ihre eigenen E-Fahrzeuge laden oder die elektrische Fahrzeugflotte des Betriebes hier mit neuer Energie versorgt wird.

Größere Industriebetriebe sind mit einem eigenen Nieder- bzw. Mittel-spannungstrafo direkt an die darüberliegende Netztopologie angebunden (vgl. Teilnetz (C) in Abbildung 2.2). Eine weitere Option für einen Netz-bereich dieser Ebene stellen Parkhäuser oder Park-and-ride-Parkplätze dar, auf denen eine große Anzahl von Elektrofahrzeugen parallel geladen werden kann (vgl. Teilnetz (D) in Abbildung 2.2). Dies beschreibt zu-sammenfassend eine vereinfachte elektrotechnische Sicht auf ein solches Smart Grid.

Von der rechten Seite ausgehend illustrieren die grünen Linien (vgl. Abbildung 2.2) einen entscheidenden Unterschied zwischen einem kon-ventionellen und einem intelligenten Netz. Sie stellen die Kommunikati-onsfähigkeit der einzelnen Komponenten des Smart Grids untereinander bzw. gegenüber einer zentralen Instanz dar. Im weiteren Verlauf der vorliegenden Arbeit wird davon ausgegangen, dass diese Kommunikation über die Internetanbindung der Gebäude, Haushalte und Komponenten realisiert wird. Über eine derartige Kommunikation kann eine Koordination zwischen verschiedenen Entitäten erreicht werden, um die Stabilität des Gesamtsystems zu erhöhen. Dabei kann es sich um eine netzseitig oder eine martktseitig getriebene Stabilisierung handeln. Diese würde sich von der untersten Ebene in Häusern oder Industriebetrieben bis in die höheren Netzebenen erstrecken.

In einem Straßenzug, wie in Teilnetz (B) in Abbildung 2.2 dargestellt, würden die einzelnen Häuser dann beispielsweise mit einer informationstechnischen Instanz auf Niederspannungsebene kommunizieren, der Netzabschnittssteuerung (NAS), welche wiederum die nächsthöhere Hierarchieebene anspricht - hier verallgemeinert dargestellt als *Smart-Grid-IKT*. Ein solches Szenario wurde unter anderem in [RLA09] mit dem Fokus auf die Integration von Elektromobiliät im Smart Home und Smart Grid Kontext veröffentlicht. In diesem Beitrag wird auch auf die Möglichkeit eines hierarchischen Energiemanagements mit der Haushaltsebene sowie der Netzabschnittssteuerung eingegangen.

Größere Industriebetriebe oder ähnlich große Verbraucher könnten direkt an eine höher liegende Ebene angeschlossen sein (vgl. Teilnetz (C) und (D) in Abbildung 2.2)[2].

Einen wichtigen Bestandteil des intelligenten Netzes der Zukunft kann ein Smart Home bilden. Die Bedeutung dieses Konstrukts sowie seine möglichen Bestandteile, insbesondere auf die vorliegende Arbeit bezogen, werden im folgenden Abschnitt dargestellt.

2.2 Smart Home

Im allgemeinen Sprachgebrauch wie auch in der Literatur findet sich eine große Menge an Definitionen und Interpretationen von Begriffen wie

---

[2]An dieser Stelle sei angemerkt, dass es sich bei der Darstellung der Netzabschnittssteuerung und der Smart-Grid-IKT um technische Platzhalter handelt, die im energiewirtschaftlichen Kontext teilweise anders eingeordnet werden. Die vorliegende Darstellung bezieht sich ausschließlich auf die technische Sicht und soll die Topologie eines Smart Grids sowie die Möglichkeit zur Gestaltung eines hierarchischen Energiemanagements über mehrere Netzebenen illustrieren.

Intelligentes Wohnen, Smart Home oder Smart Location (vgl. [Smar12]). Der Fokus dabei kann beispielsweise auf Komfortaspekten einer multimedialen Hausautomatisierung oder auf Unterstützungsaspekten gesteuerter Komponenten im Rahmen des *Ambient Assisted Living* liegen (vgl. z.B. [WSO+10]).

Im Kontext der vorliegenden Arbeit referenziert der Begriff des Smart Home, des intelligenten Zuhauses, eine Wohnung oder ein Haus, dessen Komponenten, wie Haushaltsgeräte, dezentrale Erzeugungsanlagen und Speichereinrichtungen (z.B. ein Elektrofahrzeug), über Kommunikationskanäle und verschiedene Mess- und Steuerentitäten miteinander vernetzt sind. Insbesondere beschäftigt sich die vorliegende Arbeit mit der Möglichkeit, wie mit einer Gebäudeautomatisierung und kommunikationsfähigen Haushaltskomponenten im Rahmen eines Energiemanagements ein energieeffizientes Gebäude realisiert werden kann.

Darüber hinaus kann die dabei verwendete Technologie im Zusammenspiel mit der klassischen Gebäudeautomatisierung einen integrierten Komfortaspekt realisieren. Diese Komfortsteigerung für den oder die Bewohner kann sogar das entscheidende Verkaufsargument eines solchen Gebäudes darstellen, da allein die Steigerung der Energieeffizienz, wie im weiteren Verlauf dieser Arbeit gezeigt wird, wirtschaftlich derzeit nicht unbedingt rentabel ist.

Ein Smart Home, das sich, wie oben beschrieben, auf den Aspekt des Energiemanagements eines Gebäudes fokussiert, ist in Abbildung 2.3 skizziert. Es kann definiert werden, dass dieses über eine zentrale Instanz für das Energiemanagement (*Energiemanagement-System* - EMS) innerhalb des Hauses verfügt. Bei dieser Instanz handelt es sich um ein Informationsverarbeitungssystem, das idealerweise durch ein eingebettetes System mit einem geringen Eigenenergiebedarf realisiert ist. Dieses EMS ist informationstechnisch mit den einzelnen Haushaltskomponenten verbunden, damit es mit ihnen kommunizieren kann.

Als Haushaltskomponente wird in der vorliegenden Arbeit jegliche technische Einrichtung innerhalb eines Hauses bezeichnet, die elektrische oder thermische Energie konsumiert oder erzeugt. Die Haushaltskomponenten können weiter klassifiziert werden, wie in Abschnitt 3.4 beschrieben wird.

Weiterhin können dezentrale Erzeuger wie die in Abbildung 2.3 enthaltene Photovoltaikanlage (PV-Anlage) und das (Mikro-)Blockheizkraftwerk

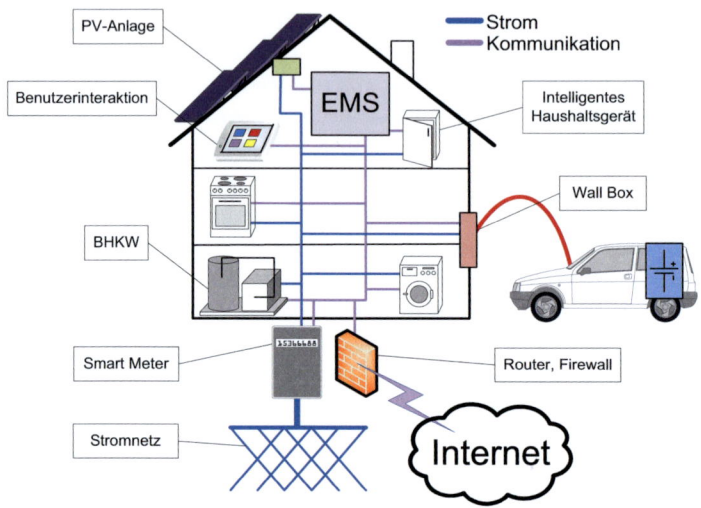

Abbildung 2.3: Darstellung eines Smart Home mit Elektrofahrzeug

(BHKW) Bestandteil eines Smart Homes sein. Durch die Einbettung dieser Komponenten spiegelt sich auch der angestrebte Wandel der Energieerzeugungslandschaft wider.

Eine weitere Entität, die dem Smart Home und seinem Energiemanagement-System zur Verfügung stehen kann, ist ein Elektrofahrzeug, das über eine dem Haus zugeordnete Ladestation, eine sogenannte *Wallbox*, angeschlossen werden kann.

An der Schnittstelle zur elektrotechnischen Umgebung, dem Niederspannungsnetz, befinden sich einer oder mehrere intelligente Stromzähler, sogenannte *Smart Meter*. Diese elektronischen Zähler werden im Rahmen dieser Arbeit als über das Internet und ein lokales Datennetz im Haus, kommunikationsfähig angenommen. Dadurch können sie, wie in Abschnitt 2.1 angerissen, an eine höhere Netzinstanz eine gewisse Anzahl von technischen Parametern übermitteln, die Auskunft über den aktuellen Zustand des Smart Homes geben bzw. auch Informationen von einer höher angesiedelten Entität an das EMS innerhalb des Hauses weitergeben. Diese Kommunikation ist in jedem Fall für den Bewohner transparent zu gestalten und der Schutz seiner Privatsphäre zu jedem Zeitpunkt zu garantieren, wie in [Pall12] gefordert. Für den Bewohner sollte darüber hinaus eine Möglichkeit zur Interaktion mit dem EMS bestehen. Diese kann über grafische Oberflächen, beispielsweise über Smartphones oder Touchdisplays in einem Smart Home integriert sein (vgl. Abbildung 2.4). Diese Form der Benutzerinteraktion wird in Abschnitt 2.2.5 noch näher erläutert.

Zusammenfassend kann ein Smart Home im Rahmen der vorliegenden Arbeit unter anderem folgende Bestandteile enthalten:

- Intelligente Haushaltskomponenten

- Dezentrale Energiespeicher (stationär oder mobil, z.b. Elektrofahrzeug)

- Dezentrale Erzeuger

- Energiemanagement-System inkl. Kommunikationseinrichtungen

- Benutzerinteraktion

Diese werden in den folgenden Abschnitten näher vorgestellt.

2.2.1 Intelligente Haushaltskomponenten

Nahezu alle heutigen elektronisch gesteuerten Haushaltskomponenten besitzen Kenntnis über ihren aktuellen Zustand und können als autonome Einheiten gesehen werden, die ihr Verhalten bis zu einem gewissen Grad selbst optimieren und daher ein willkürlicher Eingriff von außen in die Abläufe oft weder sinnvoll noch wünschenswert erscheint [AlS11]. Ein harter Eingriff in die Betriebsstrategie dieser komplexen technischen Anlagen könnte vielmehr dazu führen, dass sich ihr Verhalten in eine ineffiziente oder unerwünschte Richtung verändert. Mit dem Oberbegriff *intelligente Haushaltskomponenten* werden diejenigen Komponenten im Haushalt beschrieben, die darüber hinaus in der Lage sind, ihren Zustand auch nach außen zu kommunizieren und des weiteren auf externe Signale zu reagieren, ohne dass dabei die internen Abläufe zu gestört werden, es sich also nicht um einen direkten Eingriff in die interne Steuerung handelt. Vielmehr erfolgen die Kontrolleingriffe nur gemäß einer für jede Komponente klar definierten Menge an Parametern.

Diese Kontrollsignale ermöglichen die Einbindung einer intelligenten Haushaltskomponente in ein Energiemanagement-System, wie es in der vorliegenden Arbeit in Kapitel 5 beschrieben wird, ohne die interne Betriebsstrategie des einzelnen Geräts negativ zu beeinflussen.

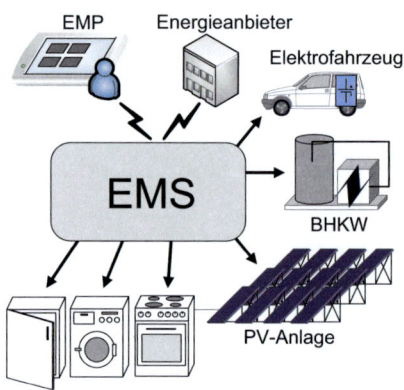

Abbildung 2.4: Kooperationsszenario des Smart Homes

2.2.2 Dezentrale Energiespeicher

Aufgrund des fluktuierenden Charakters einiger erneuerbarer Energiequellen, kann die Anpassung des Verbrauchs an die Erzeugung einen Weg zur Integration dieser Energieträger darstellen. Da dies nicht immer möglich ist, gewinnt die Idee dezentraler Energiespeicher in Wohngebieten zunehmend an Bedeutung. Hierbei kann es sich sowohl um thermische als auch um elektrische Speicher handeln. Zum einen können diese Speicher im Niederspannungsnetz angesiedelt sein, um dort Lastspitzen bzw. Produktionsspitzen zu anderen Zeiten abzufangen.

Ebenso ist es möglich, dass ein solcher Speicher direkt mit einem Smart Home assoziiert ist und als Haushaltskomponente mit in das Energiemanagement integriert ist. Auf diese Weise kann z.B. ein Teil der dezentral erzeugten elektrischen Energie einer PV-Anlage zwischengespeichert werden. Dies würde in Batteriespeichern geschehen, die momentan von mehreren Herstellern bereits verfügbar sind. Ein Problem solcher Speicher ist die Tatsache, dass sie als Haushaltskomponente weitere Kosten verursachen, die es zunächst zu amortisieren gilt.

Wenn ein Elektrofahrzeug in das Haus elektrotechnisch integriert ist, wie bereits in Abschnitt 2.2 angesprochen, kann dieses zum einen gesteuert geladen werden, was ein hohes Potenzial an Lastverschiebung bedeuten kann. Das Fahrzeug stellt einen großen Verbraucher dar, der zum einen mit unterschiedlichen Leistungen und zum anderen zu variablen Zeiten geladen werden kann. Ein derartiges Szenario wird in [RLA09] genauer beschrieben. Wird dieses Fahrzeug, wie in [BAR+10] beschrieben, auf bidirektionale Weise angebunden, so kann es als mobiler elektrischer Speicher aufgefasst werden. Das Fahrzeug kann, mittels eines steuerbaren Lade- und Rückspeisevorgangs, in das Energiemanagement integriert werden und dadurch einen Beitrag zur Erhöhung des Eigenstromverbrauchs der dezentralen Erzeuger im Haus zu leisten. Solange das Fahrzeug am Haus angeschlossen ist, kann es als statischer Speicher aufgefasst werden, mit der Restriktion, dass es nicht die ganze Zeit verfügbar ist. Weitere Restriktionen sind u.a. dass der Benutzer, z.b. über eine dementsprechende Benutzerschnittstelle, wie in Abschnitt 2.2.5 erwähnt, die Möglichkeit hat, eine Mindestreichweite einzugeben, die das Fahrzeug immer imstande sein muss zurückzulegen, selbst wenn die Batterie des Fahrzeugs zum Rückspeisen eingesetzt wird.

Eine weitere Möglichkeit der Speicherung von Energie kann durch ein BHKW mit einem Schichtspeicher realisiert werden, welche in Abschnitt 2.2.3 näher erläutert wird. Bei einem Schichtspeicher handelt es sich um einen thermischen Speicher, der zum einen durch das BHKW geladen werden kann und zum anderen mit einer zusätzlichen elektrischen Heizpatrone ausgestattet sein kann. Diese Heizpatrone, integriert in das EMS, ermöglicht es, elektrische Energie in thermische umzuwandeln und diese im Schichtspeicher zu speichern. Im Falle stark fluktuierender Strompreise kann es sinnvoll sein, elektrische Energie aus dem Netz zu nehmen und in Form von thermischer Energie lokal zu speichern.

2.2.3 Dezentrale Erzeuger

Dezentrale Erzeuger, die direkt in Häusern installiert sind, gewinnen zunehmend an Beliebtheit. In der Regel werden sie verwendet, um ihren gesamten Erzeugungsertrag in das Netz einzuspeisen und dabei, wie beispielsweise in Deutschland, für den Betreiber die *Einspeisevergütung* zu erwirtschaften. Zunehmend entstehen auch Konzepte, den Eigenverbrauch dieser Anlagen zu steigern und damit die Netz- und Marktintegration der dezentralen Anlagen zu verbessern. Im Kontext eines Smart Homes mit integriertem Energiemanagement können dezentrale Erzeuger das Potenzial von Eigenstromverbrauch und Eigenstromerzeugung erheblich steigern, was auch im Rahmen der vorliegenden Arbeit in Abschnitt 8.4.1 untersucht und validiert wird.

Dezentrale Erzeuger können grundsätzlich in zwei Kategorien eingeteilt werden. Hierbei kommt die Klassifizierung von Haushaltskomponenten zum Einsatz (vgl. Abschnitt 3.4). Dezentrale Erzeuger können entweder steuerbar oder nur beobachtbar sein. Ein Vertreter der steuerbaren, dezentralen Erzeuger ist ein BHKW. In der Regel ist es, wie in Abbildung 2.5 dargestellt, ausgeführt als Verbrennungsmotor, der z.B. mit Gas betrieben wird. Die von dem Verbrennungsmotor erzeugte mechanische Energie treibt einen Generator an, der Strom erzeugt. Die Abwärme des Verbrennungsmotors wird zum Aufheizen eines Schichtspeichers verwendet, der der Warmwasser- und/oder Heizungsversorgung dient. Die Integration eines BHKWs in ein Smart Home basierend auf dem in der vorliegenden Arbeit vorgestellten Energiemanagement-Ansatz, wurde bereits in [GBK$^+$11] veröffentlicht.

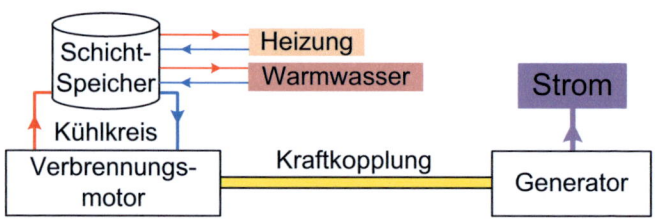

Abbildung 2.5: Schematische Darstellung eines BHKW

Das BHKW kann grundsätzlich in zwei Modi betrieben werden: Einem wärmegeführten oder einem stromgeführten Betriebsmodus. Der wärmegeführte Betrieb bedeutet, dass der Motor des BHKW immer dann angeschaltet wird, wenn ein Bedarf an Wärme besteht. Im Allgemeinen geschieht dies, wenn die Temperatur des Schichtspeichers, welche die Menge an gespeicherter thermischer Energie repräsentiert, ein gewisses Mindestmaß unterschreitet. Analog dazu bedeutet stromgeführt, dass das BHKW betrieben wird, wenn eine Stromanforderung besteht.

In beiden Fällen stellt die Maximaltemperatur des Schichtspeichers eine der Restriktionen des BHKWs dar. Diese repräsentiert dessen maximal mögliche thermische Speicherkapazität.

Im Kontext eines in der vorliegenden Arbeit vorgestellten Smart Home kann ein solches BHKW, wie bereits in [GBK⁺11] und [RKL⁺10] dargestllt, in einer Mischform betrieben werden. Das EMS stellt zum einen sicher, dass die Mindesttemperatur im Schichtspeicher nicht unterschritten wird. Zum anderen wird das BHKW genau dann eingesetzt, wenn gerade im Haus viel elektrische Leistung benötigt wird, was auf eine flexible Weise den Eigenstromverbrauch des Haushalts steigern kann.

Die Photovoltaikanlage repräsentiert einen nicht steuerbaren dezentralen Erzeuger. Im Kontext eines Smart Homes ist sie dennoch von großem Interesse. Ihre Erzeugung kann man zu einem gewissen Maße vorhersehen, was es ermöglicht, flexible Haushaltskomponenten so einzuplanen, dass sie zu der Zeit betrieben werden, zu der die PV-Anlage gerade viel Energie abgibt, was ebenfalls zur Erhöhung des Eigenstromverbrauchs beiträgt.

2.2.4 Energiemanagement und Kommunikation

Die Anpassung des Lastgangs eines Haushalts an ein variierendes Angebot an elektrischer Energie sowie die Herstellung eines Ausgleichs von Überangebot oder Engpässen in einem Netzabschnitt kann durch das Senden von externen Signalen seitens eines Energieversorgers oder Netzbetreibers an den Haushalt verwirklicht werden. Spiegeln diese Signale z.B. den Zustand des Stromnetzes wider, kann damit Einfluss auf den Lastgang des Hauses genommen werden, sodass dieser Lastgang zu einer Stabilisierung des Netzes beträgt. Die externen Signale können dabei, wie bereits in [AlS11] beschrieben und in Abbildung 2.6 dargestellt, in mindestens zwei Gruppen unterteilt werden.

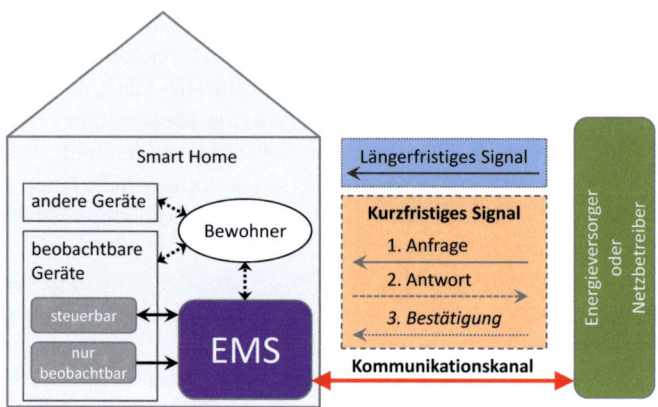

Abbildung 2.6: Längerfristiges und kurzfristiges Signal, angelehnt an [Maus12]

Die erste Gruppe bilden längerfristige Signale wie z.B. ein zeitvariabler Stromtarif für die nächsten 24 Stunden, der periodisch an die Haushalte kommuniziert werden würde. In dem Szenario, das in Abschnitt 5.1 beschrieben wird, wird ein Signal angenommen, das alle 12 Stunden mit einem Horizont von 36 Stunden kommuniziert wird. Auf diese Weise ist gewährleistet, dass zu jedem Zeitpunkt mindestens ein Horizont von 24 Stunden vorliegt.

Bei der anderen Gruppe handelt es sich um kurzfristige Signale. Sie werden nicht periodisch kommuniziert, denn ihre Aufgabe kann es beispielsweise sein, im Falle eines kritischen Zustands des Stromnetzes kurzfristig an die Haushalte kommuniziert zu werden, um eine Verbesserung des Zustandes des Stromnetzes zu erreichen. In den folgenden zwei Abschnitten wird nun auf die zwei Typen von Signalen näher eingegangen.

Längerfristige Signale

Die längerfristigen Signale können in mindestens drei Untergruppen eingeteilt werden:

- Signale, die auf einem zeitvariablen Stromtarif basieren.

- Signale, die auf einer zeitvariablen Lastbegenzungsfunktion basieren.

- Signale, die aus einer Kombination aus den oberen beiden bestehen.

In Abschnitt 3.2 werden Szenarien für ein Lastmanagement herausgearbeitet. Wie in den vorigen Abschnitten diskutiert, kann durch die dezentralen Erzeuger, die direkt in das Haus integriert sind, sowie durch variable Tarife und Steuersignale eine Situation entstehen, in der sich ein Haus oder Haushalt dynamisch anpasst und seinen elektrischen Lastgang entsprechend den externen Signalen verändert. Dieser elektrische Lastgang entsteht einerseits aus dem Einsatz elektrischer Verbraucher und ist zum anderen abhängig von dem Einsatzzeitpunkt steuerbarer dezentraler Erzeuger[3] sowie von der Produktion anderer dezentraler Erzeuger.

In Abbildung 2.7 ist ein zeitvariabler Stromtarif sowie ein Lastbegrenzungssignal zu erkennen. Die Kombination daraus würde im einfachsten Fall das Senden dieser beiden Kurven bedeuten.

Diese Signale können als Anreiz für einen Haushalt verwendet werden, sein Verhalten so zu verändern, dass es für den Haushalt - bezogen auf die Signale - einen Vorteil darstellt. Bei dem zeitvariablen Stromtarif würde dies bedeuten, dass alle Haushaltskomponenten, deren Restriktionen dies zulassen, so in ihrem Einsatz verschoben werden, dass dem Haushalt unter den gegebenen Bedingungen minimale Stromkosten entstehen. In Abbildung 2.7 ist dies dadurch angedeutet, dass die Haushaltskomponente eine Freigabezeit t_r sowie eine Deadline t_d hat, die als zeitliche Restriktionen aufgefasst werden. Innerhalb dieser Restriktionen kann die Haushaltskomponente so verschoben werden, dass sie minimale Kosten verursacht[4].

---

[3]Ein Repräsentant hierbei wäre z.b. das BHKW
[4]Diese Zusammenhänge werden eingehend in Abschnitt 5.2 beschrieben.

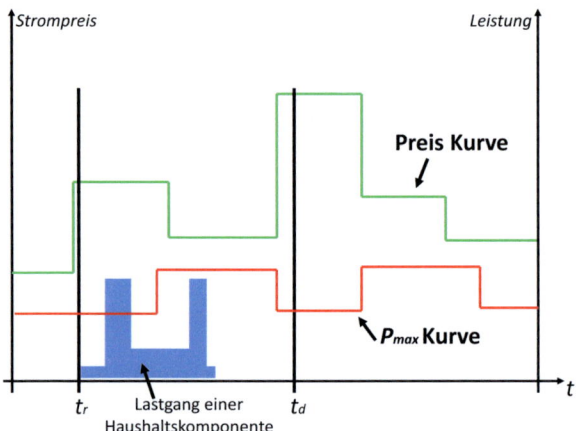

Abbildung 2.7: Beispiel eines kombinierten Preis- und Lastbegrenzungssignals

Die Zunahme auf der einen Seite von dezentralen Erzeugern und auf
der anderen Seite von zusätzlichen starken Verbrauchern auf Niederspannungsebene, wie beispielsweise Elektrofahrzeugen, können eine aktive
Harmonisierung des Lastgangs in diesem Netzabschnitt erforderlich machen. Unabhängig von der aktuellen Strompreissituation wird hier somit
ein weiteres, eher technisch-netzseitig motiviertes, externes Signal vorgeschlagen, das beispielsweise in Form eines Lastbegrenzungssignals an den
Haushalt kommuniziert wird.

Das Signal der Lastbegrenzungsfunktion wird in der vorliegenden
Arbeit nicht als harte Grenze angesehen[5] sondern als weiche Grenze,
deren Überschreitung minimiert werden soll. Für die Modellierung kann
dieses Überschreiten beispielsweise mit einem Straffaktor versehen werden,
wie in Abschnitt 5.2 dargelegt.

Die Aufteilung der Signale kann unter anderem aus zwei Gründen
sinnvoll sein. Zum einen lassen sich Lastengpässe unabhängig von den
Stromkosten modellieren, was in gewissen Netzzuständen sinnvoll sein

---

[5]Im Gegensatz zu den Arbeiten von Ha et al. [HPZ06], wie sie näher in Abschnitt
7.4 beschrieben werden.

kann, und zum anderen können diese Signale von unterschiedlichen Entitäten kommen. So kann das Strompreissignal beispielsweise von dem Energieversorger bereitgestellt werden, mit dem der aktuelle Stromvertrag besteht, während das Lastbegrenzungssignal vom Netzbetreiber kommt. Bei dem Lastbegrenzungssignal kann es sich um einen tatsächlichen Netzzustand des lokalen Netzes handeln, in dem sich der Anschluss des Haushalts befindet, der in eine bestimmte Richtung beeinflusst werden muss, um eine gewisse Stabilität garantieren zu können.

Kurzfristige Signale

Die kurzfristigen Signale können beispielsweise eine Anforderung enthalten, den Stromverbrauch des Haushalts für einen bestimmten Zeitraum um einen bestimmten Wert zu erhöhen oder zu verringern. Der Haushalt würde dem Stromanbieter bzw. Netzbetreiber kommunizieren, inwieweit er der Anforderung nachkommen kann. Auf diese Weise findet eine 3-Wege-Kommunikation statt, wie sie in Abbildung 2.6 dargestellt ist.

Um den aktuellen Zustand des lokalen Netzes zu verbessern, können noch weitere Möglichkeiten zum Einsatz kurzfristiger Signale in Betracht gezogen werden, die unter dem Begriff der Systemdienstleistung zusammengefasst werden können. Die massive Zunahme von PV-Anlagen in Wohngegenden und die damit verbundene zunehmende Anzahl an in diesen Netzabschnitten installierten Wechselrichtern können die Stromqualität negativ beeinflussen. Nicht-ohmsche Lasten im lokalen Netz, wie beispielsweise induktive Lasten können den Leistungsfaktor[6] im Netz negativ beeinflussen, wie in [KLM08] beschrieben.

Ein Smart Home, das mit steuerbaren dezentralen Erzeugern ausgerüstet ist, kann einen variablen Leistungsfaktor einstellen, sodass das Smart Home dazu beiträgt, den resultierenden Leistungsfaktor im lokalen Netz auszugleichen. Der Ausgleich des Leistungsfaktors im lokalen Netz kann erreicht werden, indem an die Energiemanagement-Systeme in den Haushalten eine Anfrage in Form eines kurzfristigen Signals zur Änderung des Leistungsfaktors gesendet wird. In [Maus12] wird auf ein solches Verfahren basierend auf dem Organic Smart Home näher eingegangen.

---

[6]Der Leistungsfaktor ist definiert als Verhältnis zwischen Blind- und Wirkleistung.

Hausinterne Anreize zur Lastverschiebung

Im Zuge der in Abschnitt 1.1 erwähnten politischen Wandlungen in Bezug auf die Stromversorgung in Deutschland, gerät ein weiterer Aspekt zunehmend in den Vordergrund: Die Nutzung des selbst erzeugten Stroms aus den dezentralen Erzeugern. Momentan wird der Eigenverbrauch besonders gefördert. Langfristig jedoch ist einer der entscheidenden Aspekte, dass durch die eigenen dezentralen Erzeuger im Haushalt eine gewisse Teilautonomie vorhanden ist. Jedoch ist der von diesen Erzeugern produzierte Strom meist nicht dauerhaft verfügbar. So ist der Strom aus einer PV-Anlage nur tagsüber und auch dann sehr wetterabhängig verfügbar. Ein BHKW beispielsweise kann nur eine begrenzte Zeit laufen, da in der Regel der Wärmebedarf des Hauses kleiner ist als die vom BHKW erzeugte Wärme (vgl. dazu Abschnitt 5.2) und die thermische Speicherkapazität des Schichtspeichers ist ebenfalls begrenzt. Besteht keine weitere Möglichkeit der Wärmeabgabe, muss das BHKW bei einem voll aufgeladenen Schichtspeicher abgeschaltet werden, um nicht zu überhitzen. Durch diese Konstellation entsteht ein weiterer Anreiz zur Lastverschiebung innerhalb des Haushalts. Daher liegt der Fokus der Validierung der in der vorliegenden Arbeit erstellten Konzepte insbesondere auf dem Aspekt der Maximierung des Konsums des selbst erzeugten Stroms und nicht auf der Maximierung der Förderung, was in Abschnitt 8.4.1 näher erläutert wird.

2.2.5 Benutzerinteraktion mit dem Energiemanagement

Eine wesentliche Komponente eines Smart Homes mit dem Fokus auf Energiemanagement ist die bestmögliche Einbeziehung der Bewohner in dem Energiemanagement. Die Interaktion mit dem EMS wird aus Komfortgründen auf ein Minimum reduziert, jedoch ist es dennoch erforderlich, dass die Benutzer die Möglichkeit haben auf das Energiemanagement Einfluss zu nehmen.

Eine Möglichkeit dieser Einflussnahme wurde von Becker et al. [BKS12] in Form des *Energy Management Panels* (EMP) vorgestellt. Das EMP wird als Schnittstelle zwischen dem EMS und den Bewohnern des Smart Homes verstanden. Es zeigt dabei für das Energiemanagement relevante Informationen an und erlaubt den Smart Home Bewohnern so das Energiemanagement ihren Bedürfnissen anzupassen.

Dabei wird in [BKS12] herausgestrichen, dass das EMP über weitere Komfort Eigenschaften verfügt, die über das Energiemanagement hinaus gehen. Dies soll langfristig das Interesse des Benutzers an dem EMP erhalten. Zusammenfassend werden durch das EMP folgende Aspekte abgedeckt (vgl. [BKS12]):

- Interaktion mit dem Energiemanagement

- Steuerung der Komfortfunktionalitäten

- Steuerung von Sicherheitsfunktionalitäten

Die Interaktion mit dem Energiemanagement umfasst dabei zunächst die transparente Visualisierung der historischen Verbrauchsdaten im Haushalt. Hier kann der Bewohner sich detailliert anzeigen lassen, welche Komponenten im Haushalt wann wieviel Strom verbraucht haben. Diese Darstellung erfolgt in einer Granularität bis hin auf die Ebene einer einzelnen Haushaltskomponente.

Abbildung 2.8: Screenshot: Eingabe des Freiheitsgrads einer Haushalts-komponente im EMP

Die Erschließung der Lastflexibilität einer einzelnen Haushaltskomponente für das Energiemanagement-System erfolgt ebenfalls über das EMP. Mittels des EMP kann der Benutzer, wie in Abbildung 2.8 dargestellt, den zeitlichen Freiheitsgrad von Haushaltskomponenten einstellen. Dies ist eine wichtige Vorgabe, mit der der Benutzer Restriktionen für das Energiemanagement festlegt. Dies geschieht über die Pfeiltasten im rechten unteren Quadranten der Abbildung. Hierbei wird ein zeitlicher Freiheitsgrad vorgegeben, der besagt, dass die entsprechende Haushaltskomponente z.b. spätestens in 4 Stunden und 30 Minuten fertig sein soll. Die vom Energiemanagement errechnete Startzeit wird dem Benutzer unterhalb der Einstellung des Freiheitsgrads angezeigt.

Der Fokus dabei liegt auf der Eingabe persönlicher Präferenzen, die die Nutzung der Haushaltskomponenten, gesteuert durch das Energiemanagement ermöglichen sollen, ohne die Freiheit des Benutzers in der Verwendung der Haushaltskomponenten einzuschränken. Dieser Aspekt wird durch den *EIN*-Knopf im linken unteren Quadranten der Abbildung unterstrichen. Er dient dazu, die vom Energiemanagement geplante Aktion zu überschreiben, falls der Benutzer sofort die Haushaltskomponente starten möchte. Durch Drücken dieser Taste kann das Gerät also unabhängig von den Vorgaben des Energiemanagements direkt gemäß der Wünsche des Benutzers gesteuert werden.

Die in diesem Kapitel vorgestellten Konzepte ermöglichen dabei die Realisierung von Szenarien und Zielen, wie sie im Folgenden dargestellt werden.

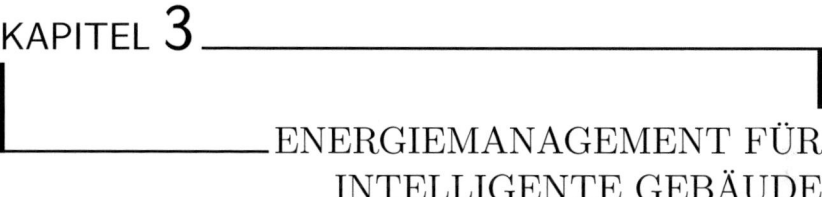

KAPITEL 3

ENERGIEMANAGEMENT FÜR
INTELLIGENTE GEBÄUDE

Nachdem in Kapitel 2 die grundlegenden technischen Konzepte eines
Smart Grid und eines Smart Homes vorgestellt wurden, werden diese nun
in einen übergeordneten Rahmen von Zielen und Szenarien eingeordnet.
Dabei soll insbesondere auf die Begriffe *Demand-Side Management* und
Lastmanagement eingegangen werden. Darüber hinaus wird der Fokus
dieser Arbeit, das autonome Energiemanagement für intelligente Gebäude,
vorgestellt und in das Gesamtsystem eingebettet werden.

3.1 Demand-Side Management

Seit Beginn der flächendeckenden Elektrifizierung der Gesellschaft im
frühen 20. Jahrhundert richtete sich der Ausbau von Produktionskapazi-
täten und Netzen nach der Nachfrage in der Bevölkerung und Industrie.
Insbesondere wurde, um das dauerhafte Gleichgewicht zwischen Energieerzeugung und -verbrauch zu sichern, diese Nachfrage teilweise sogar
durch das Verschenken von Elektrogeräten angeheizt. Hierin lassen sich
erste Ansätze einer Beeinflussung des Energiemarktes feststellen, die

31

sich auf die Nachfrageseite konzentriert. Solcherart gelagerte Techniken und Vorgehensweisen wurden ab den 70er Jahren zunehmend unter dem Oberbegriff Demand-Side Management (DSM, im Deutschen auch nachfrageseitige Steuerung oder Planung) eingeordnet (vgl. [Eto96]). Diese zielen darauf ab, den Verbrauch der Energiekunden in Menge und/oder Zeit zu verändern und sind von den Energieanbietern oder der Regierung initiiert (vgl. [Char05]).

Eingesetzt werden diese Maßnahmen vonseiten der Energieanbieter hauptsächlich vor dem Hintergrund der besseren Planbarkeit bzw. Kontrollierbarkeit des Verbrauchs. Dies verbessert einerseits die Prognosen, die die Basis für die Kraftwerkseinsatzplanung bilden, andererseits können Investitionen in neue Kraftwerke oder in den Ausbau der Netze dadurch eventuell aufgeschoben oder sogar vermieden werden (vgl. [Gell85]). Der Anreiz für den Kunden ist meist eine direkte oder indirekte Reduktion seines persönlichen Verbrauchs und damit seiner Stromkosten. Auch ideelle Überzeugungen wie der Schutz der Umwelt oder des Klimas können den Ausschlag für die Teilnahme bilden.

Im Rahmen übergeordneter politischer Zielstellungen, wie beispielsweise die der Bundesregierung in Bezug auf die Energiewende, werden auch Regierungen zunehmend auf der Nachfrageseite aktiv. Einspeisevergütungen zur Förderung erneuerbarer Energien, insbesondere hinsichtlich der Förderung von deren Eigenverbrauch, sollen dazu beitragen, Verbrauchsmuster zu ändern. Im DSM lassen sich, wie in [Eto96] beschrieben, die Programme seitens der Energieanbieter in sieben Kategorien einteilen:

1. Generelle Informationen zu Energieeinsparpotenzialen

2. Technische Überprüfung und Empfehlungen beim Kunden

3. Finanzielle Unterstützung bei der Anschaffung energieeffizienter Komponenten

4. Kostenlose Installation energieeffizienter Komponenten

5. Performance Contracting

6. Lastkontrolle bzw. -verschiebung

7. Variable Stromtarife

Diese Einteilung orientiert sich an den von US-amerikanischen Energiever-sorgern betriebenen Programmen, lässt sich jedoch auch in Deutschland oder anderen Ländern anwenden. Dabei liegt der Fokus der vorliegenden Arbeit auf DSM im Rahmen der elektrischen Energieversorgung. Ähnliche Programme sind auch in der Versorgung mit anderen Energieformen wie beispielsweise im Gasmarkt anzutreffen [Char05].

Insbesondere die Maßnahmen aus den Kategorien 1 bis 5 zielen darauf ab, entweder den Verbrauch generell dauerhaft zu senken oder mit der eingesetzten Energie, die in ihrer Menge unverändert bleibt, ein besseres Endergebnis zu erreichen, wie beispielsweise einen höhere Produktion in einem Industriebetrieb bei gleichbleibendem Energieeinsatz.

Bei den Programmen im Rahmen der Lastkontrolle liegt der Fokus dagegen meist auf der kurzfristigen Senkung des Verbrauchs in Zeiten sehr hoher Nachfrage (vgl. dazu auch Abschnitt 3.2). Dazu werden beim Kunden Komponenten eingebaut, die eine Fernsteuerung bestimmter Geräte wie beispielsweise Klimaanlagen oder Wasserboiler ermöglichen. Auch Nachtspeicherheizungen werden über sogenannte Rundsteuersignale ein- und ausgeschaltet und bilden die Schnittstelle zu den Maßnahmen im Rahmen der variablen bzw. zeitabhängigen Stromtarife.

Standardmäßig setzen sich die Stromkosten für Haushaltskunden, bei-spielsweise in Deutschland, aus zwei Anteilen zusammen: Dem Bereit-stellungs- und Verrechnungspreis, der eine Art Grundgebühr für die Bereitstellung der Versorgung sowie der Kosten aus Messung, Abrech-nung usw. darstellt, und dem Arbeitspreis, der für jede konsumierte Kilowattstunde anfällt. Dieser ist im Standardfall unabhängig vom Zeit-punkt des Verbrauchs, welcher hingegen bei zeitabhängigen Tarifen die Grundlage der Berechnung bildet.

Zur Gestaltung eines solchen variablen Preises gibt es verschiedene Modelle. Zu diesen zählen unter anderem die in [Char05] beschriebenen:

- *Time of Use Pricing*: Bei Anwendung dieses Preismodells wird der Tag in mehrere Perioden unterteilt, zu denen verschiedene Arbeitspreise anfallen. Das Standardlastprofil von Haushaltskunden, das sogenannte H0-Profil, dient dabei meist als Grundlage für die Preisgestaltung. Es sagt aus, dass jeweils zur Mittagszeit sowie in den Abendstunden die Last vergleichsweise hoch ist, während sie in der Nacht deutlich absinkt. Der Preis wird im einfachsten Fall nur zwischen Spitzenlast- und Nicht-Spitzenlast-Perioden unterschieden, die Tarife können jedoch auch mehrere Stufen umfassen.

• *Critical Peak Pricing*: Bei diesem Modell handelt es sich um eine spezielle Art des Time of Use Pricing, bei dem an einer endlichen Anzahl von Tagen der Spitzenlastpreis noch zusätzlich erhöht wird. Dies könnte beispielsweise an Tagen großer Fernsehereignisse wie einem Weltmeisterschaftsendspiel sinnvoll sein, da die Kunden aufschiebbare Vorgänge wie z.b. das Einschalten der Spülmaschine dadurch eventuell nicht während des Spiels durchführen und so die anfallende Last aus der umfassenden Fernsehaktivität nicht noch zusätzlich steigern.

• *Real Time Pricing*: Die Tarife, die auf diesem Modell beruhen, sollen im Idealfall die tatsächlich an Märkten wie der European Energy Exchange Börse anfallenden Preise widerspiegeln. Dadurch können sie sich stündlich oder in noch kürzeren Zeiträumen ändern und werden dem Kunden am Vortag oder erst in der Stunde vorher mitgeteilt. Diese Preisgestaltung kann eine echtzeitnahe Veränderung der Last ermöglichen. Zusätzlich könnte durch eine derartige Preisgestaltung die Chance bestehen, die insbesondere im Sommer aus PV-Anlagen erzeugte, vergleichsweise günstige Energie besser zu nutzen.

Ein Beispiel für die Umsetzung eines variablen Tarifs stellen die Strompreissignale dar, die im Rahmen des Forschungsprojekts MeRegio[1] vonseiten der Energie Baden-Württemberg AG (EnBW) entwickelt wurden. Sie umfassen fünf Preisstufen, die sich an dem bereits erwähnten H0-Profil orientieren und dem Kunden über eine sogenannte *Stromampel* [Frey06], wie in Abbildung 3.1 dargestellt, transparent gemacht werden. Dieses Instrument gibt einerseits einen Überblick über die geplanten Preisstufen eines Tages, den aktuellen Preis sowie die Zeit bis zur nächsten Preisstufe. Über die Hintergrundbeleuchtung in den Ampelfarben grün, gelb und rot wird dem Nutzer zudem unkompliziert und intuitiv kommuniziert, in welchem Bereich des Strompreises er sich gerade befindet. In Abbildung 3.1 ist eine gelbe Preisstufe angezeigt, die sich zur aktuellen Uhrzeit auf

---

[1] http://meregio.forschung.kit.edu

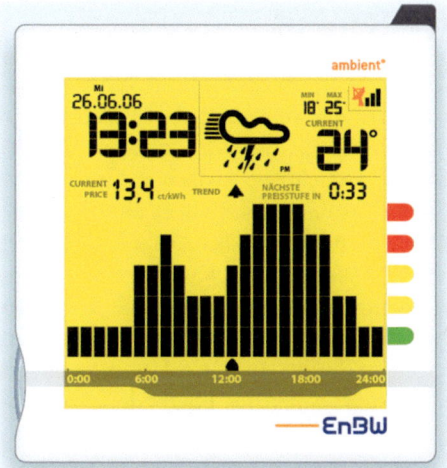

Abbildung 3.1: Stromampel der EnBW (vgl. [Frey06])

13,4 ct/kWh beziffern lässt (Current Price), der Trend geht in ein höheres Segment, welches in 33 min erreicht wird. Zusätzliche Informationen über Datum, Uhrzeit sowie aktuelle Wetterlage runden die Anzeige ab und sollen die Integration des Geräts in einen Haushalt unterstützen.

Das Angebot eines variablen Strompreises ist seit 2011 für einen Energieversorger in Deutschland laut § 40 Abs. 5 Energiewirtschaftsgesetz [Bund12d] Pflicht, allerdings stößt es derzeit bei den Verbrauchern noch auf eine sehr geringe Akzeptanz. Dies resultiert nicht zuletzt aus dem hohen Aufwand, der betrieben werden muss, um eine tatsächliche Ersparnis zu erreichen. Integrierte Lösungen, die ein Energiemanagement unter Einbeziehung variabler Strompreise ohne massive Benutzerinteraktion ermöglichen, sind derzeit noch Mangelware (vgl. [TGA-12]) und motivieren ein Energiemanagementsystem, wie es in Kapitel 4 vorgestellt wird, noch zusätzlich.

Alle Maßnahmen des DSM zielen, wie bereits erwähnt, auf eine Veränderung der Verbrauchsmuster ab, die sich in Form von Lastveränderungen zeigen. Diese werden im Folgenden unter dem Oberbegriff Lastmanagement detailliert vorgestellt.

3.2 Lastmanagement

Ähnlich wie das DSM stellt das Lastmanagement eine Möglichkeit der nachfrageseitigen Steuerung dar. Um diese Begriffe, die oft synonym verwendet werden, im Kontext der vorliegenden Arbeit voneinander abzugrenzen, ist eine Unterscheidung zwischen Ursache und Wirkung bzw. konkretem Vorgang sinnvoll. So handelt es sich bei den Maßnahmen im Rahmen des DSM um Anreize, die dazu führen sollen, bestimmte Veränderungen zu erreichen. Insbesondere werden dazu oft monetäre Anreize gesetzt. Beim Lastmanagement handelt es sich hingegen um den konkreten Vorgang, der dazu führt, dass eine Lastveränderung eintritt. Diese Veränderungen werden teilweise auch als Lastmanagement-Techniken bezeichnet (vgl. [Bell00]) und sollen im Folgenden dargestellt und erläutert werden.

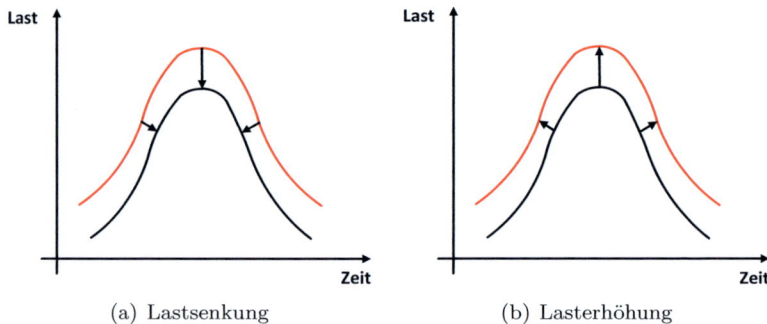

(a) Lastsenkung   (b) Lasterhöhung

Abbildung 3.2: Langfristige Lastmanagement-Techniken, angelehnt an [Bell00]

Die beiden elementaren Ziele, die durch Lastmanagement erreicht werden können, sind Abbildung 3.2 zu entnehmen. Bei der *Lastsenkung* handelt es sich wohl um eine der am weitesten verbreiteten und bekanntesten Zielstellungen einer nachfrageseitigen Steuerung. Sie soll dazu führen, dass die Last global und über einen längeren Zeitraum betrachtet geringer wird, was beispielsweise in der Stromerzeugung zu einem geringeren Einsatz an Energieträgern führen könnte. Dieser Umstand in Beziehung gesetzt mit der Tatsache, dass insbesondere die Energieträger fossilen Ursprungs knapper werden und bei ihrer Verbrennung in Kraftwerken große Mengen des potenziell klimaschädigenden Treibhausgases CO_2 emittiert werden, erklärt, warum die Lastsenkung auch Eingang in die energiepolitischen Zielvorstellungen vieler Länder gefunden hat. So wird im *Energiekonzept* der deutschen Bundesregierung deutlich darauf verwiesen, dass sich der Stromverbrauch bis zum Jahr 2020 um 10% (zum Stand von 2008) verringern soll (vgl. [Bund12a] und [Bund12c]). Dies kann durch die entsprechenden Maßnahmen der Energieversorger im DSM wie sie in Abschnitt 3.1 unter den Punkten 1–5 aufgeführt sind, gefördert werden oder ergibt sich als für den Verbraucher logische Konsequenz aus steigenden Strompreisen. Ein aktiver Prozess zum Management der Last findet dabei eher nicht statt, sondern wird auf eine eher statische Art bereits zum Zeitpunkt einer entsprechenden Geräte- bzw. Komponenteninstallation realisiert.

Der dazu komplementären Veränderung, der *Lasterhöhung*, kommt in ihrer Reinform heutzutage eher geringe bis keine Bedeutung mehr zu, da sich diese meist als direkte Konsequenz des unbeeinflussten Umgangs mit immer mehr Strom konsumierenden Geräten und Einrichtungen ergibt. Eine solche Steigerung der Last kann jedoch über eine gewisse Zeit in bestimmten Situationen sinnvoll sein, wie im Folgenden deutlich wird.

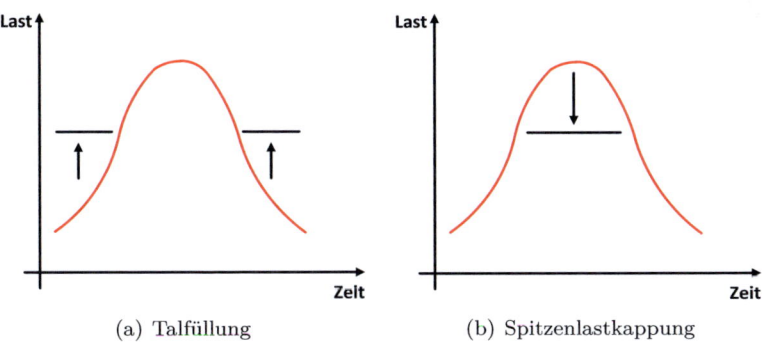

(a) Talfüllung   (b) Spitzenlastkappung

Abbildung 3.3: Situationsabhängige Lastmanagement-Techniken, angelehnt an [Bell00]

Situationsabhängig kann es im Lastgang eines Haushalts, eines Betriebes oder global gesehen zu zwei Phänomenen kommen: der Bildung von starken Einbrüchen der Last, eines sogenannten Tals oder zum Auftreten einer sehr hohen kumulierten Last, einer Spitzenlast. Diese Phänomene können die Stromnetze stark belasten und die Qualität des Stroms hinsichtlich Frequenz und Spannung beeinträchtigen (vgl. [HDS10]).

Um einer solchen Talbildung zu begegnen, kann die Lastmanagement-Technik der *Talfüllung* eingesetzt werden, bei der die Last in den entsprechenden Zeiten erhöht wird (vgl. Abbildung 3.3(a)). Dies kann beispielsweise durch die Zuschaltung von weiteren Geräten oder durch die Aufnahme von eventuellen Überkapazitäten der Stromerzeugung in Speichern geschehen. Dabei handelt es sich um eine situationsabhängige Lasterhöhung.

Die Ausbildung von Spitzenlasten, insbesondere in Abhängigkeit von der Tages- oder Jahreszeit, stellen ebenfalls hohe Anforderungen an die Stromnetze sowie an die in diesen Zeiten benötigte Erzeugung dar. Sogenannte *Spitzenlastkraftwerke*, meist Gasturbinen- oder Pumpspeicherkraftwerke, die teilweise nur wenige Stunden am Tag oder sogar im Jahr benötigt werden, verursachen dabei relativ hohe Kosten, da ihre Investitions- sowie laufenden Betriebskosten sich nur in diesen kurzen Betriebszeiträumen amortisieren können. Daher ist ihre Verfügbarkeit für die Versorgungssicherheit zwar essenziell nötig, vertikal integrierte Energieversorgungsunternehmen in den USA haben jedoch schon länger erkannt, dass ein hohes Potenzial darin liegt, einen weiteren Ausbau dieser Kapazitäten durch Anreize zur *Spitzenlastkappung* zu vermeiden (vgl. Abbildung 3.3(b)). Dazu können beispielsweise Rundsteuersignale oder variable Stromtarife nach dem Modell des Critical Peak Pricings eingesetzt werden (vgl. [Char05] und Abschnitt 3.1).

Sowohl die Talfüllung als auch die Spitzenlastkappung werden situationsabhängig eingesetzt, daher auch zusammenfassend als situationsabhängige Lastmanagement-Techniken bezeichnet, und sind Abbildung 3.3 zu entnehmen, wohingegen die Kombinationsmöglichkeiten aller bisher vorgestellten Techniken in Abbildung 3.4 dargestellt sind.

Die Maßnahmen der Lastkontrolle, die in Abschnitt 3.1 angesprochen wurden, drücken sich oft darin aus, dass Komponenten wie beispielsweise Klimaanlagen oder Heizungen für die Spitzenlastzeiten ausgeschaltet oder

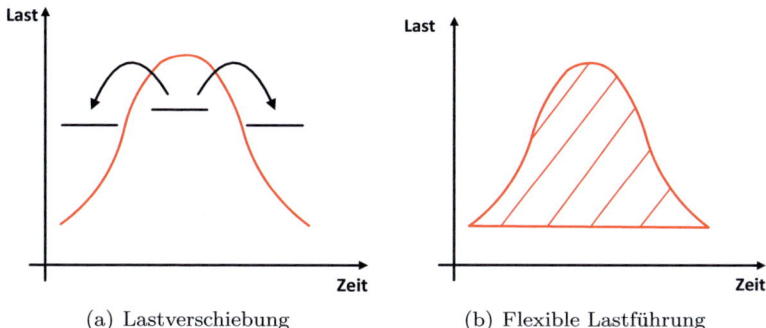

(a) Lastverschiebung   (b) Flexible Lastführung

Abbildung 3.4: Kombinierte Lastmanagement-Techniken, angelehnt an [Bell00]

in ihrer Leistung gedrosselt werden. Da sie jedoch oft dazu dienen, die Raumtemperatur auf einem gewissen Niveau zu halten, wird der zunächst eingesparte Stromverbrauch meist zu einem späteren Zeitpunkt realisiert, um ihre Zielgrößen in dieser Hinsicht zu gewährleisten. Diese sogenannte *Lastverschiebung* kann jedoch auch ganz gezielt als Lastmanagement-Technik eingesetzt werden (vgl. Abbildung 3.4(a)). Dabei handelt es sich im beschriebenen Fall um eine Kombination von Spitzenlastkappung und Talfüllung, die oft eingesetzt wird, um insgesamt eine gleichmäßigere Lastganglinie zu erhalten. Eine solche gleichmäßige Last kann beispielsweise für Industriekunden, die je nach ihrer höchsten Jahreslast oft laut Vertrag (Spitzenlasttarif) zusätzliche Gebühren entrichten müssen, sehr interessant sein.

Mit der zunehmenden Verbreitung volatiler Stromerzeugung aus erneuerbaren Energien rückt zunehmend ein Lastmanagement in den Fokus, das es ermöglicht, die Nachfrage vollständig an das derzeit vorliegende Angebot anzupassen und so für den nötigen Ausgleich zwischen Erzeugung und Verbrauch zu sorgen. Die zugehörige Technik wird als *flexible Lastführung* bezeichnet und ist in Abbildung 3.4(b) dargestellt. Die Schraffierung in dieser Abbildung symbolisiert dabei die Flexibilität der nur durch eine umfassende Anwendung aller Lastmanagement-Techniken erreichbaren Lastganglinie. Als Anreiz im Sinne des DSM kann dazu beispielsweise ein variabler Strompreisverlauf eingesetzt werden, der dem Modell des Real Time Pricings entspricht (vgl. Abschnitt 3.1).

Zusammenfassend kann Lastmanagement nun als Vorgehen zur Erreichung spezifischer Veränderungen in der Last beschrieben werden. Der Einsatz kann dabei aus unterschiedlichen Gründen erfolgen, wie beispielsweise zur Kostenersparnis, kann durch DSM-Maßnahmen gefördert werden und erfolgt zeitlich gesehen in unterschiedlichen Horizonten, beispielsweise zur kurzfristigen Entlastung des Stromnetzes bei der Gefahr von Spannungs- oder Frequenzschwankungen (vgl. [HDS10]).

Darüber hinaus kann analog zu [AlS11] eine Unterscheidung anhand des Einsatzszenarios getroffen werden. Das sogenannte *Grid Szenario* betrachtet dabei ein Lastmanagement, das sich über mehrere Entitäten in einem Stromnetz erstreckt, beispielsweise einem Netzabschnitt im Verteilungsnetz wie in Abschnitt 2.1 beschrieben. Im Fokus der vorliegenden Arbeit steht jedoch der Einsatz des Lastmanagements in einem sogenannten *In-House Szenario*. Eine nähere Erläuterung dieses Szenarios, sowie der Einsatz des Lastmanagements unter Einbeziehung von DSM-Maßnahmen folgt im nächsten Abschnitt.

3.3 Autonomes Energiemanagement

Wie in den vorigen Abschnitten diskutiert, bestehen viele Möglichkeiten Lastmanagement durchzuführen. Der Begriff des Lastmanagements soll nun für das In-House Szenario erweitert werden zu dem Begriff des Energiemanagements.

Im Inneren des Hauses wird auf der einen Seite die elektrische Seite betrachtet, jedoch für ein ganzheitliches Energiemanagement ist es ebenso wichtig, auch die thermische Seite zu betrachten. Dieser ganzheitliche Ansatz gewinnt insbesondere beim Einsatz von BHKWs an Bedeutung, da hier die thermische sowie die elektrische Seite mit betrachtet werden müssen (vgl. Abschnitt 2.2.3).

Daher wird in der vorliegenden Arbeit der Begriff des Energiemanagements übergreifend verwendet, da sich die hier vorgestellten Konzepte auf elektrische wie auch auf thermische Komponenten anwenden lassen und es zudem essenziell ist, dies als Gesamtheit zu betrachten. Wie bereits motiviert und in Abbildung 3.1 dargestellt, kann der Anreiz zur Änderung oder Verschiebung des Lastverhaltens durch ein Display erfolgen, das dem Benutzer den aktuellen und zukünftigen Verlauf der Anreizmechanismen präsentiert (vgl. dazu die Stromampel in Abbildung 3.1). Der Benutzer muss nun selbst eine Entscheidung treffen und diese Entscheidung manuell umsetzen.

Eine solche zusätzliche Anstrengung soll dem Benutzer im Zuge des autonomen Energiemanagements abgenommen werden. Zwei Hauptgründe, die dafür sprechen, sind zum einen, dass man dem Benutzer ein manuelles Energiemanagement nicht zumuten möchte, insbesondere, weil davon auszugehen ist, dass die Mehrheit der Bevölkerung auf Dauer nicht die Möglichkeit hat, den zeitlichen Mehraufwand zu realisieren. Ein solcher Mehraufwand könnte beispielsweise darin bestehen, regelmäßig die aktuellen zeitbasierten Tarife zu überprüfen und daraufhin Komponenten ein- oder auszuschalten, insbesondere, wenn es sich dabei um ein Real Time Pricing-Modell handelt (vgl. Abschnitt 3.1). Zum anderen ist davon auszugehen, dass selbst wenn der Benutzer diese Mühe auf sich nehmen würde, es dennoch für ihn schwierig ist, den tatsächlichen Gesamtzustand des Hauses so einzuschätzen, dass er die für seine Ziele optimalen Entscheidungen trifft. Dieser Umstand könnte z.b. daraus resultieren, dass ihm viele Vorgänge nicht konkret bewusst sind bzw. bewusst gemacht werden. Eine kontinuierliche Überwachung des Zustands des Haushalts, eine robuste Reaktion auf Situationsänderungen sowie eine Anpassung an die Ziele des Benutzers können jedoch auch ohne einen enormen zeitlichen und intellektuellen Mehraufwand realisiert werden.

Aus diesen Gründen befasst sich die vorliegende Arbeit mit autonomem Energiemanagement. Autonom bedeutet in diesem Zusammenhang, dass diverse technische Komponenten im Haushalt das Energiemanagement, gemäß den Zielen des Benutzers, selbsttätig realisieren. Um dies zu ermöglichen, werden einige Anforderungen an die im Haushalt verbauten Haushaltskomponenten gestellt, die im folgenden Abschnitt klassifiziert und erläutert werden.

3.4 Klassifizierung der Haushaltskomponenten

Damit eine Haushaltskomponente an einem Energiemanagement teilnehmen kann, ist es zunächst erforderlich, das Potenzial zur Lastverschiebung und die Steuermöglichkeiten der einzelnen Komponente genauer zu betrachten. Dazu wird im Rahmen dieser Arbeit eine Klassifizierung vorgeschlagen (vgl. Abbildung 3.5), die auf einer Erweiterung der Klassifizierung aus [HPZ05] beruht.

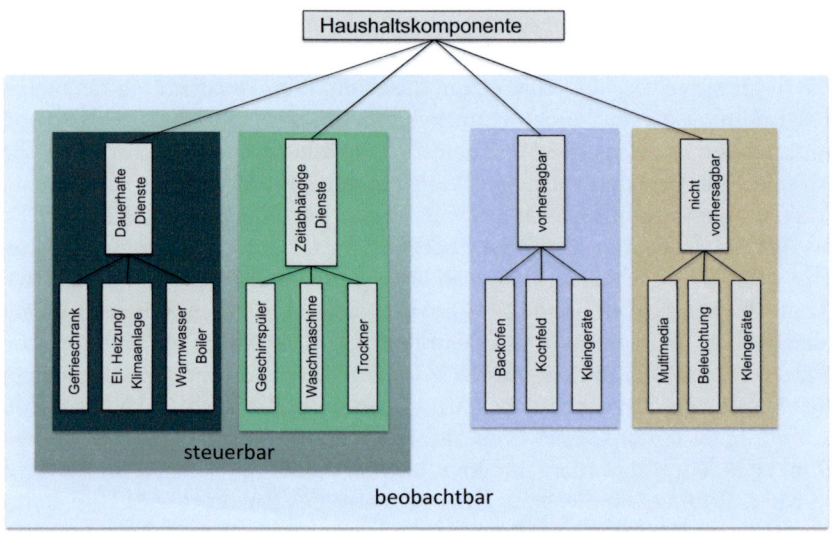

Abbildung 3.5: Klassifikation der Haushaltsgeräte

In dem Smart Home Szenario wird grundsätzlich davon ausgegangen, dass alle im Haushalt befindlichen Komponenten zumindest beobachtbar sind, d. h. der aktuelle Zustand der Komponente kann durch das zentrale Energiemanagement im Haushalt erkannt werden. Dies kann zum einen durch eine direkte Kommunikation zwischen der einzelnen Haushaltskomponente und dem zentralen Energiemanagement erfolgen, falls die Haushaltskomponente gemäß der Definition in Abschnitt 2.2.1 in der Lage ist, ihren aktuellen Zustand mitzuteilen. Auf der anderen Seite ist es möglich, durch vorgeschaltete zusätzliche Komponenten diese Fähigkeit nachzurüsten. Hierbei kann es sich z.B. um einen sogenannten *Smart-Plug* handeln, wie er in [ElA05] beschrieben wird. Ein solcher Smart-Plug kann im einfachsten Fall, wie in Abbildung 3.6 dargestellt, eine zwischengeschaltete Steckdose sein, die z.B. über eine Drahtlosverbindung mit einem zentralen Gateway kommunizieren und so den aktuellen Stromverbrauch der daran angeschlossenen Komponente an das zentrale Energiemanagement übermitteln kann.

Abbildung 3.6: Beispiel eines Smart Plugs

Die beobachtbaren Komponenten lassen sich in zwei Untergruppen unterteilen. Zum einen die vorhersagbaren, wobei es sich um Haushaltskomponenten handelt, die auf eine gewisse Weise regelmäßig eingesetzt werden. Aufgrund dieses Umstands ist es somit möglich, die Einsatzzeitpunkte dieser Komponenten mit technischen Methoden vorherzusehen und sie in dem Energiemanagement mit einzuplanen.

Vertreter dieser Komponentenklasse sind z.B. der Backofen sowie die Kochplatten. Beide sind starke Verbraucher, die mit einer hohen Wahrscheinlichkeit um die Mittagszeit sowie gegen Abend eingesetzt werden, um die Mahlzeiten zuzubereiten. Da deren Einsatz zumeist manuelle Tätigkeiten voraussetzt, wie das Kochen einer Mahlzeit, die nicht verschoben werden können, muss der Lastgang dieser Komponenten als fix angesehen werden und die flexibleren Komponenten daran orientiert eingeplant werden.

Vertreter der nicht vorhersagbaren Komponenten sind z.B. Multimediakomponenten sowie andere kleine Haushaltsgeräte. Diese Komponenten werden wahlfrei eingesetzt. Dabei sei jedoch angemerkt, dass es sich hier meist um Komponenten mit einem eher geringen Stromverbrauch handelt, die zur Gesamtlast des Haushalts keinen großen Beitrag leisten.

Eine Unterklasse der beobachtbaren Komponenten stellt die Klasse der steuerbaren Komponenten dar. Diese ist zunächst auf jeden Fall beobachtbar, jedoch verfügen sie zusätzlich über die Fähigkeit, auf Steuersignale eines zentralen Energiemanagements zu reagieren. Diese Komponenten lassen sich wiederum in zwei Untergruppen aufteilen:

Die zeitabhängigen Haushaltskomponenten sind Haushaltskomponenten, die zunächst eine Benutzerinteraktion erfordern, damit sie überhaupt betrieben werden können. Ein Beispiel hierfür ist die Waschmaschine: Sie muss zunächst mit Wäsche befüllt, Waschpulver eingefüllt und ein Waschprogramm ausgewählt werden. Danach ist sie prinzipiell in der Lage ihre Aufgabe zu erfüllen (z.b. Wäsche waschen). Im Fall einer klassischen Waschmaschine würde sie auch sobald sie eingeschaltet worden ist, beginnen, ihr Waschprogramm zu absolvieren.

Im Fall der hier betrachteten „intelligenten" Haushaltskomponenten könnte die Waschmaschine in einen Bereitschaftszustand übergehen, sie würde also vom Benutzer für das Energiemanagement *freigegeben* werden. Aus diesem Zustand heraus kann sie daraufhin von dem Energiemanagement-System angesprochen werden und den Befehl zum Starten ihres Waschprogramms erhalten.

An dieser Stelle sei angemerkt, dass diese Entscheidung des Energiemanagements natürlich unter Berücksichtigung der Freiheitsgrade der entsprechenden Komponente (bzw. der zeitlichen Präferenzen des Benutzers) zu erfolgen hat. Nachdem die zeitgesteuerte Komponente ihre Aufgabe erfüllt hat (z.B. das Waschprogramm), ist nun wieder eine Benutzerinteraktion erforderlich, damit diese Komponente erneut eine Aufgabe erfüllen kann.

Eine weitere Unterart der steuerbaren Haushaltskomponenten bilden die dauerhaften Haushaltskomponenten, welche prinzipiell durchgehend aktiv sind und elektrische Energie in gewissen Zeitperioden, abhängig von weiteren Parametern wie beispielsweise Temperatursensoren, konsumieren oder produzieren (vgl. BHKW oder Gefrierschrank) . Diese aktiven Zeitperioden für einen Gefrierschrank wären beispielsweise die Zeitspannen, in denen der Kompressor betrieben wird und dabei den Innenraum abkühlt, bis eine untere Grenztemperatur erreicht wird.

So ergibt sich, wie in Abbildung 3.7 zu erkennen, nach dem Kühlprozess eine wieder ansteigende Kurve der Innentemperatur bis zu einem oberen Grenzwert, an dem erneut gekühlt werden muss. Innerhalb dieser beiden

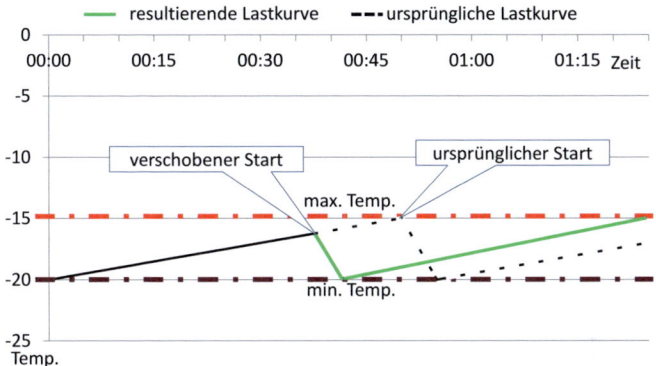

Abbildung 3.7: Lastverschiebung bei einem Gefrierschrank

Grenzen, also der oberen und der unteren Temperaturschranke, ist jedoch ein gewisser Freiraum, in dem der Kühlprozess verlagert werden kann. Das Energiemanagement könnte den aktuellen Zustand der Temperatur im Inneren des Gefrierschranks beobachten und evtl. entscheiden, den Kühlprozess etwas vor Erreichen der oberen Schranke zu starten und ihn damit zeitlich etwas vorzuverlegen.

Ein weiterer wesentlicher Unterschied bei der Einbeziehung von zeitabhängigen und dauerhaften Haushaltskomponenten in das Energiemanagement ist die Tatsache, dass sich der Benutzer bei der Verschiebung eines zeitabhängigen Dienstes mehr oder weniger auf eine Veränderung einstellen muss. So ist z.B. die Wäsche im Extremfall erst am Ende des vorgegebenen zeitlichen Freiheitsgrads fertig. Bei einem dauerhaften Dienst verschiebt das Energiemanagement die Aktionen innerhalb der Freiheitsgrade derart, dass der Benutzer nichts davon mitbekommt und er in seinem täglichen Leben nicht eingeschränkt wird. Ebenso werden bei dauerhaften Diensten, wie Gefrierschrank oder Wärmepumpe, Freiheitsgrade nicht explizit vom Nutzer angegeben, sie sind durch die Messwerte der Sensorik dieser Haushaltskomponenten bestimmt.

Aufbauend auf den in diesem Kapitel beschriebenen Szenarien und Zielen hinsichtlich Demand-Side Management und Lastmanagement sowie vor dem Hintergrund des autonomen Energiemanagements und der vorgenommenen Klassifizierung der Haushaltskomponenten, wird im folgenden Kapitel einer der zentralen Beiträge der vorliegenden Arbeit vorgestellt, das *organische Energiemanagement*.

KAPITEL 4

ORGANISCHES ENERGIEMANAGEMENT

In den vergangenen Kapiteln wurde die Situation motiviert, in der ein autonomes Energiemanagement für Gebäude sinnvoll sein kann. Es existieren zahlreiche Ansätze, vor allem theoretischer Natur, dieses Energiemanagement-Problem zu lösen (vgl. dazu Kapitel 7). Die praktische Umsetzung kann dabei auf viele verschiedene Arten geschehen. Im Fokus vieler Ansätze steht jedoch zumeist nur das zugrunde liegende Optimierungsproblem. Nur wenige beschäftigen sich intensiv mit den Anforderungen, denen ein Energiemanagement in einem realen Szenario genügen muss. Unterschiedlichste Konfigurationen in verschiedenen Häusern erfordern dabei ein hohes Maß an Flexibilität und insbesondere Erweiterbarkeit, da Haushaltskomponenten ersetzt, entfernt und neue angeschafft werden können. Lange Laufzeiten des Systems sowie unvorhergesehene Situationen, denen es im Betrieb ausgesetzt ist, setzen darüber hinaus eine hohe Robustheit voraus.

In der vorliegenden Arbeit sollen nun ein Rahmenwerk und eine Laufzeitumgebung vorgestellt werden, die auf Basis einer generischen Architektur im Kontext des *Organic Computing* [Schm05] entwickelt wurden und die in der Lage sind, diesen Herausforderungen hinsichtlich Flexibilität, Robustheit und Erweiterbarkeit aus dem realen Umfeld zu begegnen.

Der folgende Abschnitt geht daher zunächst auf die Entstehung und einige wichtige Prinzipien des Organic Computing ein. Darauf aufbauend werden die in diesem Rahmen entwickelte generische *Observer/Controller-Architektur* sowie Arten, diese zu realisieren, vorgestellt. Das Rahmenwerk zum Energiemanagement in intelligenten Gebäuden, der Kern dieser Arbeit, wird daraufhin ausführlich hinsichtlich seiner Bestandteile sowie in Analogie zu den zugrunde liegenden organischen Strukturen dargestellt. Abschließend werden die Entwicklungsumgebung sowie reale Einsatzszenarien für ein Organic Smart Home beschrieben.

4.1 Organic Computing

Der Forschungsbereich Organic Computing [MSSU11] entstand im Schwerpunktprogramm 1183 der Deutschen Forschungsgemeinschaft (DFG)[1]. Das erklärte Ziel des Organic Computing ist es, die Herausforderungen zu meistern, die mit der Entstehung immer komplexerer technischer Systeme entstehen. Die Methodik besteht dabei darin, die einzelnen Systeme oder Systemkomponenten dahin gehend zu gestalten, dass sie sich bis zu einem gewissen Maß selbstorganisiert verhalten. Auf diese Weise kann die Komplexität des Gesamtsystems besser beherrschbar gemacht sowie die Fähigkeit zur Anpassung an sich verändernde Umweltbedingungen gefördert werden. Diese Fähigkeit wird auch als *Adaption* bezeichnet (vgl. [Rich09]). Systeme, die auf diese Art gestaltet sind, sollen dabei verschiedene sogenannte *Self-X-Eigenschaften* an den Tag legen, die sowohl das Funktionieren des Systems als Ganzes wie auch seiner einzelnen Komponenten dauerhaft gewährleisten sollen (vgl. [Rich09]). Diese Eigenschaften umfassen unter anderem die Fähigkeit zur

- Selbst-Erklärung,

- Selbst-Konfiguration,

- Selbst-Heilung,

- Selbst-Optimierung

- und zum Selbst-Schutz.

---

[1] http://www.organic-computing.de/

Ein System, das diese Eigenschaften teilweise oder vollständig unterstützt, wird in diesem Kontext als *Organisches System* bezeichnet. Bei Bedarf sollte eine externe Beeinflussung dieses Systems möglich sein, was zu dem Begriff der „gesteuerten Selbstorganisation" führt (vgl. engl. Controlled Self-Organisation [Rich09]).

Im Idealfall müssen vor diesem Hintergrund einem komplexen System keine konkret festgelegten Handlungsvorschriften für alle auftretenden Situationen einprogrammiert werden, wie es oft in klassischen Herangehensweisen versucht wird. Diese Situationen sind im Hinblick auf sich eventuell verändernde Einsatzumgebungen oder Betriebsbedingungen nämlich oft im Voraus noch nicht absehbar. Vorgegeben werden soll vielmehr ein gewünschter Zustand oder ein Verhalten des Systems.

Der Rahmen des Verhaltens bzw. der Zustände wird dabei in [SMSc⁺10] in mehrere Bereiche unterteilt. Diese Bereiche umfassen unter anderem den *Zielraum* (engl. target space), in dem das System im Sinne seiner gesetzten Ziele ideal operiert. Durch externe oder interne Einflüsse ist es jedoch möglich, dass dieser Bereich verlassen wird. Dabei sollte das System sich in jedem Fall weiterhin akzeptabel verhalten. Ist das der Fall, wird das Verhalten als innerhalb des *Akzeptanzraums* (engl. acceptance space) bezeichnet. Dabei bildet der Zielraum eine Teilmenge des Akzeptanzraums. Solange bei jeder Zustandsänderung das System in einem dieser Bereiche bleibt, wird das System als robust bezeichnet [Rich09]. Im Kontext des Energiemanagements in einem Haushalt wäre es beispielsweise vorstellbar, dass eine der Haushaltskomponenten nicht mehr einsetzbar und daher ein global ideales Verhalten nicht mehr möglich ist. Trotzdem sollten alle anderen Komponenten nach den unter diesen Umständen gegebenen Bedingungen weiterhin in einem bestmöglichen Zustand betrieben werden.

Ein robustes organisches System ist daher in der Lage, flexibel auf Veränderungen in seinem Umfeld zu reagieren. Dies wird vor allem durch seinen Aufbau, seine Architektur gewährleistet. Im Rahmen des oben genannten Schwerpunktprogramms 1183 der DFG sind zwei Modelle einer organischen Architektur entworfen bzw. weiterentwickelt worden:

- Organic Middleware OCμ

- Observer/Controller-Architektur

Ein weiterer Ansatz, der auf den Self-X-Eigenschaften, wie sie auch im Organic Computing betont werden, aufbaut, ist das an der Universität Paderborn entwickelte Operator-Controller-Modul. Dabei zielt das Operator-Controller Modul hauptsächlich auf Einsatzszenarien in mechatronischen Systemen ab, die ihr Verhalten durch den Aufbau von größerem Wissen während ihres Einsatzes selbst optimieren sollen [OHK02]. Das Rahmenwerk der Organic Middleware OCμ hingegen fokussiert auf den Betrieb von ereignisbasierten Anwendungssystemen und soll die Abstraktionsfunktion der klassischen Middleware durch Self-X-Eigenschaften anreichern [Piet09].

Die Observer/Controller-Architektur, die die Beeinflussbarkeit durch und die Interaktion mit einer externen Entität, beispielsweise einem Benutzer, besonders in den Vordergrund stellt und sich daher sehr gut für die Anwendung in Mensch-Maschine-Umgebungen wie dem Energiemanagement eines Smart Homes eignet, wird im nächsten Abschnitt vorgestellt.

4.2 Observer/Controller-Architektur

Im Rahmen des Organic Computing entstand der Vorschlag für die generische Observer/Controller-Architektur (O/C-Architektur). Das Designziel dabei ist ein teilweise selbst organisierendes System zu entwerfen, das auch weitere der bereits in Abschnitt 4.1 eingeführten Self-X-Eigenschaften aufweisen kann.

Die wesentlichen Komponenten der O/C-Architektur sind dabei das *System under Observation and Control*, die *externe Entität* (engl. external Entity) und schließlich der *Observer* (dt. Beobachter) und der *Controller* (dt. steuernde Instanz), die man zusammengefasst als *O/C-Einheit* bezeichnet. Darüber hinaus wird das Verhalten des Observers vom *Model of Observation* bestimmt. Eine Besonderheit der Architektur ist die Tatsache, dass die externe Entität, beispielsweise ein Benutzer, explizit in das System eingebunden ist. Die Aufgabe dieser Entität ist insbesondere die Vorgabe von Zielen, denen das SuOC in seinem Verhalten genügen soll. Gleichzeitig kann sie Informationen über den aktuellen Systemstatus erhalten. Auch eine Änderung der Ziele während des Betriebs des Systems ist möglich, was wiederum den Aspekt der Flexibilität betont.

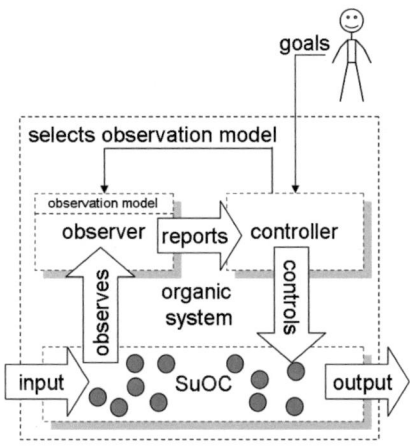

Abbildung 4.1: O/C-Architektur [RMB+06]

Im Folgenden werden die einzelnen Komponenten sowie ihr Zusammenspiel und ihre Umweltbeziehungen, wie sie in Abbildung 4.1 abgebildet sind, näher vorgestellt. Dabei wurden die Beschreibungen der einzelnen Elemente der O/C-Architektur weitgehend aus [Rich09] und [RMB+06] übernommen.

System under Observation and Control

Bei einem System under Observation and Control (SuOC) handelt es sich um eine Umgebung, die aus einer Menge von teilweise autonomen, interagierenden Elementen besteht. Dabei ist es in seinem Verhalten nicht angewiesen auf die Existenz einer beobachtenden oder kontrollierenden Instanz. Falls es solche Einheiten gibt, wird das SuOC also auch im Falle ihres Ausfalls weiter funktionieren. Es erhält von seiner Umgebung *Input* (dt. Eingaben) und produziert durch interne Vorgänge *Output* (dt. Ausgaben) an die Umwelt, wie in Abbildung 4.1 zu erkennen ist.

Ein derartiges System kann dabei Verhaltensweisen an den Tag legen, die in einem einzelnen Element nicht beobachtbar sind. Dieses Verhalten wird als *emergentes Verhalten* bezeichnet und ist nur auf Systemebene beobachtbar (vgl. [Rich09]). Oft zitierte Beispiele hierfür sind die Entstehung von Staus im Straßenverkehr[2], oder die Bewegung von Ameisen entlang von sogenannten Ameisenstraßen bei der Futtersuche(vgl. [MMS02]). Diese Beispiele illustrieren die Tatsache, dass es sich bei emergentem Verhalten sowohl um unerwünschte und dem Funktionieren des Gesamtsystems abträgliche Phänomene als auch um einen Aspekt, den es zu fördern gilt, handeln kann.

Diese Ambivalenz unterstreicht die Bedeutung, die der Beobachtung und Kontrolle zukommen. Diese Funktionen werden im Rahmen der O/C-Architektur von sogenannten *Observern* und *Controllern* übernommen, die nachfolgend dargestellt werden.

Observer

Die beobachtende Instanz in der O/C-Architektur wird als Observer bezeichnet. Der Observer erhält Rohdaten, die von dem SuOC kommen. Dabei kann es sich beispielsweise um Sensordaten oder Aufzeichnungen einer Kamera handeln. Der Observer verarbeitet und aggregiert diese Rohdaten und erstellt daraus eine systemweite, charakteristische Zustandsbeschreibung.

Im Rahmen dieses Prozesses werden die Rohdaten aus dem SuOC zunächst vom *Monitor* aufgezeichnet. Danach startet der Prozess der Vorverarbeitung im *Pre-Processor* (dt. vorverarbeitende Instanz). Dabei werden die Rohdaten z.B. geglättet und einfache Attribute daraus extrahiert (vgl. Abbildung 4.2). Die aus diesen beiden Schritten gewonnenen Informationen werden danach im sogenannten *Data Analyser* auf bestimmte, für das Szenario relevante Verhaltensweisen hin untersucht. Dazu werden *Metriken* (engl. metrics) eingesetzt, die in der Lage sind, diese zu erkennen und zu quantifizieren, wie beispielsweise das in [Rich09] vorgestellte Maß für das Auftreten emergenten Verhaltens.

Ebenso kann im Observer eine Prädiktion durchgeführt werden, die das zukünftige Verhalten des Systems vorhersagt (*Predictor*, vgl. Abbildung 4.2). Dies kann insbesondere eine proaktive Steuerung des SuOC ermöglichen und damit die Erreichung der Systemziele unterstützen. Ein *Log-File* speichert darüber hinaus alle Daten, die durch den Monitor in

---

[2]Vgl. dazu die Arbeiten von H.Prothmann zum Organic Traffic Control, u. a. [Prot11].

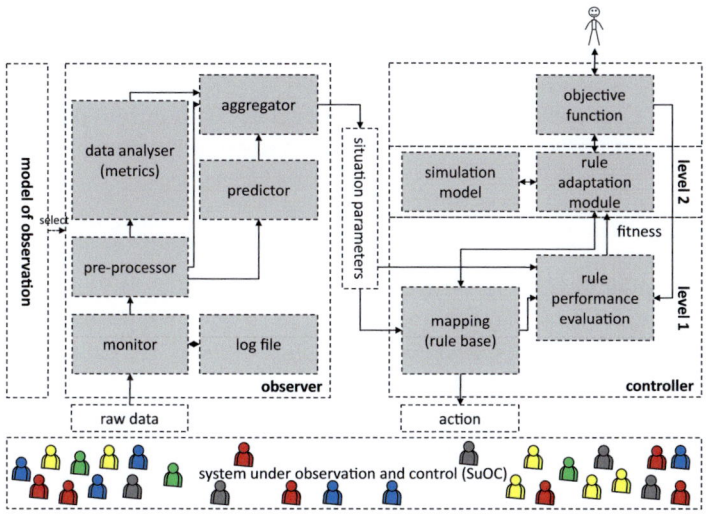

Abbildung 4.2: O/C-Architektur im Detail [Rich09]

den Observer gelangen. Diese Informationen können sowohl zur Analyse des aktuellen Zustands als auch zur Prädiktion herangezogen werden.

Die Angaben im Model of Observation dienen dabei der Konfiguration des Observers. In diesem Modell ist festgelegt, welche Elemente wie aus den Rohdaten extrahiert werden sollen und wie diese aufbereitet werden. Dies umfasst auch die Auswahl der Algorithmen, die in Data Analyser und Predictor eingesetzt werden. Es besteht die Möglichkeit, für einen Observer bezüglich eines gleichbleibenden SuOC verschiedene Models of Observation zu verwenden. Dies ist z.B. dann sinnvoll, wenn durch die Vorgaben der Umwelt oder der externen Entität im Laufe der Zeit verschiedene Zielstellungen verfolgt werden. Der Controller ist dabei die Instanz, welche für die Auswahl des Beobachtungsmodells zuständig ist. Der Controller kann in einem Fall veränderter Zielstellungen zwischen diesen verschiedenen Modellen auswählen und sie auch während des Betriebs wechseln.

Die Daten und abgeleiteten Informationen des Observers werden schließlich im *Aggregator* aggregiert. Sie werden als *Situationsparameter* (engl. situation parameters) an den Controller weitergeleitet, der diese weiterverarbeitet (vgl. Abbildung 4.2). Dadurch wird ein Gesamtbild der aktuellen Situation des SuOC übermittelt, die der Controller weiter behandelt.

Controller

Der Controller übernimmt in der O/C-Architektur alle steuernden Eingriffe in das SuOC. Diese basieren auf den vom Observer aggregierten Daten, die durch das Model of Observation definiert wurden. Sie geben Auskunft über den aktuellen und prädizierten Zustand des SuOC. Darüber hinaus erhält der Controller Daten von der externen Entität, die Informationen über das aktuelle Ziel des Systems enthalten, das durch eine *Objective Function* (dt. Zielfunktion) beschrieben wird (vgl. Abbildung 4.2).

Aus dieser Gesamtheit an Informationen und Zielfunktionen abgeleitet beeinflusst der Controller das System im vorgegebenen Rahmen der beeinflussbaren Variablen, die zum Teil von der externen Entität stammen, teilweise daraus resultieren, dass der Controller zur Abstraktion in der Lage ist. Ein Beispiel dafür wäre die Funktionsweise einer Klimaanlage: Während der Benutzer nur eine Zieltemperatur einstellt, sorgt der Controller dafür, dass diese gehalten wird, indem er den Raum heizt oder kühlt. Diese Reduktion dient unter anderem dem Ziel des Organic Computing, komplexe Systeme besser beherrschbar zu machen, indem die Anzahl der Stellgrößen, die von außen justiert werden müssen, reduziert wird. Dadurch kann einer externen Entität die Interaktion mit dem System erleichtert werden.

Die Beeinflussung geschieht dadurch, dass der Controller Steuerbefehle an das SuOC sendet um ein unerwünschtes emergentes Verhalten zu unterbinden und ein erwünschtes zu verstärken [Rich09]. Hierbei spielt insbesondere die Tatsache eine Rolle, dass eines der Ziele des Organic Computing die Schaffung eines geleiteten Systems ist, das sich flexibel und robust verhält. Dabei soll es nicht vornehmlich von hart einprogrammierten Routinen gesteuert werden, sondern abhängig vom aktuellen und gewünschten Systemzustand sein Verhalten durch die Befehle des Controllers adaptieren.

Dazu kann das in Abbildung 4.2 eingezeichnete und in [Rich09] beschriebene Modell des *2-Level-Learning* (dt. zweistufiges Lernen) verwendet werden. Dabei wird davon ausgegangen, dass analog zu den Situationsparametern, die vom Observer kommen, ein *Mapping*, eine Zuordnungsvorschrift, zwischen der beobachteten Situation und einer entsprechenden Kontrollaktion besteht. Diese Zuordnungsvorschrift kann in einer *Rule Base* (dt. Regelsammlung) gehalten werden, in der neben der Situation und der anzuwendenden Aktion auch die Qualität der entsprechenden Regel, deren *Fitness*, dem Tupel aus Situation und Aktion zugeordnet ist (vgl. [Rich09]). Die Fitness wird laufend aktualisiert, indem das Verhalten des Systems in einem definierten Zeitintervall nach der Anwendung einer Regel bewertet wird (*Rule Performance Evaluation*). Diese Information fließt wiederum in die Rule Base ein. Der geschilderte Prozess wird als *Online Learning* bezeichnet, da er während der Laufzeit des Gesamtsystems aus O/C-Schicht und SuOC abläuft (vgl. Level 1 in Abbildung 4.2).

Offline Learning hingegen basiert auf der Verwendung eines *Simulation Models*, einer Simulation des SuOC, auf die Regeln für die Rule Base angewendet werden, um beispielsweise eine Anfangsbewertung der Fitness zu erhalten oder in der ganz neue Regeln generiert und getestet werden können, ohne im realen System direkte Auswirkungen zu haben und dadurch eventuell Schaden anrichten zu können. Dabei werden die Erfahrungen aus dem „realen" SuOC zwar unter Umständen mit einbezogen, der Prozess spielt sich jedoch abgekapselt von diesem ab, daher der Begriff „offline" (vgl. Level 2 in Abbildung 4.2).

Grundlegend kann davon ausgegangen werden, dass immer die Aktion, die im Tripel Situation, Aktion und Fitness die höchste Qualität aufweist, sich also in der Vergangenheit bewährt hat, als kontrollierender Input an das SuOC weitergegeben wird.

Zusammenfassend werden in [RMB+06] und [Rich09] die Interaktionsmöglichkeiten des Controllers im Kontext des Organic Computing wie folgt beschrieben:

- Der Controller beeinflusst ein System derart, dass ein erwünschtes emergentes Verhalten eintritt bzw. verstärkt wird.

- Er unterbindet unerwünschtes Verhalten möglichst schnell und effizient.

- Das System ist so konstruiert, dass sich unerwünschtes Verhalten nicht entwickeln kann.

- Es ist die Aufgabe des Controllers, den weitgehend selbst organisierenden Prozess der interagierenden Agenten im SuOC zu kontrollieren.

- Lernmechanismen adaptieren den Controller und sollen das Verhalten des Gesamtsystems aus O/C-Schicht und SuOC verbessern.

Das Gesamtsystem, das in der O/C-Architektur beschrieben wird, kann auf unterschiedliche Arten realisiert werden. Über diese gibt der nächste Abschnitt Auskunft.

4.2.1 Realisierungsarten der O/C-Architektur

In [BMMS+06] werden beispielhaft drei verschiedene Arten der Realisierung der generischen O/C-Architektur vorgeschlagen. Diese werden abhängig vom jeweiligen konkreten Anwendungsfall eingesetzt. Dabei wird zwischen einem zentralisierten, einem verteilten und einem hierarchischen Ansatz unterschieden. Diese unterschiedlichen Ansätze werden in Abbildung 4.3 verdeutlicht. Der zentralisierte Ansatz beinhaltet nur eine einzige O/C-Einheit für das ganze SuOC. Dabei überwacht und kontrolliert diese alle definierten zugänglichen Parameter, die das SuOC konsumiert oder emittiert.

Im Gegensatz dazu verfügt im verteilten Ansatz jedes Element des SuOC über eine ihm allein fest zugeordnete O/C-Einheit, wie es in Abbildung 4.3(b) dargestellt ist. Hierbei findet keine übergeordnete Überwachung oder Kontrolle des Gesamtsystems aus Agenten und ihren O/C-Einheiten statt. Die einzelnen O/C-Einheiten verfügen daher nur über lokales Wissen. Auf diese Weise kann für die einzelnen Systeme eine hohe Autonomie realisiert werden, was diesen Ansatz insbesondere für komplexe verteilte Systeme interessant macht. Als Anwendungsbeispiele werden hier oft Schwarmsysteme genannt.

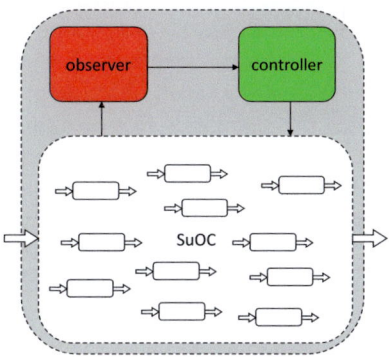

(a) Zentralisierter Ansatz

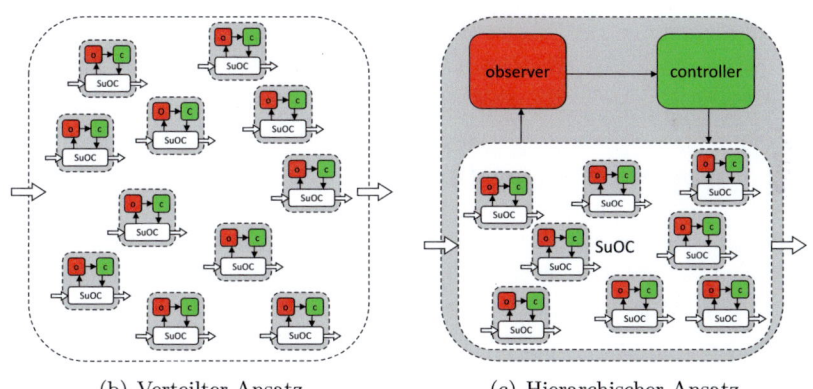

(b) Verteilter Ansatz   (c) Hierarchischer Ansatz

Abbildung 4.3: Realisierungsvarianten der generischen O/C-Architektur [Rich09]

Die Kombination aus den ersten beiden Ansätzen ist der in Abbildung 4.3(c) dargestellte hierarchische Ansatz. Er verfügt zum einen über die einzelnen O/C-Einheiten der Komponenten des SuOC, die über lokales Wissen verfügen, zum anderen über eine globale O/C-Einheit (oder auch mehrere regionale), die das Gesamtsystem, das wiederum ein SuOC bildet, überwacht und kontrolliert. In diesem Ansatz können die lokalen O/C-Einheiten Informationen, eventuell abstrahiert, an die globale O/C-Einheit kommunizieren, die auf Basis des daraus generierten Wissens eine Entscheidung trifft, welche wiederum an die lokalen O/C-Einheiten weitergegeben wird. Auf Basis dieser Entscheidungen können nun die lokalen O/C-Einheiten zusammen mit ihrem oft deutlich spezialisierteren Wissen über die Komponente aus dem SuOC, die sie kontrollieren, selbige beeinflussen. Daher wird dieser Ansatz als hierarchisch bezeichnet (vgl. [Rich09]).

Ein Szenario, in dem die generische Observer-Controller-Architektur eingesetzt werden kann, ist das Energiemanagement in intelligenten Gebäuden. Dabei eignet sich aufgrund der Menge und Heterogenität der Komponenten in einem Smart Home (vgl. Abschnitt 2.2) insbesondere die letztgenannte Realisierungsart. Daraus wurde das im folgenden Abschnitt vorgestellte Rahmenwerk entwickelt.

4.3 Organic Smart Home

Das oben beschriebene Forschungsfeld des Organic Computing und die daraus entwickelte generische O/C-Architektur bilden den Grundstein zur Entwicklung eines generischen Rahmenwerks (engl. Framework) für das Energiemanagement in Gebäuden. Der Entwurf orientiert sich dabei an der Vorstellung, durch die Verwendung der darin beschriebenen Komponenten und Mechanismen eine Art „Betriebssystem" und Laufzeitumgebung für intelligente Gebäude zu schaffen, welches gleichzeitig flexibel, robust und erweiterbar ist. Das Rahmenwerk wird daher als *Organic Smart Home* bezeichnet und bildet den Kern der vorliegenden Arbeit. Abbildung 4.4 stellt einen schematischen Überblick über die einzelnen Elemente des Organic Smart Home dar sowie das sogenannte *reale Szenario* eines Energiemanagement-Systems. Dieses wird gebildet aus den externen Entitäten und den Komponenten des realen intelligenten

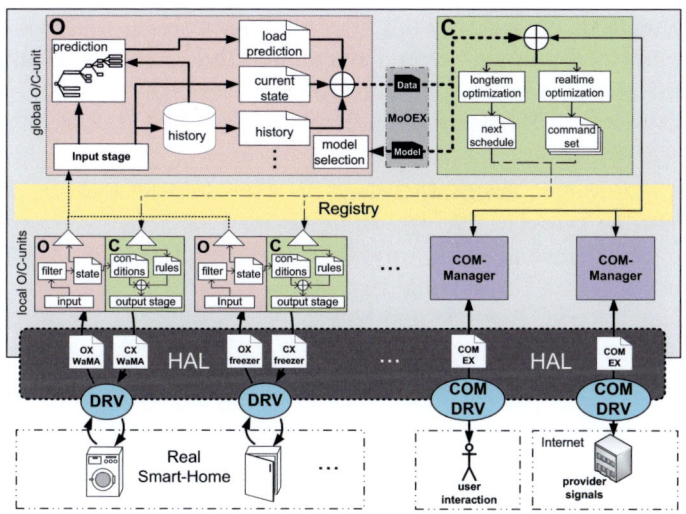

Abbildung 4.4: Überblick über das Organic Smart Home

Haushalts (engl. real Smart Home). Die externen Entitäten werden im Organic Smart Home durch die Benutzerinteraktion und die externen Signale repräsentiert (engl. user interaction und provider signals, vgl. Abbildung 4.4). Diese werden in das Energiemanagement über den *COM-Manager* eingebunden, dessen Aufbau und Funktion in Abschnitt 4.3.5 erläutert wird. Die weiteren Grundelemente bilden die *Treiberschicht* (engl. Driver - DRV), die *Hardware-Abstraktionsschicht* (engl. Hardware Abstraction Layer - HAL) und die eigentliche, für das Energiemanagement verantwortliche *O/C-Schicht*, welche diverse O/C-Einheiten enthält. Der dargestellte Fall, der nach dem nach Vorbild des hierarchischen Ansatzes gestaltet ist (vgl. Abschnitt 4.2.1), eignet sich besonders gut für die Realisierung eines Energiemanagements, wie es in der vorliegenden Arbeit vorgestellt wird, da dadurch allen Haushaltskomponenten jeweils separate, lokale O/C-Einheiten (local O/C-unit) zugeordnet werden können. Eine zentrale O/C-Einheit ist für die Überwachung und die Kontrolle auf globaler Ebene, auf Haushaltsebene, zuständig (global O/C-unit, vgl.

Abbildung 4.4). Im Kontext des Organic Smart Home sind jedoch, wie in Abschnitt 4.5 dargelegt, durchaus andere Realisierungsvarianten der O/C-Architektur möglich. Die Kommunikation erfolgt in der O/C-Schicht über ein zentrales Registrar (engl. Registry), welches in Abschnitt 4.3.2 vorgestellt wird.

Diese und weitere Elemente werden ab Abschnitt 4.3.1 näher erläutert. Dabei werden zunächst die O/C-Komponenten adressiert, die zwei Wege der internen Kommunikation vorgestellt sowie die Hardware-Abstraktion motiviert und ihre Umsetzung dargestellt. Darüber hinaus wird die zur Abbildung 4.4 quer liegende und bisher nicht erwähnte oder dargestellte Management-Schicht eingeführt sowie die Möglichkeiten zur externen Kommunikation im Rahmen des Organic Smart Home genannt.

4.3.1 O/C-Komponenten

Im Organic Smart Home bildet eine hierarchische O/C-Architektur die eigentliche Schicht des Energiemanagements. Darin ist jeder einzelnen Haushaltskomponente eine lokale O/C-Einheit zugeordnet, die speziell an die Klasse der Haushaltskomponente angepasst ist (vgl. Abschnitt 3.4). Dadurch stehen in diesem lokalen Teil präzise Steuer- und Zustands-informationen der entsprechenden Komponente zur Verfügung. Diese Zuordnung ist erforderlich, um die Integration sehr unterschiedlicher Haushaltskomponenten ins Energiemanagement im Haushalt zu ermögli-chen, deren beobachtbare Daten und deren Steuerungsmöglichkeiten sehr unterschiedlich ausgeprägt sein können.

Die lokalen O/C-Einheiten werden wiederum von einer globalen O/C-Einheit beobachtet und kontrolliert. Diese ist für das globale Energie-management auf Haushaltsebene zuständig. Darüber hinaus werden auf dieser Ebene die global gültigen Ziele und Vorgaben der externen Enti-täten eingebunden, was in Abschnitt 4.3.5 näher erläutert wird. Diesem Aufbau inhärent ist die Möglichkeit zur Trennung von lokal und global relevantem Wissen in einer konkreten Anwendung des Rahmenwerks (vgl. Abschnitt 6).

Ausgehend von der lokalen Ebene wird im Folgenden die Funktionsweise und das Zusammenspiel der O/C-Komponenten detailliert vorgestellt.

Lokale O/C-Einheiten

Für jede einzelne Haushaltskomponente, wie aus Abbildung 4.4 zu entnehmen, existiert eine eigenständige lokale O/C-Einheit. Die Aufgabe dieser Einheit ist es zum einen, die direkte Beeinflussung der Haushaltskomponente durchzuführen, was im lokalen Controller realisiert wird. Zum anderen sollen Informationen über den aktuellen Zustand der Haushaltskomponente gesammelt werden. Dies wird im Observer der lokalen O/C-Einheit verwirklicht.

Für jede Klasse von Haushaltskomponenten existiert ein eigener Typ von lokalen O/C-Einheiten. So würden beispielsweise einem Trockner und einer Waschmaschine, die beide zur Klasse der beobachtbaren und steuerbaren Komponenten gehören, eine O/C-Einheit vom gleichen Typ zugeordnet (vgl. Abschnitt 3.4). Der entscheidende Aspekt hierbei ist, dass die lokale O/C-Einheit spezifisch für eine bestimmte Klasse von Haushaltskomponenten ist und somit genaue Kenntnis über deren Eigenarten besitzt.

Der Observer der lokalen Komponente beobachtet über die Hardware-Abstraktionsschicht Zustandsinformationen der einzelnen physikalischen Haushaltskomponente. Für den vorgestellten, hierarchischen Fall der O/C-Architektur werden im lokalen Observer beispielsweise aus den erhaltenen Informationen abstrahierte Zustandsinformationen formuliert, die von dem globalen Observer konsumiert werden und daraufhin Gegenstand des Gesamtenergiemanagements des Gebäudes sein können.

Der lokale Controller hingegen übersetzt Anweisungen, die das Gesamtenergiemanagement durch die globale O/C-Einheit ermittelt, in für die Haushaltskomponente spezifische Informationen oder Befehle, die letztendlich über die Abstraktionsschicht an die entsprechende physikalische Haushaltskomponente übertragen werden können.

Globale O/C-Einheiten

Die globale O/C-Einheit ist für das Gesamtenergiemanagement des Haushalts zuständig. Im globalen Observer werden die aggregierten Informationen über den Zustand der darunterliegenden lokalen Einheiten, und damit der Zustand der physikalischen Komponenten, beobachtet. Diese

Informationen werden basierend auf dem Prozess, der in Abschnitt 4.2 dargestellt wurde, aufbereitet und dem globalen Controller in Form einer Darstellung der Gesamtsituation im Haushalt zur Verfügung gestellt. Der globale Controller ist die zentrale bewertende und steuernde Komponente im Energiemanagement des Smart Homes. Hier laufen die Informationen zum einen über den globalen Zustand des Hauses und zum anderen über die externen Steuergrößen, wie in Abschnitt 4.3.5 beschrieben, zusammen. Auf dieser Basis führt der globale Controller die Entscheidungen über die Beeinflussung des Haushalts im Gesamten durch, um die globalen Ziele zu erreichen. Diese Entscheidungen werden daraufhin an die entsprechenden, von einer Entscheidung betroffenen, lokalen O/C-Einheiten übertragen.

Aus dem Vorangegangenen wird ersichtlich, dass eine Übertragung von Informationen zwischen den sowie innerhalb der verschiedenen O/C-Einheiten kontinuierlich und exakt erfolgen muss. Dies erfordert zuverlässige Kommunikationsmechanismen zum Datenaustausch, welche im nächsten Abschnitt erläutert werden.

4.3.2 Interne Kommunikation

Im Kontext der generischen O/C-Architektur wird das Thema der Kommunikation der einzelnen Komponenten nur am Rande adressiert [Piet09]. Das Organic Smart Home stellt einen konkreten Anwendungsfall dieser generischen Architektur dar. Innerhalb der O/C-Schicht wird eine intensive Kommunikation benötigt und zwar sowohl innerhalb und zwischen den lokalen Einheiten als auch zwischen der lokalen und der globalen Ebene. Insbesondere aufgrund der Tatsache, dass im Organic Smart Home viele unterschiedliche Verfahren unterstützt werden sollen und daher eine flexible Erweiterbarkeit der Architektur erforderlich ist, wird in der vorliegenden Arbeit eine generische Lösung für das Kommunikationsproblem zwischen den O/C-Einheiten beschrieben. Diese geht über die bisherigen, in der generischen O/C-Architektur beschriebenen Verfahren hinaus.

Mit dieser Lösung soll sichergestellt werden, dass die Koordination aller Informationen in einem Energiemanagement zuverlässig funktioniert und auf eine robuste und auf unterschiedlichste Bedürfnisse anpassbare Art die notwendigen Daten transportiert.

Hierfür werden zwei Verfahren vorgeschlagen, auf deren Eigenschaften und Unterschiede in den nächsten beiden Abschnitten eingegangen wird. Das eine Verfahren beschäftigt sich mit der Kommunikation zwischen dem Observer und dem Controller innerhalb einer O/C-Einheit. Hier erfolgt der Daten- bzw. Informationsaustausch über die sogenannte *Model of Observation Exchange*-Schnittstelle, die in Abschnitt 4.3.2 beschrieben wird.

Das andere Verfahren realisiert die Kommunikation der O/C-Schicht zwischen allen darin befindlichen O/C-Einheiten sowohl auf lokaler als auch auf globaler Ebene. Hierfür kommt ein zentrales Registrar zum Einsatz, dessen Funktionsweise im Folgenden erläutert wird.

Kommunikation über das Registrar

Die Kommunikation über ein zentrales Registrar ermöglicht den Austausch von Informationen innerhalb der O/C-Schicht. Dabei handelt es sich um ein Verfahren, das dem *Publish-Subscribe-Verfahren* angelehnt ist, wie es in erweitertem Sinn in Konzepten der *Message-Oriented Middleware* [Curr05] eingesetzt wird. Das entscheidende Merkmal dieser Kommunikationsform ist, dass sie nachrichtenbasiert in einer 1 zu n Beziehung von Partnern abläuft und dabei über eine dritte Instanz erfolgt. Die Nachrichten sind hierbei von einem speziellen Typ und ihnen wird eine Semantik zugesprochen. In [HOC12] wird diese Kommunikationsform eingehender beschrieben. Dort werden im Rahmen einer Unternehmensanwendung typisierte Ereignisse über eine Mitteilungsschicht übertragen. Die Typisierung hierbei beschreibt die Semantik der Nachricht. Eine Einladung für einen speziellen Typ von Veranstaltung dient darin als Beispiel für eine solche Nachrichtenübermittlung.

Die oben beschriebene dritte Instanz wird im Rahmen des Organic Smart Home durch ein zentrales Registrar (engl. Registry) repräsentiert, wie in den Abbildungen 4.5 sowie 4.4 zu erkennen. Alle Elemente der O/C-Schicht halten eine Referenz auf dieses Registrar, sie können es also jederzeit ansprechen. Im umgekehrten Fall hält das zentrale Registrar eine Referenz auf jedes Element der O/C-Schicht, wodurch eine Zustellung von Nachrichten ermöglicht wird.

Für die Kommunikation über das Registrar werden hier zwei mögliche

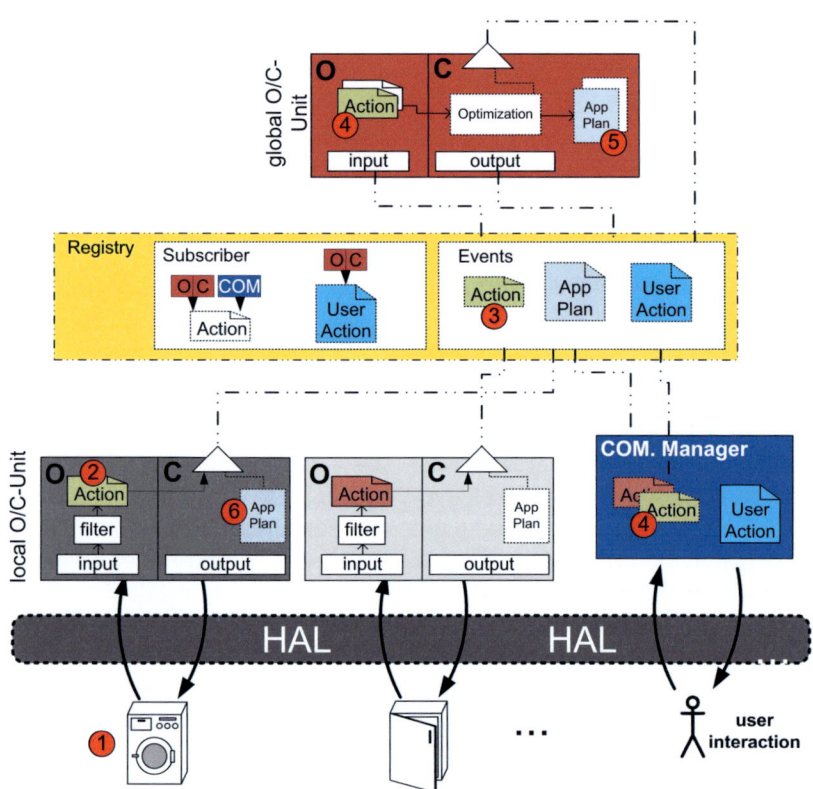

Abbildung 4.5: Funktionsweise des zentralen Registrars

Varianten vorgestellt, die unabhängig voneinander im Organic Smart Home zum Einsatz kommen können. Dabei wird unterschieden, ob die Kommunikation nur zwischen zwei Einheiten stattfindet oder mehrere Einheiten der O/C-Schicht daran beteiligt sind. Im ersten Fall wird über das Registrar eine Nachricht von einem Kommunikationspartner zum anderen versendet, im zweiten Fall kann eine Komponente einen bestimmten Ereignistyp, der von einer oder von mehreren anderen Einheiten emittiert wird, abonnieren.

In Abbildung 4.6 ist der Ablauf der letztgenannten ereignisbasierten Kommunikation veranschaulicht. Um ein Abonnement zu realisieren, teilt ein Element der O/C-Schicht dem Registrar mit, dass es über auftretende Ereignisse eines bestimmten Typs informiert werden möchte. In Abbildung 4.6 wird dies durch das Ereignis von Typ A, $<Ereignis\_A>$, repräsentiert. Dieser Vorgang wird als Registrierung bezeichnet.

Tritt ein solches Ereignis auf, so wird eine Benachrichtigung an die O/C-Einheit gesendet, die sich dafür registriert hat. Dies wird ermöglicht durch die Referenz, die das Registrar auf jede O/C-Komponente hält. Tritt hingegen ein Ereignis vom Typ B ein, in Abbildung 4.6 als $<Ereignis\_B>$ symbolisiert, erfolgt keine Benachrichtigung, da dieses von der entsprechenden Einheit nicht abonniert wurde. Dieser Kommunikationsweg wird so lange aufrechterhalten, bis die O/C-Einheit ihre Registrierung storniert und damit das Abonnement beendet.

Für einen Ereignistyp können sich dabei beliebig viele O/C-Einheiten registrieren und werden vom Registrar beim Auftreten gleichzeitig informiert. Dies realisiert die oben erwähnte 1-zu-n-Beziehung innerhalb der O/C-Schicht. Detaillierter wird der Ablauf einer Kommunikation für den konkreten Fall des Zustandswechsels einer Waschmaschine in Abbildung 4.5 dargestellt:

Die Waschmaschine wechselt ihren Zustand (1), beispielsweise durch die Auswahl eines bestimmten Waschprogramms durch einen Benutzer. Dies wird durch den HAL vom lokalen Observer beobachtet, der daraus eine Aktion (Action) erzeugt (2)[3]. Diese wird über den lokalen Controller als Ereignis an das Registrar kommuniziert (3). Das Registrar überprüft nun die Liste der Abonnenten. Für Ereignisse dieses Typs ist zunächst

---

[3]Es handelt sich hierbei um ein Ereignis vom Typ „Aktion", nicht um eine Intervention des lokalen Controllers in die entsprechende Haushaltskomponente.

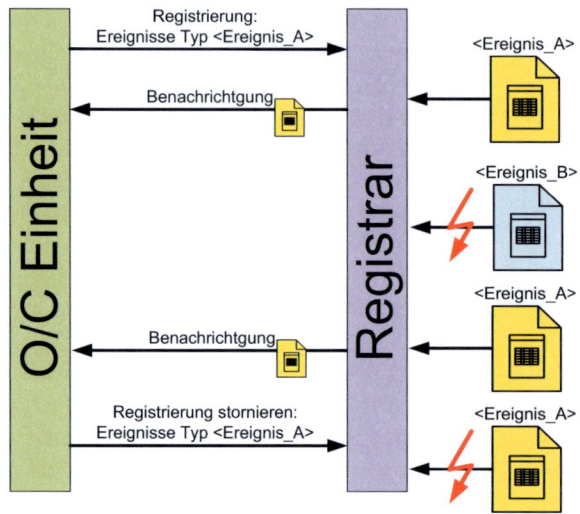

Abbildung 4.6: Ablauf der Kommunikation über das Registrar

der COM-Manager registriert, der diese Information an den Benutzer des Energiemanagement-Systems übermittelt (vgl. Abschnitt 4.3.5). Ein weiterer Abonnent ist in diesem Fall die globale O/C-Einheit. Beide Einheiten würden also vom Registrar eine Benachrichtigung über das Auftreten dieses Ereignisses erhalten (4). Ein Optimierungsverfahren im globalen Controller könnte daraus beispielsweise einen optimierten Ablaufplan *AppPlan* für die entsprechende Haushaltskomponente erzeugen (5), welcher wiederum über das Registrar direkt zu der passenden lokalen O/C-Einheit kommuniziert wird (6).

Es besteht außerdem die Möglichkeit für eine O/C-Einheit, sich für mehrere Ereignistypen zu registrieren. In Abbildung 4.5 wäre beispielsweise die globale O/C-Einheit auch Abonnent aller *User Interactions*.

Die zweite Möglichkeit über das Registrar zu kommunizieren, ist das direkte Versenden von Nachrichten. Dem Registrar sind sämtliche Komponenten innerhalb der O/C-Schicht bekannt. So kann eine beliebige Komponente der O/C-Schicht, wie in Abbildung 4.7 dargestellt, einer

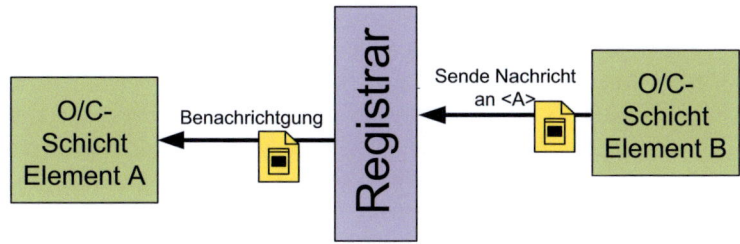

Abbildung 4.7: Direktes Versenden von Nachrichten über das Registrar

anderen eine Nachricht direkt übermitteln lassen. Sie sendet die Nachricht dazu unter Angabe der Zielkomponente an das Registrar, das sie dem Empfänger zustellt. Diese Form der Kommunikation kann sinnvoll sein, wenn die Benachrichtigung über einen bestimmten Ereignistyp in einem konkreten Fall nur eine spezifische Komponente erreichen soll und nicht alle Komponenten, die diesen abonniert haben. Ein konkretes Beispiel hierfür wäre das Versenden von Befehlen des globalen Controllers an einen der lokalen Controller.

Abhängig vom jeweiligen situativen Hintergrund der Kommunikation kann somit zwischen diesen beiden Verfahren ausgewählt werden. Dies liegt selbstorganisiert bei den entsprechenden O/C-Einheiten.

Innerhalb einer O/C-Komponente erfolgt die Kommunikation über die im folgenden Abschnitt vorgestellte Model-of-Observation-Exchange-Schnittstelle.

**Kommunikation über die
Model-of-Observation-Exchange-Schnittstelle**

Im letzten Abschnitt wurde die Kommunikation der Komponenten der O/C-Schicht über das Registrar beschrieben, welche in der generischen O/C-Architektur nur sehr oberflächlich adressiert wird. Im Gegensatz dazu wird eine Kommunikation zwischen dem Observer und dem Controller bereits wesentlich genauer beschrieben. Diese dient in diesem Rahmen einerseits der Übermittlung der Situationsparameter vom Observer zum Controller, andererseits der Festlegung des Model of Observation für den Observer durch den Controller (vgl. Abschnitt 4.2). Wie diese Kommunikation gestaltet sein soll, wird im Kontext der generische O/C-Architektur jedoch nicht genauer beschrieben (vgl. [Rich09]).

Das Model of Observation kann im Rahmen der generischen O/C-Architektur als Sicht interpretiert werden, die der Observer aus den im SuOC beobachteten Daten erzeugt. Abhängig von dem entsprechenden Ziel kann der Controller unterschiedliche Ausprägungen dieser Datensicht anfordern. Um dies zu erreichen, wird im Organic Smart Home eine generische Schnittstelle vorgeschlagen, die die Kommunikation der einzelnen Datensichten (Models of Observation) realisiert. Diese wird als Model-of-Observation-Exchange-Schnittstelle (MoOEX) bezeichnet.

Diese unterschiedlichen Sichten des aktuellen Zustands im Haushalt werden insbesondere hinsichtlich der unterschiedlichen Optimierungsziele, wie sie in Abschnitt 5.1 vorgestellt werden, notwendig. Es können daraus resultierend für unterschiedliche Optimierungsziele im Energiemanagement, z.B. die kurzfristige Optimierung oder die längerfristige Planung, unterschiedliche Sichten über den Zustand des Haushalts erforderlich sein. Im ersten Fall würden beispielsweise unter anderem kurzfristige Freiheitsgrade der gerade aktiven Komponenten benötigt, im zweiten Fall beispielsweise eine Prognose, wie sich die Komponenten im aktuellen Optimierungshorizont wahrscheinlich verhalten werden.

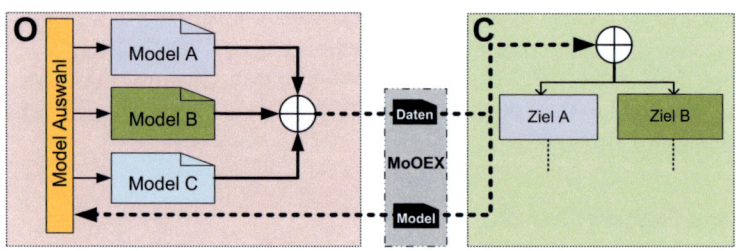

Abbildung 4.8: Auswahl des Model of Observation

Der Ablauf der Kommunikation über die MoOEX-Schnittstelle ist in Abbildung 4.8 beschrieben. Die Kommunikation erfolgt zu Beginn gerichtet vom Controller aus in Richtung Observer. Abhängig von den Bedürfnissen des Controllers fordert dieser ein spezielles Model Of Observation an, das ihm entweder direkt zugestellt oder zu einem späteren Zeitpunkt vom Observer gemeldet wird.

Die Menge der verschiedenen Models of Observation muss dem Controller bekannt sein. Daher ist es erforderlich, dass man einen Observer einsetzt, der zu ihm kompatibel ist. Diese Kompatibilität erstreckt sich über die Menge oder gemeinsame (nicht leere) Teilmenge der von dem Observer angebotenen Models of Observation mit den vom Controller benötigten. Die MoOEX-Schnittstelle kann als wohldefinierter Datenaustausch betrachtet werden, der von Observer und Controller gegenseitig weitgehend gekapselt ist. Insbesondere die Wiederverwendung unterschiedlicher Elemente einer O/C-Einheit wird durch diese Abgrenzung erleichtert.

Der Unterschied zur Kommunikation über das Registrar liegt zum einen darin, dass die MoOEX-Schnittstelle nur für die Kommunikation innerhalb einer O/C-Einheit betrieben wird. Zum anderen wird durch das Einstellen eines speziellen Model of Observation eventuell die Funktionalität des Observers auf Veranlassung des Controllers hin verändert, indem beispielsweise andere Metriken eingesetzt werden. Dies geschieht bei der Kommunikation durch das Registrar nicht, da dort ausschließlich Informationen übertragen werden, auf die die Elemente auf Basis ihres lokalen Wissens reagieren und dadurch ihr Verhalten selbst ändern.

Eine weitere Problematik neben der Kommunikation, der sich das Organic Smart Home im Rahmen eines realen Szenarios stellen muss, ist die Vielfalt der zugrundeliegenden realen Haushaltskomponenten. Um das Rahmenwerk generisch zu halten, wurde daher eine Abstraktionsschicht für sinnvoll erachtet, die im Folgenden beschrieben wird.

4.3.3 Hardware-Abstraktion

Im vorgestellten Szenario eines Smart Homes in Abschnitt 2.2 wird davon ausgegangen, dass ein Haushalt aus vielen unterschiedlichen Komponenten besteht, die oft auch von unterschiedlichen Herstellern bezogen werden. Diese verfügen, sofern sie bereits Kommunikationsschnittstellen besitzen, oft jeweils über herstellerspezifische Protokolle und Datenrepräsentationen, über die sie geräteintern oder von äußeren Schnittstellen gesteuert werden können. Der einfachste Fall einer solchen Schnittstelle wären die am Gerät angebrachten Bedienelemente für den Benutzer. Um mit diesen diversen Komponenten ein Energiemanagement zu realisieren, ist es erforderlich, dass eine Kommunikation zwischen dem Energiemanagement-System und den Komponenten erfolgen kann.

Im Organic Smart Home wird diese Kommunikation über die Hardware-Abstraktionsschicht (HAL, vgl. 4.4) realisiert. Sie bildet eine Art Zwischenschicht zwischen den realen Komponenten und ihren jeweils zugeordneten lokalen O/C-Einheiten und damit zur für das Energiemanagement verantwortlichen O/C-Schicht. Die lokale O/C-Einheit muss dazu nicht in der Lage sein, das jeweilige herstellerspezifische Protokoll zu verstehen und die physikalische Komponente analog zu diesem zu beeinflussen, was der generischen und wiederverwendbaren Grundintention des Organic Smart Home widerspräche. Vielmehr soll sie über unifizierte Schnittstellen in der Lage sein, einerseits alle für das Energiemanagement relevanten Daten bezüglich der Komponente zu beobachten, andererseits sie, analog zu ihren Fähigkeiten, zu beeinflussen.

Diese Zwischenschicht, inklusive der enthaltenen bzw. angeschlossenen Elemente sowie der darauf einwirkenden Faktoren, soll im Folgenden vorgestellt werden.

Hardware-Abstraktionsschicht

Die Hardware-Abstraktionsschicht übernimmt im Organic Smart Home eine Art Vermittlerrolle zwischen den Anforderungen des Energiemanagements einerseits und den an dieses angeschlossenen Komponenten andererseits. Die Anforderungen des Energiemanagements beziehen sich dabei hauptsächlich auf die Daten, die über die O/C-Einheiten mit den Komponenten ausgetauscht werden müssen, um einen Planungs- und Optimierungsvorgang zu verwirklichen. Dabei könnte es sich beispielsweise um Zustandsinformationen des Geräts oder aktuelle Leistungswerte handeln, die durch den lokalen Observer beobachtet werden sollen. Der lokale Controller wiederum kann beispielsweise der Komponente, sofern sie dazu in der Lage ist, Steuerbefehle übermitteln, die ihren Start initiieren. Austauschobjekte im HAL ermöglichen diese Kommunikation und werden im weiteren Verlauf des Abschnitts hinsichtlich ihres Aufbaus und ihrer Funktion näher erläutert.

Für diesen Austausch muss darüber hinaus gewährleistet sein, dass von den Komponenten alle erforderlichen Daten vorliegen und sie Befehle seitens des Energiemanagements verstehen und umsetzen können. Zumindest für kommunikationsfähige Geräte stellt dies auf den ersten Blick ein geringes Problem dar, während der Bedarf einer weiteren vermittelnden Instanz bei nicht kommunikationsfähigen Komponenten offensichtlich erscheint. Die Instanzen, die eine Einbindung aller Haushaltskomponenten ermöglichen und dabei auch Daten berücksichtigen, die über die direkt von diesen kommunizierbaren hinausgehen, sind die Treiber, die an den HAL angeschlossen sind und ebenfalls im weiteren Verlauf detailliert beschrieben werden.

Hinsichtlich der ausgetauschten Daten sollte außerdem eine Vereinheitlichung ähnlich der Generierung spezifischer lokaler O/C-Einheiten anhand der Klassifizierung der Haushaltskomponenten wie in Abschnitt 3.4 erfolgen sowie eine Minimierung dieser Datagramme auf Basis der Erfordernisse des Energiemanagements realisiert werden. Diesen Erfordernissen sollen die im folgenden Abschnitt vorgestellten Austauschobjekte gerecht werden.

Austauschobjekte

Zur Kommunikation der physikalischen Komponente über ihren Treiber mit ihrer zugeordneten O/C-Einheit werden jeweils zwei Austauschobjekte im HAL eingesetzt. Dabei handelt es sich erstens um das *Observer Exchange Objekt* (OX) zum Datenaustausch mit dem Observer, zweitens um das *Controller Exchange Objekt* (CX), das die Informationen vom Controller über den Treiber an die physikalische Komponente weitergibt.

In die Gestaltung beider Objekte fließen dabei die Anforderungen ein, die das Energiemanagement an die darin übermittelten Informationen stellt, was sich wiederum aus der Klassifizierung der Haushaltskomponenten, wie in Abschnitt 3.4, ableiten lässt. Dazu können beispielsweise der aktuelle Stromverbrauch des Geräts oder dessen derzeitiger Zustand zählen. Zusätzlich können eventuell die Ansprüche je nach eingesetztem Optimierungsverfahren variieren, wobei sich hier, wie in Abschnitt 6.1 gezeigt wird, große Schnittmengen ergeben, sodass an dieser Stelle nicht weiter auf die verfahrensabhängigen Anforderungen eingegangen werden soll.

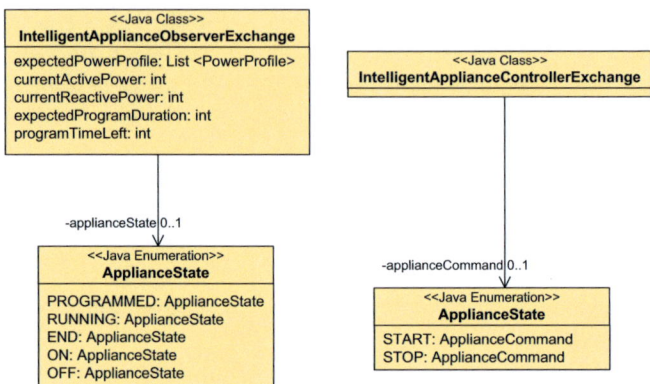

Abbildung 4.9: Beispiel eines OX/CX-Austauschobjekts für Haushalts-geräte

In Abbildung 4.9 ist ein Beispiel für die Gestaltung der OX- und CX-Objekte für eine steuerbare Komponente (vgl. Abschnitt 3.4) dargestellt. Zu dieser Klasse können Geräte gehören, die nach ihrem verbreiteten äußeren Erscheinungsbild als *Weisse Ware* bezeichnet werden, also beispielsweise Wasch- oder Geschirrspülmaschinen. Dabei werden über das OX-Objekt beispielsweise der aktuelle Zustand der Komponente (*ApplianceState*) sowie der derzeitige Stromverbrauch (*currentActivePower*) an den lokalen Observer übermittelt, der in der Lage ist, diese Informationen zu interpretieren, da er ebenfalls in Abhängigkeit von der Komponentenklasse gestaltet wurde (vgl. 4.3.1). Nach Verarbeitung in der O/C-Schicht wäre die Übermittlung der Steuerbefehle *START* oder *STOP* über das CX-Objekt vom Controller aus möglich.

Durch das anforderungskonforme Design von OX- und CX-Objekten sowie deren Vereinheitlichung für bestimmte Klassen von Haushaltskomponenten wird darüber hinaus eine Minimierung der Datagramme erreicht. Dies ist insbesondere dann sinnvoll, wenn spezielle Komponenten grundsätzlich über sehr viele Informationen verfügen, die jedoch für das Energiemanagement nicht relevant sind und daher bei einer konkreten Einbeziehung in die Austauschobjekte erstens diese unnötig aufblähen würden und zweitens deren permanente Anpassung an neue Komponenten erfordern würden. Beides widerspricht den Grundgedanken eines generischen Aufbaus zur Realisierung hoher Flexibilität, Robustheit und Erweiterbarkeit eines Energiemanagement-Systems durch den Einsatz des Organic Smart Home.

Auf der anderen Seite könnte es sich bei den oben beschriebenen, für das Energiemanagement nicht relevanten Informationen, durchaus um solche handeln, die für den Benutzer interessant oder wichtig sind. Ein Beispiel hierfür wären Informationen über die nächste fällige Wartung seines BHKWs. Um derartige Zusatzinformationen ebenfalls über den HAL kommunizieren zu können, ohne die Unifizierung der Austauschobjekte bezüglich des Dateninhalts oder die Abstraktionsfunktion des HAL zu gefährden, wird hier eine weitere Kapselung vorgeschlagen. Diese ist dahin gehend gestaltet, dass ein Austauschobjekt über eine Schnittstelle ein weiteres Unterobjekt hält, welches die Übermittlung zusätzlicher Informationen in beide Richtungen ermöglicht. Der Inhalt des entsprechenden Unterobjekts bleibt dabei für die Komponenten der O/C-Schicht abstrakt. Es besteht jedoch die Möglichkeit, dass ein COM-Manager diese zusätzlichen Informationen in ihrer abstrakten Weise konsumiert und sie nach außen über einen COM-Treiber transportiert. Die Funktionen des COM-Managers und der COM-Treiber werden in Abschnitt 4.3.5 näher erläutert.

Die effiziente und generische Gestaltung der Austauschobjekte verhindert deren direkte Anbindung an physikalische Komponenten, die - wenn überhaupt - meist nur über herstellerspezifische Protokolle kommunizieren. Im Rahmen dieser Arbeit wird daher der Einsatz eines Treibermodells zur Adaption zwischen den Informationen von der und über die Haushaltskomponente und den einheitlichen OX- und CX-Objekten der zugehörigen Komponentenklasse vorgeschlagen und im Folgenden vorgestellt.

Treiber

Ein Ziel des Organic Smart Home ist ein flexibles Energiemanagement, in das herstellerübergreifend Komponenten integrierbar sind. Viele Komponenten enthalten dabei Informationen in Form herstellerspezifischer Protokolle und Objekte, die für die Verwendung in den unifizierten OX-

und CX-Objekten per se eher nicht geeignet sind. Daher ist eine Adaption zwischen der physikalischen Komponente und dem HAL nötig, welche durch Treiber realisiert wird. Im Folgenden wird zunächst von Komponenten ausgegangen, die kommunikationsfähig sind und daher eine Schnittstelle anbieten, über die ihre Datagramme abgegriffen werden können.

Die Adaption dieser Datagramme auf eine herstellerunabhängige Schnittstelle erfordert semantische Kenntnisse über deren Inhalt. Dazu ist zunächst eine Analyse der semantischen Bedeutung der Informationen und spezifischer Werte notwendig, die von der physikalischen Komponente emittiert werden, was in der Regel händisch geschehen muss. Dies ist dem Umstand geschuldet, dass die Datagramme der Haushaltskomponenten nur in den seltensten Fällen semantisch annotiert sind, und falls dieser Umstand doch eintritt, handelt es sich bisher meist nicht um eine standardisierte oder gar maschinenlesbare Annotation, wie sie beispielsweise in [HKR08] vorgestellt wird.

Für das Energiemanagement werden einige Daten essenziell benötigt. Die physikalische Haushaltskomponente ist jedoch eventuell nicht in der Lage, alle diese Informationen zu liefern. Ein Beispiel hierfür wäre eine kommunikationsfähige Waschmaschine, die zwar ihr aktuelles Programm aber nicht ihren aktuellen Stromverbrauch übertragen kann, da sie ihn nicht misst. Es besteht nun die Möglichkeit, vor diese Haushaltskomponente einen Messzwischenstecker wie z.B. einen Smart Plug (vgl. Abschnitt 3.4) zu schalten. Im entsprechenden Treiber der Komponente würden nun die Informationen, die von der Haushaltskomponente selbst über ihre Kommunikationsschnittstelle übermittelt werden und die Information über den aktuellen Stromverbrauch durch den Smart Plug sowie eventuell weitere vorstellbare Messgrößen zusammengefügt. Diese können einem OX-Objekt nun gemeinsam übergeben werden, welches schließlich über die Abstraktionsschicht übertragen werden kann.

Die Verwendung eines Smart Plug und die Erfassung und Adaption seiner Daten durch einen Treiber ist auch für Haushaltskomponenten sinnvoll, die nicht kommunikationsfähig sind, allerdings im Energiemanagement berücksichtigt werden sollen.

Darüber hinaus besteht die Möglichkeit, dass der Treiber die Austauschobjekte mit statischen Informationen anreichert. Ein praktisches

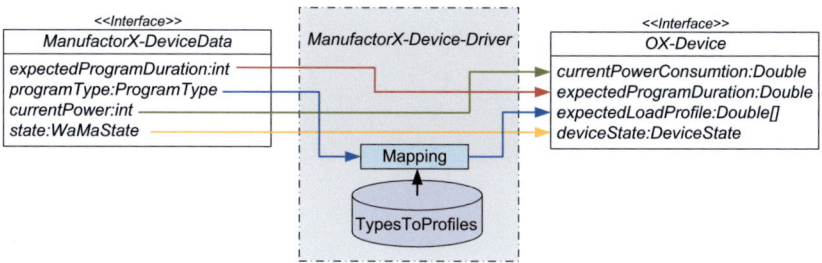

Abbildung 4.10: Beispiel einer Adaption von herstellerspezifischen Datenschemata

Beispiel ist das Lastprofil, welches die Haushaltskomponente während ihrer nächsten Aktion erzeugen wird. Bei einer Waschmaschine z.b. unterscheiden sich die Profile in einer groben Näherung meist ausschließlich durch die Waschprogramme. So kann es in den meisten Fällen ausreichend sein, für jedes Waschprogramm je ein Profil statisch im Treiber zu hinterlegen. Derartige statische Informationen sind oft insbesondere für die Optimierung relevant.

Ein Beispiel für eine Adaption der Datenschemata im Treiber ist in Abbildung 4.10 dargestellt. Hierbei handelt es sich um die Adaption eines herstellerspezifischen Datenschemas von *ManufactorX* an ein HAL-Austauschobjekt für das Organic Smart Home (*OX-Device*). Es ist zu erkennen, dass Variablen in den beiden Schemata leicht unterschiedlich benannt wurden. Für semantische Zuordnung ist hier in der Regel die manuelle Adaption notwendig. Darüber hinaus werden auch andere Datentypen (z.B. *int* vs. *Double*) verwendet, welche jedoch meist leicht zu adaptieren sind. Aufwendiger wird die Adaption bei Variablen, die vom herstellerspezifischen Schema nicht abgedeckt werden. In diesem Beispiel handelt es sich um das zu erwartende Lastprofil (*expectedLoadProfile*) bei einem bestimmten Programm, während das Schema von *ManufactorX* nur den Programm-Typ (*programType*) anbietet. In diesem Fall muss im Treiber noch ein Mapping integriert werden, das z.B. mit statischen, im Treiber hinterlegten Daten aus dem Programm-Typ ein Lastprofil erzeugt.

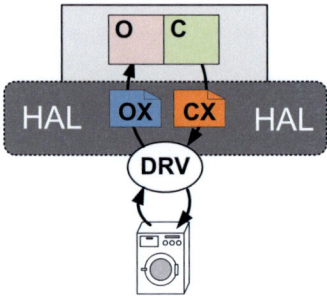

Abbildung 4.11: Beispiel der Kommunikation eines OC/CX-Objekts

In Abbildung 4.11 ist der Ablauf einer Kommunikation über den HAL noch einmal für den speziellen Fall einer Waschmaschine zusammengefasst, die exemplarisch für eine kommunikationsfähige, beobachtbare, steuerbare und zeitabhängige Haushaltskomponente steht (vgl. 3.4). Der Treiber (DRV) registriert dabei erstens die Informationen, die sie über ihre Kommunikationsschnittstelle bereitstellt, zweitens zusätzliche Daten von externen Geräten wie einem Smart Plug und drittens hält er statische Informationen, beispielsweise über die Lastprofile bestimmter Programme. Diese können nun über ein OX-Objekt der Geräteklasse vom lokalen Observer beobachtet werden, der diese interpretiert und eventuell weiterkommuniziert.

Befehle, die durch das Energiemanagement in der O/C-Schicht generiert werden, können wiederum über ein geräteklassenspezifisches CX-Objekt über den HAL an den Treiber weitergeleitet werden. Da dieser in der Lage ist, die Informationen im CX-Objekt auf das herstellerspezifische Protokoll der Waschmaschine zu adaptieren, steuert er nun die Komponente analog zu dem von der lokalen Kontrolleinheit übermittelten Befehl an.

Durch diesen Ablauf kann ein hoher Grad der Hardware-Abstraktion erreicht werden, was ein Energiemanagement ermöglicht, das mit den Komponenten verschiedenster Hersteller interagieren kann. Der einzige händische Vorgang, die Analyse der Protokolle sowie die Erstellung der gerätespezifischen Treiber und dadurch die Adaption an die OX- und CX-Objekte, wird mit zunehmender Standardisierung der entsprechenden

Protokolle zunehmend in den Hintergrund treten. Zudem ist ein ähnlicher Mechanismus zum Nachladen der Treiber denkbar, wie er beispielsweise in heutigen Betriebssystemen für Computer verwendet wird.

Bisher wurden diejenigen Komponenten des Organic Smart Home, die für das Energiemanagement-System, die interne Kommunikation sowie für die Interaktion mit den verschiedenen angebundenen Komponenten zuständig sind, vorgestellt. Damit das Rahmenwerk als Betriebssystem und Laufzeitumgebung intelligenter Gebäude einsetzbar ist, benötigt es darüber hinaus die Management-Schicht, die im folgenden Abschnitt eingeführt wird.

4.3.4 Management-Schicht

Um die vielen unterschiedlichen Elemente einerseits der O/C-Schicht und andererseits der HAL-Schicht zu instanziieren und zu kontrollieren, wurde in das Organic Smart Home eine weitere vertikale Schicht integriert: die Management-Schicht. Sie besteht, wie aus Abbildung 4.12 ersichtlich, aus je einer Management-Komponente für die O/C-Schicht und einer für die Hardware-Abstraktionsschicht. Davon getrennt und vollständig sich vertikal durch alle Schichten ziehend, befindet sich das Lifecyle-Management respektive der Lifecycle-Manager. Seine Aufgaben erstrecken sich über die Kontrolle des Gesamtsystems und der darin enthaltenen Komponenten, angefangen mit der Initialisierung im Boot-Prozess über die kontinuierliche Fehlerbehandlung während der Laufzeit bis hin zum Shutdown-Prozess. In den folgenden Unterabschnitten wird auf diese einzelnen Elemente der Managementschicht eingegangen.

O/C-Manager

Der O/C-Manager ist für die Kontrolle der O/C-Schicht verantwortlich. Dieses Konzept wurde bereits in [AlS11] eingeführt. Seine Aufgabe ist es zunächst den Boot- bzw. Start-Prozess zu realisieren. Dabei werden die einzelnen lokalen O/C-Einheiten instanziiert und mit den Treiberschnittstellen aus der HAL-Schicht verknüpft, sodass eine Kommunikation zwischen der Treiberschicht über die Abstraktionsschicht hin zur O/C-Schicht ermöglicht wird. Ein weiterer Bestandteil ist die Instanziierung des zentralen Registrars und somit die Realisierung der Kommunikation

77

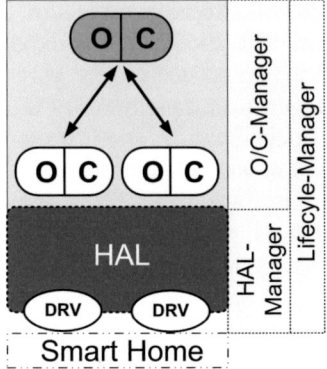

Abbildung 4.12: Vertikale Managementschicht im Organic Smart Home

der einzelnen O/C-Einheiten in der O/C-Schicht. Er wird im Zuge sowohl des Boot- als auch des Shutdown-Prozesses des Organic Smart Homes von dem Lifecycle-Manager angesteuert. Darüber hinaus wird das Nachladen einzelner lokaler O/C-Einheiten durch den O/C-Manager realisiert.

HAL-Manager

Ein Designkriterium des Organic Smart Home ist die Erschaffung eines flexiblen Rahmenwerks, welches unkompliziert auf unterschiedliche Hardware in heterogenen Umgebungen angepasst werden kann. Ebenso sollte die Möglichkeit bestehen, dass Komponenten im laufenden Betrieb hinzugefügt oder entfernt werden. Um dies zu erreichen, ist eine weitere Steuerinstanz vertikal zum HAL notwendig. Diese Instanz wird durch den HAL-Manager realisiert. Er ist verantwortlich für das Laden der Treiber. Falls eine Komponente, beispielsweise weil sie entsorgt wurde, nicht mehr am Energiemanagement teilnimmt, ist er darüber hinaus dafür zuständig, dass der zugehörige Treiber wieder entfernt wird. Ebenso wird durch den HAL-Manager die Kommunikation zwischen der Treiberkomponente über die Austauschobjekte mit der O/C-Schicht kontrolliert, die in der Hardware-Abstraktionsschicht erfolgt.

Lifecyle-Manger

Wie in Abbildung 4.12 dargestellt, befindet sich parallel zum HAL Manager und O/C-Manager eine weitere Instanz, der Lifecycle-Manager. Die Aufgabe des Lifecycle-Managements ist es, den Boot- und Shutdown-Prozess zu realisieren.

Der Startprozess wird durch einen Boot-Loader erzeugt, der den HAL-Manager sowie den O/C-Manager instanziiert, wie in Abbildung4.13 zu erkennen ist. Beide Manager werden jeweils mit einer XML-basierten Konfiguration gestartet.

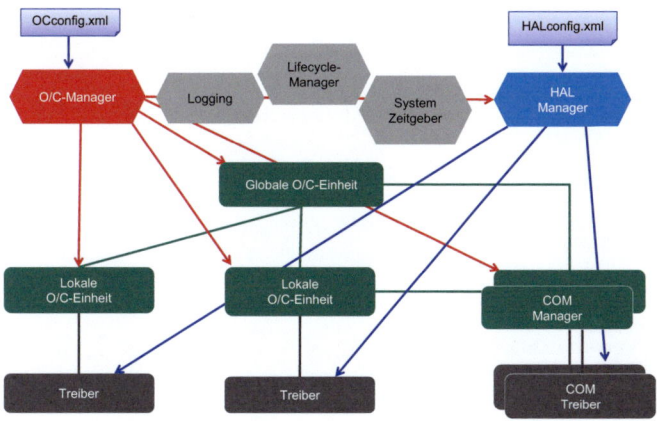

Abbildung 4.13: Initialisierungsprozess des Organic Smart Home

Die *HALconfig.xml* enthält die Konfigurationsdaten für die aktuell für den Haushalt konfigurierten Treiber. Dabei ist für jeden einzelnen Treiber ein XML-Knoten angelegt, der die genaue Konfiguration beschreibt.

Nach der Initialisierung des HAL-Managers werden die einzelnen Treiber nach den Informationen in der Konfigurationsdatei dynamisch geladen. Dabei werden die Klassen der Treiber analog zu den Anweisungen in der Konfiguration erzeugt. Dies hat insbesondere den Vorteil, dass zur Entwicklungszeit der Organic Smart Home Laufzeitumgebung der entsprechende spezifische Treiber nicht bekannt sein muss. So können Treiber leicht nachträglich hinzugefügt werden, was insbesondere in einem dauerhaften produktiven Betrieb in einem realen Szenario notwendig sein kann. Ebenso ist die Möglichkeit zur Entfernung der Treiber zur Laufzeit wie oben beschrieben gegeben. Werden also dem Haushalt Komponenten hinzugefügt oder entfernt, kann sich das Energiemanagement-System darauf einstellen, ohne dass dafür ein Neustart oder eine zeitweilige Einstellung des Betriebs vonnöten ist.

Im Kontext des Organic Computing wird insbesondere gefordert, dass sich ein komplexes System, wie es in diesem Kontext das Energiemanagement darstellt, in der Lage ist, sich flexibel an sich verändernde Situationen anzupassen (vgl. Abschnitt 4.1).

```
<assignedDevices>
  <deviceID>ab9519db-7a14-4e43-ac3a-ade723802194</deviceID>
  <deviceType>DISHWASHER</deviceType>
  <deviceClassification>APPLIANCE</deviceClassification>
  <driverClassName>fal.smarthome.driver.GenericMieleDriver
  </driverClassName>
  <driverParameters>
    <parameterName>Gateway</parameterName>
    <parameterValue>192.168.1.20</parameterValue>
    <parameterType>String</parameterType>
  </driverParameters>
  ...
  <controllable>true</controllable>
  <observable>true</observable>
  <assignedLocalOCUnit>
    <localControllerClassName>
    fal.smarthome.mgmt.localcontroller.
    LocalMieleApplianceController
    </localControllerClassName>
    <localObserverClassName>
    fal.smarthome.mgmt.localobserver.
    LocalMieleApplianceObserver
    </localObserverClassName>
  </assignedLocalOCUnit></assignedDevices>
```

Abbildung 4.14: Auzug der HALconfig.xml für eine Treiberkonfiguration

Im Kontext des Organic Computing wird insbesondere gefordert, dass sich ein komplexes System, wie es in diesem Kontext das Energiemanagement darstellt, in der Lage ist, sich flexibel an sich verändernde Situationen anzupassen (vgl. Abschnitt 4.1). Ein Beispiel für eine solche Situationsänderung wäre die Anschaffung einer neuen Kühltruhe. Diese kann durch den Lifecycle-Manager direkt in das Energiemanagement integriert werden. Dazu gilt die Voraussetzung, dass es für diesen Typ einer Kühltruhe einen Treiber gibt, der z.B. vom Hersteller der Kühltruhe mitgeliefert werden kann.

Nachdem alle Treiber instanziiert wurden, erzeugt der O/C-Manager die lokalen O/C-Einheiten. Die Informationen, welche lokale O/C-Einheit für welchen Treiber und damit für welches physikalische Gerät geladen werden muss, erhält der O/C-Manager über den HAL-Manager, der die von ihm geladenen Treiber zur Verfügung stellt. Die Information über die zugehörige lokale O/C-Einheit kann in der Beschreibung des Treibers, in der *HALconfig.xml*, enthalten sein. Der Grund dafür ist, dass der Entwickler des Treibers in der Regel Kenntnis über die Klasse des Geräts hat. Dies resultiert aus der in Abschnitt 4.3.3 erwähnten Adaption des herstellerspezifischen Protokolls auf geräteklassenspezifische Austauschobjekte bei der Erstellung eines Treibers.

Die lokalen O/C-Einheiten werden dabei auf die gleiche Weise dynamisch nachgeladen wie die Treiber selbst. Dies hat auch hier den Vorteil, dass zur Entwicklungszeit des Energiemanagements die entsprechende Klasse der Haushaltskomponente, von der die Ausprägung der lokalen O/C-Einheit abhängt, nicht bekannt sein muss. Somit kann sich auch die O/C-Schicht flexibel auf neue Klassen von Haushaltskomponenten einstellen, die zu einem späteren Zeitpunkt dynamisch hinzugefügt werden können.

4.3.5 Externe Kommunikation

Wie bereits in Abschnitt 2.2.4 erwähnt, ist es erforderlich, dass das Energiemanagement zum einen eine Kommunikation nach außen, z.B. mit dem Energieversorger oder dem Netzbetreiber realisiert. Zum anderen soll auch eine Kommunikation zwischen dem Energiemanagement und dem Benutzer möglich sein (vgl. Abschnitt 2.2.5).

Um dies zu ermöglichen, wird hier eine, dem bereits vorgestellten Konzept der Kommunikation der physikalischen Haushaltskomponenten mit ihren lokalen O/C-Einheiten ähnliche, Struktur vorgeschlagen, wobei der Informationsaustausch ebenfalls durch die Hardware-Abstraktionsschicht gekapselt wird.

In Analogie zu den Elementen der Komponenten-Kommunikation entspricht dabei der Kommunikationstreiber, *COM-Treiber*, COMDRV in

Abbildung 4.15 einem Treiber, der die Daten der externen Entitäten an unifizierte Austauschobjekte, *COM Exchange Objekte* (COM-EX) adaptiert. Diese werden von Einheiten emittiert und konsumiert, die praktisch die lokalen O/C-Einheiten der externen Entitäten in der O/C-Schicht darstellen. Diese werden als *COM-Manager* bezeichnet. Von diesen ausgehend wird im Folgenden die externe Kommunikation des Organic Smart Home erläutert.

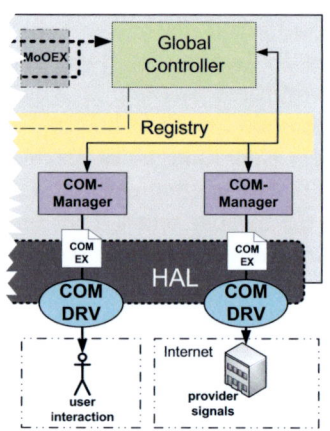

Abbildung 4.15: Die Komponenten der externen Kommunikation

COM-Manager

Ein wesentlicher Aspekt der generischen O/C-Architektur ist die Möglichkeit der Kommunikation des Gesamtsystems über den Controller mit einer externen Entität, z.B. einem Benutzer, der über den aktuellen Zustand des organischen Systems informiert wird und gewisse Variablen für dessen Ziele manipulieren kann (vgl. Abschnitt 4.2). Für das Organic Smart Home im Rahmen der vorliegenden Arbeit wird der Begriff der externen Kommunikation weiter gefasst.

Dabei ist es vorstellbar, dass es neben dem Benutzer respektive dem Bewohner des Smart Homes weitere externe Entitäten gibt, die über

Systemzustände informiert werden können bzw. gewisse Informationen an die O/C-Schicht übermitteln können sollen. Bei diesen Entitäten kann es sich z.b. um einen Stromanbieter handeln, der einen variablen Strompreis an den Controller übermittelt.

In einem dezentralen Ansatz, wie in [KaE09] und in Abbildung 4.20 dargestellt, ist es denkbar, dass mehrere Energiemanagement-Systeme miteinander verknüpft werden. Hierbei wäre z.b. eine dezentrale Konfiguration mehrerer Häuser möglich, die dem Ansatz in [KaE09] entsprechend gestaltet sind. Hierzu ist ein Datenaustausch zwischen den lokalen Energiemanagement-Systemen erforderlich.

Im hier vorgestellten Rahmenwerk wird eine solche Kommunikation dadurch erreicht, dass die generische O/C-Architektur um eine zusätzliche Komponente erweitert wird: Der COM-Manager, der in Abbildung 4.15 dargestellt ist. Dieser COM-Manager ist ein Bestandteil der O/C-Schicht und ist somit in der Lage, Informationen über das zentrale Registrar an die anderen Elemente innerhalb der Schicht zu übermitteln.

Ebenso werden für Elemente zur Benutzerinteraktion, wie das bereits in Abschnitt 2.2.5 beschriebene Energy Management Panel, eventuell weitere Daten benötigt, die für das eigentliche Energiemanagement nicht relevant sind (vgl. Abschnitt 4.3.3). Hierbei kann es sich beispielsweise um zusätzliche Zustandsinformationen der Haushaltskomponenten handeln, die für den Benutzer einen Mehrwert generieren können. Derart gelagerte Daten werden abstrakt über die Hardware-Abstraktionsschicht übertragen, wozu die in Abschnitt 4.3.3 beschriebene Schnittstelle benutzt wird. Diese Informationen können vom COM-Manager über das zentrale Registrar abonniert werden. Für jede einzelne Entität, mit der nach außen hin, also außerhalb der O/C-Schicht, kommuniziert werden soll, kann ein eigener COM-Manager eingerichtet werden, wobei ein spezifischer COM-Manager für eine spezielle Klasse von externen Kommunikationskomponenten vorgeschlagen wird. Die Spezifizierung anhand der Klassen geschieht dabei basierend auf einer ähnlichen Argumentation wie dies bei den lokalen O/C-Einheiten in Abschnitt 4.3.1 erfolgte.

Analog zur Kommunikation zwischen den physikalischen Haushaltskomponenten und den lokalen O/C-Einheiten wird ebenso die Kommunikation zwischen den COM-Managern und den externen Entitäten über den HAL abstrahiert. Dazu bedarf es wiederum der Adaption von entitätsspezifischen „Protokollen" auf unifizierte Austauschobjekte durch Treiber, in diesem Fall die COM-Treiber. COM-EX-Objekte und COM-Treiber inklusive ihres Aufbaus und ihrer Funktion bilden den Kernpunkt der weiteren Ausführungen im folgenden Abschnitt.

COM-Exchange-Objekte und COM-Treiber

Die Aufgabe der Abstraktion der externen Kommunikation über den HAL ist zunächst analog zur Aufgabe der Abstraktion für die Kommunikation mit den physikalischen Haushaltskomponenten. In diesem Fall gewinnt jedoch darüber hinaus eine weitere Dimension der Kommunikation über einheitliche und wohldefinierte Schnittstellen an Bedeutung. Eine solche Schnittstelle stellt das COM-EX-Objekt dar, welches definiert, welche Daten zwischen einem Energiemanagement und externen Entitäten ausgetauscht werden können. Die Diskussion über die mögliche Verletzung der Privatsphäre durch Smart Homes mit Energiemanagement (vgl. [RPW+11]) zeigt, dass eine Kommunikation von Daten an externe Drittinstanzen wie beispielsweise den Stromanbieter sensibel gehandhabt werden muss. Das Organic Smart Home kann diesem Aspekt Rechnung tragen, indem die unifizierten Austauschobjekte zu jedem Zeitpunkt mehre Dinge gewährleisten: Erstens kann der Bewohner klar erkennen, welche Daten an das Energiemanagement beispielsweise von Stromanbieter oder Netzbetreiber übermittelt werden (vgl. Abschnitt 2.2.4). Zweitens ist klar festgelegt, welche Informationen über den aktuellen Zustand seines Hauses das Energiemanagement nach außen kommunizieren kann bzw. darf. So können z.b. Austauschobjekte definiert werden, die der Privatsphäre- und Datenschutzanforderungen der Bewohner entsprechen. Eine derartige Gestaltung könnte die Entwicklung einer Energiemanagement-Plattform unterstützen, das die Privatsphäre der Bewohner schützt.

Auch im Hinblick auf die Wahlfreiheit des Stromanbieters, wie im EnWG vorgeschrieben, ist es sinnvoll, eine einheitliche Kommunikationsschnittstelle nach außen anzubieten, sodass auch das Energiemanagement unabhängig vom gewählten Stromanbieter funktioniert. Dies entspricht der Herstellerunabhängigkeit im Datenaustausch mit den physikalischen Haushaltskomponenten. Das Organic Smart Home gewährleistet auch an dieser Stelle seine flexible Einsetzbarkeit in komplexen Systemen. Der

Stromanbieter müsste an dieser Stelle nun lediglich einen COM-Treiber anbieten, der die Kommunikation zwischen ihm und dem Energiemanagement ermöglicht. Auf diese Weise wäre auch der Wechsel des Stromanbieters durch einfaches Austauschen des entsprechenden COM-Treibers möglich.

Ein weiterer Aspekt für die Verwendung von abstrakten COM-EX-Objekten ist der Informationsaustausch im Inneren des Haushalts, beispielsweise zwischen dem Energiemanagement und einer Benutzerschnittstelle. Ein Bewohner kann über diese mit dem Energiemanagement interagieren. Ein Beispiel einer solchen Benutzerinteraktion wurde im Rahmen dieser Arbeit bereits in Form des EMP motiviert (vgl. Abschnitt 2.2.5). In einem solchen Fall der externen Kommunikation ist weniger der Schutz der Privatsphäre relevant, vielmehr geht es darum, eine einheitliche Schnittstelle für die Benutzerinteraktion zu definieren. Dadurch wird die Möglichkeit geschaffen, dass von unterschiedlichen Anbietern derartige Benutzerschnittstellen entwickelt werden können, die den gleichen Anforderungen genügen. Auch in diesem Fall wird folglich im vorgeschlagenen Rahmenwerk für das Energiemanagement in intelligenten Gebäuden eine Herstellerunabhängigkeit unterstützt, indem die Hersteller COM-Treiber für die unifizierten COM-EX-Objekte bereitstellen könnten.

Es sei in diesem Zusammenhang angemerkt, dass für ein Energiemanagement eine Menge dieser Schnittstellen existieren, die sich eventuell gegenseitig erweitern, um unterschiedliche Granularitätsgrade zu erhalten, wie Informationen des Haushalts oder des Energiemanagements dem Benutzer präsentiert werden. Denkbar wäre hier eine Schnittstellenvererbung, die zunächst einen Basistyp enthält, der durch zusätzlich Informationen, die auch Komfortaspekte abbilden können, erweitert werden kann. Der Basistyp sollte jedoch bereits die notwendigen Variablen enthalten, die für die Benutzerinteraktion mit dem Energiemanagement essenziell sind.

Eine dritte Variante dieser COM-Treiber kann beim Einsatz des Organic Smart Home in größeren Gebäudekomplexen interessant werden. Hier kämen mehrere Instanzen des Organic Smart Homes zum Einsatz, die jeweils das Management von Gebäudeteilen realisieren. Diese verteilten Systeme würden dann über die unifizierten Kommunikationsaustauschobjekte und COM-Treiber miteinander interagieren, um das Gesamtenergiemanagement zu realisieren.

Zusammenfassend kann man Folgendes festhalten: Die COM-EX-Objekte sind unifizierte Schnittstellen. Diese können je nach der „Klasse" der externen Entität analog zu den OX- und CX-Objekten gestaltet sein und beachten einerseits die Anforderungen, die das Energiemanagement an die über den HAL zu übermittelnden Daten stellt, andererseits können für ihre Gestaltung weitere Faktoren, wie beispielsweise der Schutz der Privatsphäre, eine Rolle spielen. Die COM-Treiber werden eingesetzt, um von entitätsspezifischen Protokollen auf die unifizierten COM-EX-Objekte zu adaptieren. Die Gestaltung dieser Treiber kann analog zu denjenigen der Haushaltskomponenten erfolgen, auch der Umgang mit ihnen verläuft analog, beispielsweise durch bedarfsgerechte Nachladung von Treibern wie in Abschnitt 4.3.3 beschrieben. Dies ermöglicht beispielsweise den Wechsel des Stromanbieters durch einen Wechsel des entsprechenden COM-Treibers.

4.4 Simulationsumgebung

In den letzten Abschnitten wurde das Organic Smart Home für ein reales Szenario vorgestellt. Um die Komponenten für dieses Szenario zu entwickeln und zu kalibrieren, wurde eine Entwicklungsumgebung erzeugt, wie sie bereits in [ABS10] und [RKL$^+$10] vorgestellt wurde. Diese Entwicklungsumgebung stellt im Kern eine Multiagentensimulation dar, die einzelne Haushaltskomponenten auf eine Art und Weise simulieren kann, dass sie als intelligente Haushaltskomponenten angesehen werden können (vgl. Abschnitt 2.2.1). Die Intention dieser Simulationsumgebung war, die Entwicklung und den Testbetrieb des realen Energiemanagements auf Basis des Organic Smart Home zu ermöglichen. Im Zuge der vorliegenden Arbeit wurde ein Haushalt in dieser Simulation modelliert, der sowohl thermische als auch elektrische Komponenten enthält. Diese Simulationsumgebung, die den Kern des Evaluationswerkzeugs der vorliegenden Arbeit darstellt, wird im Folgenden vorgestellt.

In Abschnitt 4.3.3 wurde der HAL als abstrakte Schnittstelle zwischen den physikalischen Komponenten, den externen Entitäten und dem Energiemanagement dargestellt. Aufgrund dieser Unifizierung und

Abstraktion der Kommunikation, zwischen den realen Komponenten und der O/C-Schicht, eignet sich der HAL sehr gut als Schnittstelle für eine Simulationskomponente, wie sie in Abbildung 4.16 dargestellt ist.

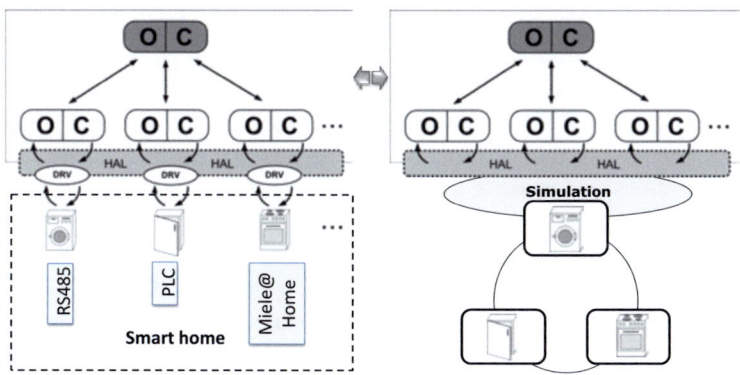

Abbildung 4.16: Zusammenhang zwischen Simulation und realem Szenario

Im Rahmen der vorliegenden Arbeit wurde auf dieser Basis eine Multiagentensimulation entwickelt, die den unteren Teil des HAL ersetzt. Diese Anordnung ist Abbildung 4.16 zu entnehmen. Anstelle der Treiber (linke Seite von Abbildung 4.16) wird nun für jede Haushaltskomponente ein Simulationsagent eingefügt. Dieser Agent simuliert den Zustand der entsprechenden Komponente und bietet als Schnittstelle zur O/C-Schicht die gleichen Austauschobjekte (OX/CX) wie der Treiber für die physikalische Haushaltskomponente. Damit ist es für die O/C-Schicht transparent, ob nun ein realer, physikalischer Haushalt darunter liegt oder die Multiagentensimulation.

Es sei an dieser Stelle angemerkt, dass für jede Klasse von Haushaltskomponenten ein eigener Agent entwickelt werden musste, der die spezifischen Eigenschaften der realen Komponente so weit aufweist, dass er sinnvoll Daten über die Abstraktionsschicht übertragen kann bzw. Informationen, die über diese Schicht an ihn kommuniziert werden, konsumieren kann.

Dieser Simulationsagent wird mit einem Simulationskern (*Simulation Engine*) verbunden, der die Synchronisation und das Management der Simulation übernimmt. Von dem Simulationskern werden die einzelnen Agenten angesteuert. Hierbei stehen unterschiedliche Möglichkeiten für die Steuerung der Simulationsagenten zur Verfügung. Zum einen kann hier eine autonome Simulation erfolgen, die innerhalb des Simulationsagenten abläuft. Dies ist z.b. bei der Simulation von thermischen Komponenten sinnvoll, da hier in der Regel ein physikalisches Zustandsmodell realisiert werden muss, das eine realitätsnahe entsprechende Ausgabe an die Abstraktionsschicht liefert.

Eine weitere Möglichkeit ist, die Agenten ausgehend von dem Simulationskern mit Aktionen anzusteuern. In diesem Fall würde der Agent die entsprechende Aktion ausführen und sich gegenüber der Abstraktionsschicht dementsprechend verhalten. Die Aktionen werden in sogenannten *Screenplays* zu Beginn der Simulation an den Simulationskern übergeben, der sie dann während der Simulation an die entsprechenden Komponenten verteilt. Für das Zusammenspiel zwischen realem Szenario und Simulation ist hierbei insbesondere interessant, dass Daten, die im realen Szenario aufgezeichnet werden, in solche Screenplays übersetzt werden können. Die in der vorliegenden Arbeit konkret verwendeten Simulationsagenten werden in Abschnitt 8.2 genauer beschrieben.

Aus dem Vorhergehenden wird deutlich, dass es möglich ist, Ereignisse aus dem realen Szenario in einer simulativen Evaluation zu verwenden. Eine praktische Anwendung hierbei wäre die Untersuchung von unterschiedlichen Optimierungsverfahren und deren Ergebnissen anhand realer Daten. Darüber hinaus können mithilfe der realen Daten Optimierungsverfahren kalibriert werden. Hierzu würden die im realen Szenario beobachteten Ereignisse in Screenplays transformiert. In dieser Form stehen sie für beliebige Simulationen zu Verfügung.

Ein weiterer Anwendungsfall, in dem reale Daten zur Basis für die Simulationskomponente werden, ist das zwei Ebenen-Lernen, wie es in [Rich09] beschrieben wird. Hierbei würde innerhalb einer zweiten Ebene im Controller in einem Lernschritt das physikalische Haus simulativ „virtualisiert". Hier können nun entsprechende Lernverfahren angewendet werden, wie sie im Kontext von [Rich09] beschrieben werden. Auf Basis der daraus gewonnenen Erkenntnisse können in der ersten Ebene, in der das

Energiemanagement eines realen Haushalts stattfindet, Kalibrierungen dieses Energiemanagements vorgenommen werden. Die Konzepte des zwei Ebenen-Lernens wurden bereits kurz in Abschnitt 4.2 angerissen.

4.5 Einsatzszenarien für das Organic Smart Home

Energiemanagement im Kontext eines Smart Grid lässt sich, wie bereits in Abschnitt 2.1 motiviert, in unterschiedlichen Bereichen ansiedeln. Das hier vorgestellte Organic Smart Home als Rahmenwerk für das Energiemanagement in Gebäuden, kann aufgrund der Flexibilität und seines modularen Aufbaus der einzelnen Komponenten in unterschiedlichen Einsatzszenarien betrieben werden.

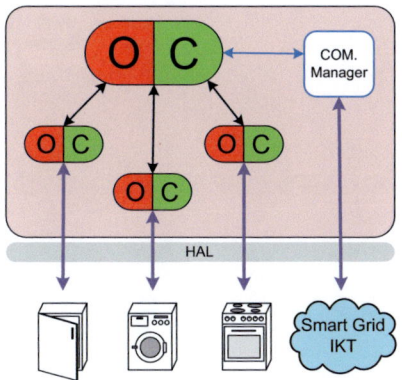

Abbildung 4.17: Hierarchisches Energiemanagement innerhalb eines Haushalts

Der ursprüngliche Entwurf des Organic Smart Home beschränkte sich auf das In-House Szenario, also das Energiemanagement innerhalb eines einzelnen Haushalts. Abbildung 4.17 beschreibt die Möglichkeit eines hierarchischen Ansatzes, wie er auch in der generischen O/C-Architektur vorgeschlagen wird. In diesem Ansatz hat jede einzelne Haushaltskomponente eine eigene lokale O/C-Einheit. Diese ist für eine gewisse Autonomie des Systems verantwortlich, was den kontrollierten Selbstorganisationsgrad der Komponente gegenüber ihrer klassischen Steuerung erhöht. In der globalen O/C-Einheit (große Darstellung in Abbildung 4.17) laufen die Teilinformationen zusammen, die die lokalen Einheiten der Komponenten beobachten.

Der globale Controller ist für das Haus-Energiemanagement zuständig, wobei er über COM-Manager von außen bestimmte Vorgaben erhält. Dies kann zum einen beispielsweise ein variabler Stromtarif sein, der über die Infrastruktur eines Smart Grids an den Haushalt kommuniziert wird. Auf der anderen Seite kann es sich hierbei z.B. auch um Einstellungen von Benutzerpräferenzen handeln, die direkt im Haus von den Bewohnern angegeben werden.

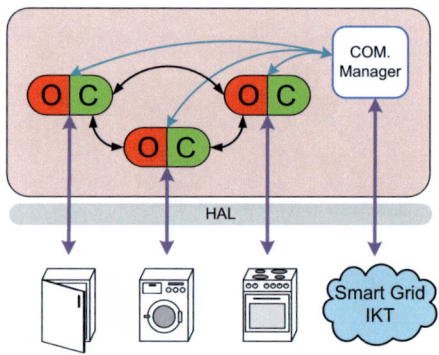

Abbildung 4.18: Dezentrales   Energiemanagement   innerhalb   eines
Haushalts

Eine weitere Möglichkeit des Energiemanagements im In-House-Szenario mit dem Organic Smart Home ist in Abbildung 4.18 dargestellt. Der wesentliche Unterschied dabei ist, dass hier keine zentrale Komponente wie die globale O/C-Einheit existiert.

Stattdessen findet eine intensive Kommunikation zwischen den lokalen O/C-Einheiten statt. Die Informationen, die von außen über den HAL an die COM-Manager in der O/C-Schicht gelangen, werden über das

Registrar den einzelnen O/C-Einheiten zur Verfügung gestellt, wobei dieser dezentrale Ansatz ebenfalls ein Vorschlag für die generische O/C-Architektur ist (vgl. Abschnitt 4.2.1).

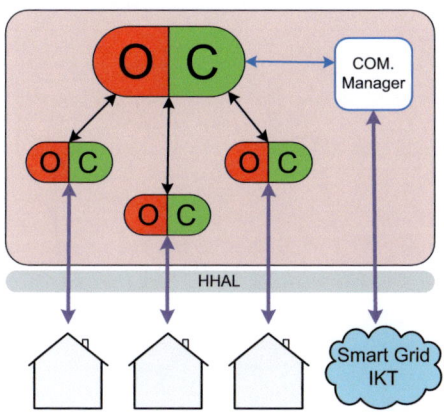

Abbildung 4.19: Anwendung des Organic Smart Home im Grid Szenario

Im Rahmen des Projekts MeRegio[4] wird im Abschlussbericht zu AP 621 [HiA10] eine weitere Einsatzmöglichkeit für das Organic Smart Home angesprochen, welches aus Abbildung 4.19 hervorgeht.

Dieser Ansatz bezieht sich nun nicht auf das In-House-Szenario, sondern abstrahiert einen Haushalt zu einer Komponente, die wiederum über eine Abstraktionsschicht angesprochen wird. Diese Abstraktionsschicht wird in [HiA10] als *Household Abstraction Layer* (HHAL) bezeichnet . Somit werden in diesem Grid-Szenario eine größere Anzahl von Haushalten an z.B. eine Netzabschnittssteuerung angeschlossen (vgl. Abschnitt 2.1).

Diese Netzabschnittssteuerung verfügt wiederum über eine auf dem Organic Smart Home basierende Steuerung, die an dieser Stelle ebenso, wie eingangs erwähnt, zentral oder dezentral ausgeführt werden kann. Auch hier werden Informationen einer darüber liegenden Ebene über COM-Manager an die O/C-Schicht kommuniziert. Dabei könnte es sich im

---

[4]http://meregio.forschung.kit.edu/

Falle eines großen Verteilnetzabschnitts beispielsweise um Informationen des Übertragungsnetzbetreibers handeln.

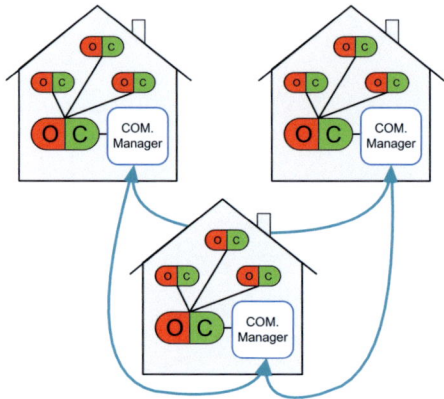

Abbildung 4.20: Energiemanagement im dezentralen Peer-to-Peer Ansatz

A. Kamper [Kamp10] beschreibt in seiner Dissertation die Möglichkeit eines dezentralen Lastmanagements mit einzelnen Haushaltskomponenten. Diese sind in der Lage, über die Haushaltsgrenzen hinweg dezentral miteinander zu kommunizieren. Im Kontext seiner Arbeit wird die Möglichkeit diskutiert, DSL-Router zu verwenden, um ein derartiges Management zu realisieren.

Abbildung 4.20 stellt hierbei einen Vorschlag dar, wie eines solche Architektur mithilfe der Komponenten und Leitbilder des Organic Smart Homes realisiert werden könnte. Dabei wird innerhalb eines Haushalts ein zentrales oder dezentrales In-House Management vorgeschlagen, wie es in den Abbildungen 4.17 bzw. 4.18 zu erkennen ist.

Der Unterschied der Realisierungsalternativen über DSL-Router oder im Kontext des Organic Smart Home liegt im Einsatz der COM-Manager bzw. der entsprechenden Treiberkomponenten, die ein wie in [Kamp10] vorgeschlagenes peer-to-peer Netz aufbauen. Auf dieser Basis wäre es auch möglich, das von A. Kamper vorgeschlagene dezentrale Lastmanagement unter Verwendung des Organic Smart Home zu realisieren.

Auf den Ansatz des dezentralen Lastmanagements nach A. Kamper wird detailliert in Abschnitt 7.3 eingegangen.

4.6 Implementierung

Während die vorangegangen Abschnitte sich intensiv mit den theoretischen Grundlagen und der Architektur des Organic Smart Home beschäftigt haben sowie diverse Einsatzszenarien dafür vorgestellt wurden, rückt der folgende Abschnitt einzelne Details der konkreten Implementierung in den Fokus. Ein wichtiger Aspekt der Implementierung, der im Kontext des Organic Smart Homes im Vordergrund betrachtet wurde, ist die Tatsache, dass sich die reale Implementierung möglichst eng an der zugrunde liegenden Architektur orientiert. Die Intention dahinter war, die hier betrachteten theoretischen Konzepte direkt in einer konkreten Implementierung eines Energiemanagement-Systems umzusetzen. Insbesondere die Aspekte der generischen O/C-Architektur sowie die hier eingeführten Anpassungen und Erweiterungen für ein organisches Energiemanagement sollten direkt in die konkrete Implementierung des Organic Smart Homes einfließen. Auf diese Weise besteht die Möglichkeit, die angestrebten Ziele hinsichtlich der Robustheit, Flexibilität und Erweiterbarkeit in einem realen bzw. realistischen Umfeld zu überprüfen.

Dazu soll eine Definition eingeführt werden, was das eigentliche Organic Smart Home umfasst, um für die weiteren Ausführungen einen konkreten Referenzpunkt zu schaffen. Das Organic Smart Home ist, wie in Abbildung 4.4 dargestellt, zunächst ein auf der generischen O/C-Architektur basierendes Rahmenwerk, das konkret in der objektorientierten Sprache Java implementiert wurde. Es enthält die einzelnen in Abschnitt 4.3 vorgestellten Elemente der O/C-Schicht, der Abstraktionsschicht sowie der Treiber-Schicht. Diese Elemente sind als abstrakte Klassen implementiert. Diese abstrakten Klassen bieten alle für die Interaktion bzw. Kommunikation notwendigen Methoden und Elemente sowie Schnittstellen, wie sie bisher im Rahmen der Arbeit als theoretische Konzepte vorgestellt wurden. Um nun beispielsweise einen neuen konkreten lokalen Observer für eine neue Klasse an Haushaltskomponenten zu entwickeln, muss die neue Klasse lediglich von der abstrakten Klasse *LocalObserver* erben und deren abstrakte Methoden ausprägen. Das Ergebnis ist ein konkreter lokaler Observer für die entsprechende Komponente, der jedoch aufgrund der Vererbungshierarchie transparent von dem Organic Smart Home behandelt werden kann.

Über diese API hinaus stellt das Organic Smart Home eine Laufzeitumgebung dar, die die Ausführung der einzelnen Komponenten der O/C-Schicht sowie der Abstraktionsschicht ermöglicht. Diese Laufzeitumgebung kann als eine Art „Betriebssystem" aufgefasst werden, das eine Plattform bietet, die O/C-Architektur in einer konkreten Implementierung flexibel zu betreiben. Diese soll auf einfache Art und Weise in unterschiedlichen Konfigurationen betrieben werden können und deren Anordnung soll auf sich stark ändernde Anforderungen anpassbar gemacht werden können.

Zusammenfassend kann definiert werden, dass das Organic Smart Home eine Bibliothek darstellt, die für die einzelnen, in der Architektur vorgestellten Elemente abstrakte Repräsentanten enthält, die beliebig konkretisiert werden können. Zum anderen ist das Organic Smart Home eine Laufzeitumgebung, in der die einzelnen Elemente zusammengefügt und instanziiert werden, die Kommunikation, Synchronisation etc. zwischen den einzelnen Elementen realisiert wird und dadurch ein robustes und flexibles Energiemanagement realisiert und betrieben werden kann.

Im Folgenden soll nun zum einen auf die Implementierung der O/C-Schicht sowie der HAL-Schicht eingegangen werden, die sich mit dem eigentlichen Energiemanagement beschäftigen und zum anderen mit der Management-Schicht, die die Interaktion und das Bereitstellen der Laufzeitumgebung ermöglicht.

4.6.1 Implementierung der O/C-Schicht und HAL-Schicht

In Abbildung 4.21 ist eine stark vereinfachte Darstellung der Objektstruktur des Organic Smart Homes zu erkennen. Es handelt sich dabei um den Kern der O/C-Schicht sowie einen Teil der Hardware-Abstraktionsschicht. Insbesondere zeigt die Grafik den Teil des Organic Smart Home, der in der Gesamtübersicht in Abschnitt 4.3, Abbildung 4.4 dargestellt ist. So kann ein direkter Vergleich zwischen der theoretischen Darstellung und der praktischen Umsetzung gezogen werden.

Zunächst erkennt man - farblich unterschieden - die abstrakten Klassen, die in der Regel Bestandteil des Rahmenwerks sind sowie ihre konkreten Ausprägungen, die als Bestandteil der darauf basierenden Implementierung eines Energiemanagement-Systems zu sehen sind.

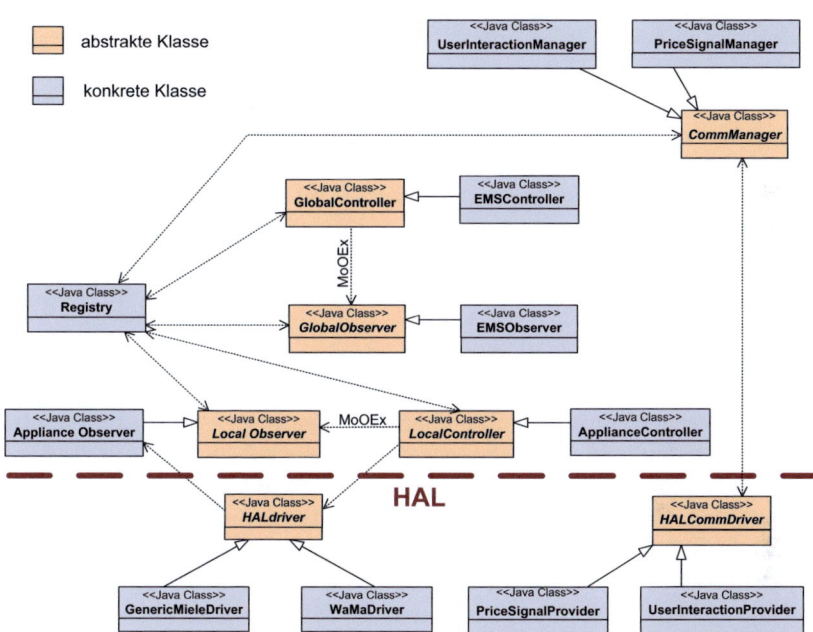

Abbildung 4.21: Vereinfache Darstellung des Organic Smart Home Frameworks

Unterhalb des HAL erkennt man die abstrakte Klasse des Treibers. Die konkreten Implementierungen des *GenericMieleDriver* und des *WaMaDriver* erben direkt von dieser Klasse. Beispielhafterweise stellt der *GenericMieleDriver* eine Schnittstelle zu einer Gruppe von speziellen Haushaltskomponenten der Firma Miele dar, wie sie in Abschnitt 8.1 erläutert sind, wohingegen der *WaMaDriver* exemplarisch für einen Treiber einer speziellen Waschmaschine eines anderen Herstellers steht. Aufgrund dieser Unterscheidung sind zwei unterschiedliche Treiber notwendig, jedoch oberhalb des HAL in der O/C-Schicht werden, wie in Abbildung 4.21 zu erkennen, lediglich eine lokale Observer-Klasse *ApplianceObserver* und eine entsprechende Controller-Klasse *ApplianceController* konkret ausgeprägt. Auch hier stehen jeweils die erforderlichen abstrakten Klassen seitens des Rahmenwerks zu Verfügung.

Für die globale O/C-Einheit (*EMSController* und *EMSObserver*[5]) wird dabei analog verfahren, das zentrale Registrar ist jedoch bereits in konkreter Form vorhanden und somit Bestandteil der Laufzeitumgebung.

Auf der rechten Seite von Abbildung 4.21 ist derjenige Teil, der für die externe Kommunikation verantwortlich ist, abgebildet. Im Bildabschnitt unterhalb des HAL erkennt man zwei COM-Treiber, je einen für ein Strompreissignal (*PriceSignalProvider*) und einen für die Benutzerinteraktion mit dem Energiemanagement-System (*UserInteractionProvider*), die seitens der O/C-Schicht mit je einem entsprechenden COM-Manager assoziiert sind.

Ebenso fällt auf, dass alle Referenzen zwischen den einzelnen Elementen der O/C-Schicht über die abstrakten Oberklassen gehalten werden. Für Entwickler eines konkreten Energiemanagement-Systems sind diese also transparent. Dadurch wird die Entwicklung eines solchen Systems deutlich erleichtert, da eine fest vorgegebene Struktur existiert. Die einzelnen Elemente in der O/C-Schicht haben bereits in der generischen O/C-Architektur ihren festen Platz und ihre semantische Bedeutung, die in der konkreten Implementierung direkt umgesetzt werden können.

Aufgrund des stark objektorientierten Ansatzes können so die einzelnen Elemente des Energiemanagement-Systems als gekapselt angesehen werden: Sie werden über abstrakte Oberklassen und Schnittstellen definiert. Auf diese Weise kann bei einer korrekten Implementierung der konkretisierten Klassen für ein reales Energiemanagement garantiert werden, dass die einzelnen Teile miteinander interagieren können.

Durch diese Herangehensweise ist es ebenfalls möglich, die einzelnen Elemente des Energiemanagements unterschiedlich zu kombinieren und untereinander auszutauschen um sich zum einen auf sich ändernde Situationen, was beispielsweise die Ziele des Energiemanagements betrifft, einzustellen und zum anderen unterschiedliche Haushalts-Konfigurationen aus einzel-

---

[5]Mit diesen Bezeichnern sollen beliebige konkrete Implementierungen eines Energiemanagement-Systems, kurz EMS, angedeutet werden

nen Bausteinen zusammenzusetzen. Um diese Interaktion der einzelnen Elemente sowie ihren Austausch zu ermöglichen, wird die Management-schicht, deren Implementierung im folgenden Abschnitt beschrieben wird, benötigt (vgl. 4.3.4). Diese ist jedoch aus Sicht der Implementierung des konkreten Energiemanagements transparent.

4.6.2 Implementierung der Management-Schicht

Die bisher beschriebene Implementierung der O/C-Schicht ist weitgehend dem Rahmenwerk des Organic Smart Home zuzuordnen. Die Implemen-tierung der Management-Schicht ist hingegen in Abbildung 4.22 in einer vereinfachten Darstellung abgebildet. Sie ist Bestandteil der Laufzeitum-gebung, die die einzelnen Elemente der O/C-Schicht funktional betreibt.

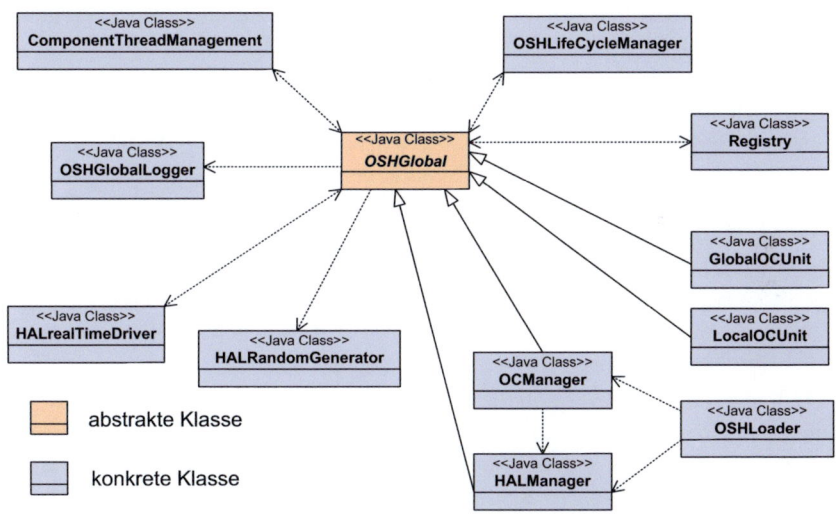

Abbildung 4.22: Vereinfache Darstellung der Managementschicht

Der Zusammenhang zwischen der O/C-Schicht und der Management-Schicht ist insbesondere die Klasse *OSHGlobal*, welche die globale Ober-klasse der O/C-Schicht darstellt. Beispielsweise sind die einzelnen Obser-ver und Controller der O/C-Schicht über die Containerklasse *LocalOCUnit* und *GlobalOCUnit* mit der Management-Schicht verbunden durch deren direkte Vererbung von *OSHGlobal*.

Die Klasse *OSHGlobal* wiederum hält alle notwendigen Instanzen auf die weiteren Bestandteile des Management-Layers, welche im Folgenden kurz vorgestellt werden sollen.

Das *ComponentThreadmanagement* regelt die einzelnen Steuerflüsse (engl. Threads) in denen die einzelnen Einheiten der O/C-Schicht laufen. Hier ist es entscheidend, dass beispielsweise die einzelnen lokalen und globalen O/C-Einheiten in der realen Umgebung nebenläufig betrieben werden können, was über diese zentrale Thread-Verwaltung gewährleistet wird. Ebenso können für die Simulationsversion des Organic Smart Home diese Steuerflüsse zu einem vereint werden. Der Grund hierfür ist, dass innerhalb der Simulation keine zeitlichen Abhängigkeiten zwischen den Ereignissen (*race conditions* wie z.b. in [TKL11] beschrieben) bestehen, was einerseits die Nachvollziehbarkeit der Simulation schwierig gestaltet oder andererseits zu Laufzeitfehlern in der Simulation führen könnte. Die O/C-Schicht wird aus Gründen der Synchronisation durch eine zentrale Zeitbasis gesteuert, den *HALrealTimeDriver*. Auf diese Weise kann im realen Szenario wie auch in der Simulation an einer definierten Stelle die Zeitbasis kontrolliert werden. In diesem Zusammenhang steht auch der zentrale Zufallsgenerator *HALRandomGenerator*, dessen Aufgabe es vor allem in der Simulation ist, einen deterministischen Zufall zu erzeugen, um mehrere Simulationsläufe vergleichbar zu machen. Aus Gründen der Kompatibilität zwischen der Simulation und dem realen Szenario wird von allen Komponenten diese Zufallsbasis konsumiert.

Um die Boot- und Shutdown-Vorgänge zu kontrollieren, wurde ein zentrales Lifecycle-Management eingeführt, der *OSHLifeCycleManager*. Seine Aufgabe ist es, wie bereits in Abschnitt 4.3.4 beschrieben, definierte Zustände an die einzelnen Komponenten zu kommunizieren. Das zentrale Registrar, wie in Abschnitt 4.3.2 beschrieben, wird in Form der Klasse *Registry* als Referenz gehalten.

Die beiden zentralen Komponenten des Management-Layers stellen hierbei die bereits in Abschnitt 4.3.4 erläuterten *HALManager* und *OCManager* dar, die von dem *OSHLoader* als initialen Boot-Loader instanziiert werden.

Zusammenfassend erfüllt somit die Management-Schicht die Aufgabe des „Betriebssystems" für das intelligente Gebäude, auf deren Basis die einzelnen Elemente des Energiemanagements flexibel und mit deutlich reduziertem Entwicklungsaufwand betrieben werden können. Im folgenden Kapitel wird auf die formale Modellierung eines konkreten Energiemanagement-Problems eingegangen, was schließlich in Kapitel 6 unter Verwendung der Konzepte des Organic Smart Home gelöst wird.

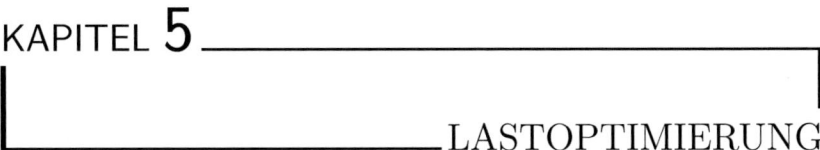

KAPITEL 5

LASTOPTIMIERUNG

In diesem Kapitel wird auf die Aspekte der Lastoptimierung eingegangen. Bei der Lastoptimierung ergeben sich verschiedene mögliche Szenarien, die an dieser Stelle beschrieben werden, um auf das in der vorliegenden Arbeit evaluierte Verfahren hinzuführen. Des Weiteren wird vorgestellt, wie eine Prognose des Benutzerverhaltens durchgeführt werden kann sowie die Unterschiede zwischen den Prognoseverfahren für die einzelnen Klassen von Haushaltskomponenten erläutert.

In diesem Abschnitt soll nun ein Szenario vorgestellt werden, wie eine Ausprägung eines Energiemanagements für ein Smart Home aussehen kann unter der Berücksichtigung von externen Signalen, die im Kontext des Last- bzw. Demand-Side-Managements dem Smart Home kommuniziert werden, wie es in Abschnitt 2.2.4 beschrieben wird.

5.1 Problembeschreibung

Ausgehend von den in Abschnitt 3.3 diskutierten Szenarien, wird hier ein konkretes Szenario für das Energiemanagement in einem Smart Home beschrieben. Dieses Szenario und dessen Modellierung stellt dabei die Basis der in der vorliegenden Arbeit durchgeführten Validierung des Organic Smart Homes dar. Dabei erweitert dieses Szenario in Problemstellung und Modellierung das bereits in [APS12] vorgestellte Szenario um den Aspekt der dezentralen Erzeuger und der Eigenstromversorgung.

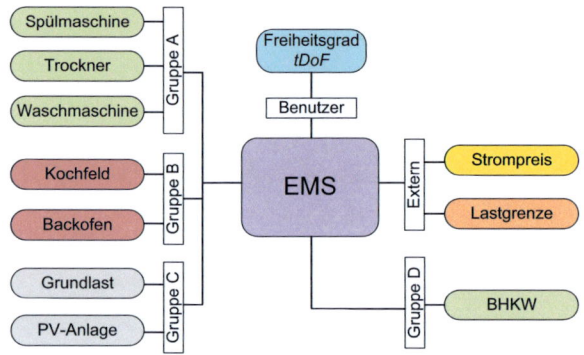

Abbildung 5.1: Darstellung des Gesamtszenarios

Abbildung 5.1 visualisiert dieses Gesamtszenario. Die Haushaltskomponenten sind dabei in 4 Gruppen unterteilt. Gruppe A sind die zeitabhängigen, steuerbaren Haushaltskomponenten, während Gruppe B die zeitabhängigen beobachtbaren Haushaltskomponenten enthält. Gruppe C enthält die dauerhaften, nur beobachtbaren Haushaltskomponenten, während Gruppe D die steuerbaren, dauerhaften Haushaltskomponenten beschreibt[1]. Als externe Signale kommen ein zeitvariables Strompreissignal und ein zeitvariables Lastbegrenzungssignal zum Einsatz. Die Interaktion zwischen Benutzer und Energiemanagement wird hier auf die Eingabe des Freiheitsgrades für die Haushaltskomponenten in Gruppe A reduziert. Somit verfügt das Szenario über drei steuerbare, zeitabhängige, zwei beobachtbare, zeitabhängige, zwei beobachtbare, dauerhaft sowie eine steuerbare, dauerhafte Haushaltskomponente.

Die Aufgabe des Energiemanagements ist es, für die gegebenen Haushaltskomponenten einen möglichst günstigen Fahrplan im Kontext einer

---

[1]Die Klassifizierung der Haushaltskomponenten wird näher in Abschnitt 3.4 beschrieben

längerfristigen Optimierung, wie sie in Abschnitt 2.2.4 erläutert wird, zu erstellen. Dabei führen nun drei Aspekte zu der Modellierung des Energiemanagementproblems:

- Maximierung des Eigenverbrauchs der dezentral erzeugten Energie

- Minimierung der Kosten der aus dem Netz bezogenen Energie

- Minimierung der Überschreitung der zeitabhängigen Lastbegrenzungsfunktion

Wie bereits in Abschnitt 2.2.4 dargestellt, werden externe Signale periodisch zu den Haushalten gesendet. Diese Signale können den aktuellen Zustand des Niederspannungsnetzes sowie die aktuelle Stromerzeugung repräsentieren. Ein Beispiel für derartige Signale soll an dieser Stelle herausgegriffen werden. Im Folgenden werden zwei getrennte Signale diskutiert. Dabei handelt es sich um ein zeitvariables Lastbegrenzungssignal sowie ein zeitvariables Strompreissignal.

Beide Signale sind zeitabhängig, in ihrer Höhe variabel und stehen dem Energiemanagement über den Zeitraum des Optimierungshorizonts zur Verfügung.

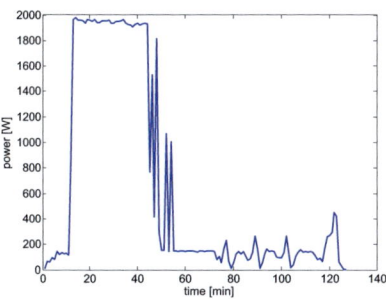

Abbildung 5.2: Typisches Profil einer Waschmaschine

Es wird davon ausgegangen, dass jede Haushaltskomponente ein charakteristisches, partiell nicht differenzierbares Lastprofil hat. Dieses Lastprofil charakterisiert in der Regel einen Arbeitsvorgang (engl. *Workitem*) dieser

Komponente. Bei einer Waschmaschine handelt es sich beispielsweise um einen Waschgang mit 60 °C Buntwäsche, wobei ein typisches Profil einer Waschmaschine in Abbildung 5.2 dargestellt ist.

Wie in Abschnitt 3.4 motiviert, können die einzelnen Haushaltskomponenten über diverse Freiheitsgrade verfügen. Diese sind zum einen durch technische Betriebsabläufe festgelegt, wie z.b. das Temperaturband bei einem Tiefkühlschrank. Zum anderen werden sie durch den Benutzer festgelegt und sie entsprechen damit seien Präferenzen über den Einsatz des spezifischen Gerätes. Der Benutzer gibt beispielsweise für eine Waschmaschine einen Zeitpunkt an, an dem das Gerät fertig sein soll. So hängt der zeitliche Freiheitsgrad dieses Gerätes $tDoF$ von dem Zeitpunkt t_r ab, an dem das Gerät eingeschaltet wird bis zu dem Zeitpunkt t_d, an dem das Gerät fertig sein soll.

Ein praktisches Beispiel um einen solchen Freiheitsgrad zu motivieren, wäre das Szenario, dass der Benutzer, bevor er morgens zur Arbeit geht, die Waschmaschine mit Wäsche befüllt. Den Endzeitpunkt, den er wählt, ist der Zeitpunkt, an dem er plant, abends nach Hause zu kommen, um die Waschmaschine zu entladen.

Die Aufgabe des Energiemanagements im Haushalt ist, alle aktiven Haushaltskomponenten so einzuplanen, dass die Kosten für die elektrische Energie minimiert werden und dass Überschreitungen der vorgegebenen zeitvariablen Lastgrenzkurve ebenfalls minimiert werden. Im Falle von Haushaltskomponenten, wie z.B. der Waschmaschine, muss nun der optimale Zeitpunkt definiert werden, an dem die entsprechende Komponente gestartet werden soll. Dies soll insbesondere ohne Verletzung des zeitlichen Freiheitsgrads $tDoF$ geschehen, da dieser hier als harte Grenze angesehen wird.

Des Weiteren wird ein steuerbarer dezentraler Erzeuger betrachtet, das BHKW. Es verfügt über einen Freiheitsgrad, der sich aus seinem aktuellen Zustand ableitet. Der aktuelle Zustand ist charakterisiert durch die Temperatur des ihm angeschlossenen Schichtspeichers[2]. Das Szenario enthält zudem einen nicht steuerbaren dezentralen Erzeuger in Form einer PV-Anlage. Er kann nicht aktiv beeinflusst werden, jedoch können andere Haushaltskomponenten mit ihm zusammen koordiniert werden.

---

[2]Eine nähere Beschreibung eines BHKWs findet sich in 2.2.3.

Das Besondere an dem hier vorgestellt Szenario ist, dass die Erzeugung der dezentralen Erzeuger durch einen Strompreis von 0 bewertet wird. Es handelt sich um den selbst erzeugten Strom und ist somit kostenfrei. Die Kosten, die durch den Betrieb des BHKWs in Form von Gas entstehen, werden gesondert modelliert. Der Grund dafür ist, dass das BHKW in primärer Funktion für die Warmwasserbereitung verantwortlich ist und somit die Betriebskosten des BHKWs nicht in der Strompreisberechnung auftauchen. Die Stromerzeugung des BHKWs wird somit eher als „Abfallprodukt" der Wärmeerzeugung gesehen, das jedoch, durch die Optimierung gesteuert, einen wesentlichen Beitrag zu der Eigenstromversorgung leisten kann. Das Gleiche gilt hierbei auch für den von der PV-Anlage erzeugten und eigens verbrauchten Stroms. Auf diese Weise kann direkt abgeleitet werden, dass es in jedem Fall am günstigsten ist, zunächst Strom von den dezentralen Erzeugern zu verbrauchen und erst danach ihn aus dem Stromnetz zu beziehen, was den Eigenstromverbrauch sowie die Eigenstromversorgung günstig beeinflusst[3].

Das hier gegebene Problem zeigt gewisse Ähnlichkeiten zu dem *Time Constrained Project Scheduling Problem* (TCPSP) wie es von Guldemond et al. in [GHP08] dargestellt wird. Das TCPSP ist abgeleitet vom *Resource Constrained Project Scheduling Problem* (RCPSP) [HRD98].

RCPSP ist ein Problem, bei dem in der Regel eine Menge an Ressourcen (z.B. Mitarbeitermonate) vorhanden ist und ein Projekt eine Anzahl an Einzelaufgaben (*Workitems*) hat, die auf die Ressourcen verteilt werden müssen. Dabei ist die Menge an maximal zu Verfügung stehenden Ressourcen eine Funktion über die Zeit und kann über die Projektlaufzeit variieren. Diese Grenze an Ressourcen ist im RCPSP als harte Grenze anzusehen.

Bei dem TCPSP handelt es sich um einen Spezialfall dieses Problems mit dem Unterschied, dass das Ressourcen Limit beim TCPSP im Gegensatz zum RCPSP nicht als harte Grenze angesehen wird. Ziel hierbei ist hier die Verletzung der Grenze zu minimieren. In [GHP08] wird für das Überschreiten der Ressourcengrenze eine Bestrafungsfunktion vorgeschlagen.

---

[3]Die Begriffe Eigenstromverbrauch und Eigenstromversorgung werden in Abschnitt 8.4.1 definiert.

Überträgt man nun das TCPSP auf das hier vorgestellte Energiemanagementproblem, so können die zeitbasierten Haushaltskomponenten als Workitems angenommen werden, mit der Restriktion, dass sie bis zu einem gewissen Zeitpunkt fertig sein müssen. Die Ressourcengrenze ist dabei das gegebene Lastbegrenzungssignal.

Der wesentliche Unterschied zwischen dem TCPSP und dem hier vorgestellten Problem ist, dass beim TCPSP die „Last", die ein Workitem erzeugt, konstant ist und somit für ein Workitem beispielsweise eine konstante Anzahl an Mitarbeitermonaten benötigt wird. In dem hier vorgestellten Szenario ist dies nicht der Fall. Der Strombedarf einer Haushaltskomponente, wie in Abbildung 5.2 mit einer Waschmaschine demonstriert, ist wie oben beschrieben ein zeitabhängiger Lastverlauf.

In [GHP08] ist das TCPSP als ganzzahliges lineares Optimierungsproblem modelliert (engl. Integer Linear Problem, ILP), wobei eine nähere Beschreibung eines ILP in [Leen09] erfolgt.

5.2 Modellierung

Im Folgenden soll nun eine Modellierung für das in der vorliegenden Arbeit vorgestellte Energiemanagement-Szenario in einem Smart Home dargestellt werden. Ausgehend von [APS12] wird dieses Problem als nichtlineares ganzzahliges Programm (engl. *nonlinear integer programm* (NIP)) aufgefasst.

Wie es im Project Scheduling [GHP08] üblich ist, wird ein diskreter zeitlicher Horizont $\mathbb{T} = \{0, ..., T\}$ für die Optimierung definiert. Dieser richtet sich nach den in dem aktuellen Optimierungshorizont einzubeziehenden Haushaltskomponenten und kann somit eine variable Länge T haben, die spezifisch für einen Optimierungshorizont ist. Der Optimierungshorizont hängt, z.B. für zeitabhängige Haushaltskomponenten, von dem zeitlich spätesten Endzeitpunkt ab, den aktuell zu optimierende Haushaltskomponenten aufweisen.

Abhängig von der Klasse der Haushaltskomponenten ist eine unterschiedliche Modellierung sinnvoll. An dieser Stelle wird die Modellierung auf das in der vorliegenden Arbeit vorgestellte Szenario reduziert und umfasst damit folgende Klassen von Haushaltskomponenten:

- steuerbare, zeitabhängige Haushaltskomponenten (Gruppe A)

- nicht steuerbare, beobachtbare Haushaltskomponenten (Gruppe B)

- steuerbare dezentrale Erzeuger (Gruppe C)

- nicht steuerbare, beobachtbare dezentrale Erzeuger und Grundlast (Gruppe D)

Die Modellierung dieser Komponenten wird nun in den folgenden Abschnitten einzeln vorgestellt und schließlich zu einem Gesamt-Szenario zusammengefügt.

Modellierung von zeitabhängigen Haushaltskomponenten

Gemäß der Klassifizierung der Haushaltskomponenten in Abschnitt 3.4 kann definiert werden, dass die Klasse der steuerbaren zeitbasierten Haushaltskomponenten einen zeitlichen Freiheitsgrad $tDoF$ (engl. *Degree of Freedom*) ausweisen. Dieser Freiheitsgrad erlaubt, den Einsatzzeitpunkt dieser Haushaltskomponenten um einen gewissen Zeitraum zu verschieben.

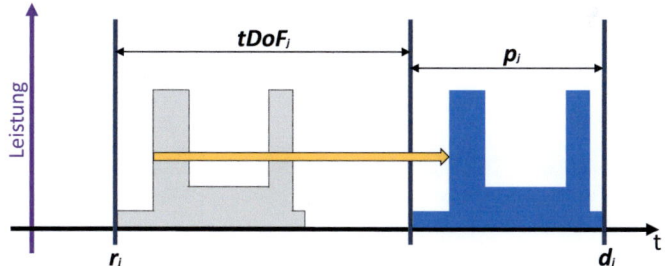

Abbildung 5.3: Freiheitsgrad einer zeitabhängigen Haushaltskomponente

Der Freiheitsgrad resultiert aus der Tatsache, dass eine solche Komponente eine bestimmte Aktion oder Aufgabe, zu einer gegebenen Zeit, erfüllen muss. Diese Aufgabe, zukünftig als *Workitem* bezeichnet, kann zunächst als atomare Aktion dieser Haushaltskomponente angesehen werden. Für eine Waschmaschine wäre dies z.B. 60° Kochwäsche zu waschen. Bei diesem Workitem kommt es nicht auf den sofortigen Start dieser Haushaltskomponente an, denn der Benutzer räumt ihr einen gewissen $tDoF$ bis zu einem Zeitpunkt d (engl. *Deadline*) an dem sie spätestens fertig sein muss, wie in Abbildung 5.3 grafisch dargestellt. Dieser Freiheitsgrad muss jedoch zuvor von dem Benutzer gewählt werden. Dabei ist der $tDoF$ des Workitems der Haushaltskomponente j wie folgt definiert:

$$tDoF_j = d_j - r_j - p_j$$

d_j spätester Zeitpunkt an dem Haushaltskomponente j fertig sein muss
r_j Zeitpunkt an dem Haushaltskomponente j freigegeben wird
p_j Dauer des Workitems von Haushaltskomponente j

Die Startzeit s_j kann nun innerhalb des Zeitraums $tDoF$ frei gewählt werden. Somit ergibt sich für die Verschiebung Δt der Startzeit s_j für Haushaltskomponente j:

$$s_j = r_j + \Delta t \ \text{ mit } \Delta t \leq tDoF$$

Für jede zeitabhängige Haushaltskomponente j ergibt sich somit ein Vektor $(s_{j,t})$ der Länge T innerhalb des Optimierungshorizonts mit ihrer Startzeit, der die folgende Struktur hat:

$$(s_{j,t})_{t \in \mathbb{T}} = \begin{pmatrix} 0 & 0 & 0 & 1 & 0 & 0 & 0 & 0 & 0 & 0 & 0 & 0 \end{pmatrix}^{\mathsf{T}}.$$

Eine zeitabhängige Haushaltskomponente kann nur einmal innerhalb eines Optimierungshorizonts betrieben werden. Somit gelten für $(s_{j,t})$ zusätzlich die Nebenbedingungen:

$$s_{j,t} \in \{0,1\} \quad \forall j \in J, \forall t \in \mathbb{T},$$

$$\sum_{t=0}^{T} s_{j,t} = 1,$$

sowie $s_{j,t} = 0,$ für $t < r_j$ oder $t > r_j + tDoF$.

Ausgehend von der unterschiedlichen Dauer p_j der einzelnen Workitems der Haushaltskomponenten ergibt sich ein Vektor $(x_{j,t})$, der angibt, ob eine Haushaltskomponente in einem Intervall betrieben wird oder nicht. Dieser Vektor kann aus dem Startvektor und der Dauer der Workitems berechnet werden kann:

$$(x_{j,t})_{t\in\mathbb{T}} = \begin{pmatrix} 0 & 0 & 0 & 1 & 1 & 1 & 1 & 1 & 0 & 0 & 0 & 0 \end{pmatrix}^{\mathsf{T}}.$$

Es muss dabei gewährleistet sein, dass die aktive Zeit des Jobs j genauso lang ist, wie dessen Laufzeit p_j. Somit ergibt sich:

$$\sum_{t=0}^{T} x_{j,t} = p_j \text{ und } x_{j,t} \in \{0,1\}, \quad \forall j \in J, \forall t \in \mathbb{T},$$

$$\text{sowie} \quad x_{j,t} = 0 \quad \text{für } t < r_j \text{ oder } t \geq d_j.$$

Darüber hinaus stellt der Vektor $q_{j,i}$ den Leistungsbedarf des Workitems von Komponente j dar. Dabei gibt i die relative Position des Leistungsbedarfs in Abhängigkeit des Startzeitpunkts des Workitems an. So ist $q_{j,i}$ abhängig von dem spezifischen Workitem (z.b. Waschprogramm) der Komponente j und hat dabei die Länge p_j. In der Regel ist er durch eine nicht lineare Funktion beschrieben und kann beispielsweise die folgende Struktur mit der beispielhaften Länge $p_j = 5$ haben:

$$q_{j,i} = \begin{pmatrix} 50 & 700 & 270 & 2100 & 500 \end{pmatrix}^{\mathsf{T}}.$$

Entscheidend für das Optimierungsproblem ist der Gesamtstromverbrauch $Q_{APP}(t)$ für ein Intervall t aller zeitbasierten Haushaltskomponenten j im aktuellen Optimierungshorizont, der sich wie folgt ergibt:

$$Q_{APP}(t) = \sum_{j\in J} x_{j,t} \cdot q_{j,|t-s_j| \bmod p_j}$$

Beobachtbare Haushaltskomponenten

Wie in Abschnitt 3.4 motiviert, existieren Haushaltskomponenten, die sowohl beobachtet werden können, als auch in dem aktuellen Optimierungshorizont vorhersehbar verhalten werden, jedoch nicht steuerbar sind. Dennoch ist es erforderlich, ihren Lastgang mit in der Optimierung zu berücksichtigen, was in Form der Funktion $Q_O(t)$, wobei O für die beobachtbaren Komponenten steht (engl. observable). Aus diesen Komponenten sowie der erwarteten Grundlast $Q_{Base}(t)$ des Haushalts, die durch Kleinkomponenten und Stand-by-Geräte entsteht, ergibt sich die Funktion über die nicht steuerbare zusätzliche Last:

$$Q_{ADD}(t) = Q_O(t) + Q_{Base}(t)$$

Somit ergibt sich für die Gesamtlast $Q_{ges}(t)$ im Haushalt unter Berücksichtigung der zeitabhängigen steuerbaren sowie beobachtbaren Haushaltskomponenten und der Grundlast:

$$Q_{ges}(t) = Q_{APP}(t) + Q_{ADD}(t)$$

Die Kosten für ein Intervall t unter Einbeziehung des zeitvariablen Strompreises $P(t)$ sind somit:

$$CO(t) = P(t) \cdot Q_{ges}(t)$$

Leistungsbegrenzungsfunktion

Wird nun eine zeitvariable Leistungsbegrenzungsfunktion $L(t)$ eingeführt, so ergibt sich für die Kostenfunktion $CO(t)$ unter Berücksichtigung einer Strafkonstante P_f für die Überschreitung dieser zeitvariablen Lastgrenze:

$$CO(t) = \begin{cases} P(t) \cdot Q_{ges}(t) & \text{für } Q_{ges}(t) \leq L(t) \\ P(t) \cdot Q_{ges}(t) + P_f \cdot P(t) \cdot (Q_{ges}(t) - L(t)) & \text{für } Q_{ges}(t) > L(t) \end{cases}$$

Modellierung einer PV-Anlage

Kommt zu dem Szenario eine PV-Anlage hinzu, so kann definiert werden, dass für den Strom, den die PV-Anlage erzeugt und der im Haus selbst konsumiert wird, keine Kosten entstehen[4]. Die Menge des von der PV-Anlage erzeugten Stroms ist jedoch begrenzt und kann durch die Einspeisefunktion $I(t)$ beschrieben werden. Somit ergibt sich für das

---

[4]Aus Sicht der vorliegenden Arbeit werden bewusst keine Vergütungskonzepte betrachtet, wie auch in Abschnitt 5.1 näher erläutert.

Szenario Haushaltskomponenten mit integrierter PV-Anlage folgende Gesamtkostenfunktion:

$$CO(t) = \begin{cases} P(t) \cdot (Q_{ges}(t) - I(t)) & \text{für } I(t) \leq Q_{ges}(t) \\ 0 & \text{für } I(t) > Q_{ges}(t) \end{cases}$$

Modellierung eines BHKW

Das BHKW ist nur zu bestimmten Zeiten aktiv. Analog zu den zeitabhängigen Haushaltskomponenten ergibt sich somit ein Vektor (b_t), der beschreibt, zu welchen Zeitpunkten das BHKW betrieben wird. Ist $b_t = 1$ so ist das BHKW aktiv, für $b_t = 0$ ist das BHKW aus:

$$(b_t)_{t \in \mathbb{T}} = \begin{pmatrix} 0 & 1 & 1 & 0 & 0 & 1 & 1 & 0 & 0 & 1 & 1 & 1 \end{pmatrix}^\mathsf{T}.$$

Für die Leistungsfunktion $B(t)$ des BHKWs ergibt sich, unter der Voraussetzung, dass el_{pwr} die konstante elektrische Leistung erzeugt, während das BHKW betrieben wird:

$$B(t) = b_t \cdot el_{pwr}$$

Während das BHKW betrieben wird, verursacht es zusätzliche Kosten, wie z.b. die Kosten, die durch den Gasverbrauch entstehen. Dies bedeutet, dass das BHKW während eines Intervalls, indem es aktiv ist, die zusätzlichen Kosten cv_{run} verursacht. Für jedes Aktivieren entstehen nochmals Kosten. Dies kann zum einen mit tatsächlichen Anlaufkosten begründet werden und zum anderen mit der Tatsache, dass häufige Startvorgänge das BHKW stärker verschleißen. Mit Einbeziehung der Anlaufkosten cv_{start} wird zudem eine längere ununterbrochene Laufzeit begünstigt. Analog zu den zeitabhängigen Haushaltskomponenten wird nun noch ein Vektor (bs_t) eingeführt, der für jeden Start des BHKW eine 1 enthält:

$$(bs_t)_{t \in \mathbb{T}} = \begin{pmatrix} 0 & 1 & 0 & 0 & 0 & 1 & 0 & 0 & 0 & 1 & 0 & 0 \end{pmatrix}^\mathsf{T}.$$

Damit ergibt sich für die zusätzlichen Kosten während des gesamten Optimierungshorizonts:

$$CO_{ADD} = cv_{run} \cdot \sum_{t \in \mathbb{T}} b_t + cv_{start} \cdot \sum_{t \in \mathbb{T}} bs_t.$$

Für die Gesamtkostenfunktion beim Einsatz eines BHKW sowie der Haushaltskomponenten ergibt sich somit, analog zur PV-Anlage:

$$CO(t) = \begin{cases} P(t) \cdot (Q_{ges}(t) - B(t)), & \text{für } B(t) \leq Q_{ges}(t) \\ 0, & \text{für } B(t) > Q_{ges}(t) \end{cases}$$

Wird nun das Szenario mit BHKW und PV-Anlage sowie die zeitbasierten Haushaltskomponenten betrachtet, so ergibt sich:

$$CO(t) = \begin{cases} P(t) \cdot (Q_{ges}(t) - (I(t) + B(t))), & \text{für } I(t) + B(t) \leq Q_{ges}(t) \\ 0, & \text{für } I(t) + B(t) > Q_{ges}(t) \end{cases}$$

Für das BHKW ergibt sich eine weitere Nebenbedingung. Die Laufzeit, die in einem Optimierungshorizont maximal möglich ist, hängt vom aktuellen Zustand des BHKWs ab. Dieser Zustand kann durch die Temperatur des Schichtspeichers charakterisiert werden. Entscheidend ist hier die Temperatur ϑ_{start} beim Beginn des Optimierungshorizonts. Wird aus dem Schichtspeicher Wärme während des Optimierungsintervalls entnommen, so sinkt die Temperatur um den Faktor ϑ_{ab}. Läuft das BHKW, so erhöht sich diese Temperatur pro Zeitslot t um ϑ_{auf}. Dies kann bis zu einer maximal technisch möglichen Temperatur ϑ_{max} geschehen, aus der auch die folgende Nebenbedingung resultiert:

$$\vartheta_{start} + \vartheta_{auf} \cdot \sum_{t=0}^{T} b_t - \vartheta_{ab} \leq \vartheta_{max}$$

Zielfunktion

Für die Zielfunktion werden zunächst die Gesamtkosten benötigt. Dieses hängen von dem konkreten Szenario ab. Abhängig, ob eine Lastgrenze verwendet wird oder ein dezentraler Erzeuger, wird die Funktion $CO(t)$, wie im vergangenen Abschnitt beschrieben unterschiedlich modelliert. Allgemein gilt somit für die Gesamtkosten CO_{ges} unter Berücksichtigung der zusätzlichen Kosten, beispielsweise durch das BHKW:

$$CO_{ges} = \sum_{t \in \mathbb{T}} CO(t) + CO_{ADD}$$

Die Zielfunktion, die die Kosten für den Gesamtfahrplan des Haushalts im aktuellen Optimierungshorizont $\mathbb{T} = \{0, ..., T\}$ minimiert wäre somit:

$$min\,(CO_{ges})$$

Im folgenden Abschnitt werden zwei Szenarien auf Basis dieser Modellierung vorgestellt und geeignete Problemlöser für diese Szenarien diskutiert.

5.3 Szenarien und Problemlöser

Im Folgenden sollen aus den einzelnen Modellierungen zwei Szenarien herausgegriffen werden. Zu diesen Verfahren sollen Möglichkeiten der Lösung diskutiert werden. Dabei handelt es sich um ein einfaches Szenario, wie näher in Abschnitt 5.3.1 beschrieben, sowie um ein komplexes Szenario, was in Abschnitt 5.3.2 erläutert wird.

5.3.1 Lastmanagement mit einfachem Szenario

Wird nun das im vorigen Abschnitt dargestellte Szenario stark vereinfacht und auf die Optimierung der steuerbaren zeitabhängigen Haushaltskomponenten und ein zeitvariables Strompreissignal reduziert, so er gibt sich, wie in Abbildung 5.4 dargestellt, ein recht einfaches Szenario für einen Optimierungsalgorithmus. Es wird dafür lediglich das zu erwartende Profil des Geräts sowie dessen Freiheitsgrad benötigt. Da in diesem Fall keine Abhängigkeiten zwischen den einzelnen Haushaltskomponenten bestehen, und es keine Ressourcenbeschränkung, wie beispielsweise durch ein Lastbegrenzungssignal, gibt, können die Haushaltskomponenten voneinander unabhängig optimiert werden. Somit würde sich für jede zeitabhängige Haushaltskomponente j ergeben:

$$CO_j = P(t) \cdot \sum_{t \in \mathbb{T}} x_{j,t} \cdot q_{j,t-s_j}$$

Die Zielfunktion wäre somit:

$$min \sum_{j \in J} CO_j$$

113

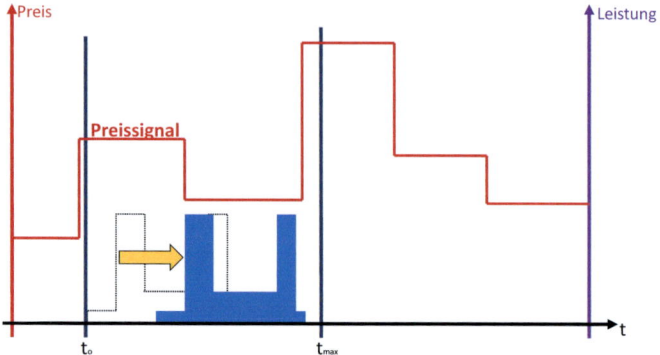

Abbildung 5.4: Einfache Lastoptimierung auf Basis eines zeitvariablen Strompreises

Ein Löser für dieses Optimierungsproblem wird in Algorithmus 1 darge-stellt. Die Aufgabe hierbei ist, dass für N Haushaltskomponenten für den aktuellen Optimierungshorizont ein optimierter Gesamtfahrplan erstellt werden soll. Dafür wird ein Fahrplan für jede Komponente j einzeln erzeugt, ausgehend von r_j wird der Startzeitpunkt s_j der Komponente schrittweise nach hinten geschoben bis der späteste Zeitpunkt $d_j - p_j$ erreicht wurde, an dem die Komponente gestartet werden kann, ohne die zeitliche Restriktion d_j zu verletzen. Die Funktion $Kosten(t, j)$ be-rechnet dabei die Kosten, die die Komponente j zum Zeitpunkt t, unter Berücksichtigung des gegebenen Strompreissignals, erzeugen würde. Das Ergebnis sind die Startzeitpunkte für jede Komponente, die die minimalen Kosten verursachen, die in $Plan_{gesamt}$ abgelegt werden.

Eine Optimierung basierend auf diesem einfachen Szenario wurde bereits in [BAR⁺10] demonstriert. Ebenso wurde sie in Zusammenhang mit dem Organic Smart Home in einer konkreten Wohnphase derart umgesetzt, wie auch in Abschnitt 8.1.1 erläutert.

Data : Berechne optimalen Startzeitpunkt s_j für alle
Haushaltskomponenten $j \in \{0, ..., N\}$
Result : Gesamtfahrplan für den Haushalt $Plan_{gesamt}$
for $j \in \{0, ..., N\}$ **do**

> $s_j = r_j$;
> $minKosten \longleftarrow Kosten(s_j, j)$;
> **for** $i \in \{r_j + 1, ..., d_j - p_j\}$ **do**
>
> > **if** $Kosten(i, j) < minKosten$ **then**
> >
> > > $minKosten \longleftarrow Kosten(i, j)$;
> > > $s_j \longleftarrow i$;
> >
> > **end**
>
> **end**
> füge s_j in $Plan_{gesamt}$ ein;

end

Algorithmus 1 : Beispiel für einfache Optimierung

5.3.2 Lastmanagement mit komplexem Szenario

Wird nun das, im vorigen Abschnitt beschriebene, Gesamtszenario, wie auch in Abbildung 5.1 gezeigt, betrachtet, so ergibt sich unter Berücksichtigung der Teilaspekte:

- Verwendung von zeitabhängigen Haushaltskomponenten mit Freiheitsgrad $tDoF$

- Verwendung eine Lastbegrenzungs- sowie Preissignals

- Verwendung eines steuerbaren Dezentralen Erzeugers (BHKW)

- Verwendung eines nicht steuerbaren dezentralen Erzeugers (PV-Anlage)

- Betrachtung der nicht steuerbaren, beobachtbaren Haushaltskomponenten

- Betrachtung der Grundlast des Haushalts

- Betrachtung der zusätzlichen Kosten

- Minimierung der Gesamtkosten

folgendes Gesamtbild, wobei die einzelnen Gleichungen dabei in Abschnitt 5.2 zu finden sind und an dieser Stelle aufgrund der besseren Übersichtlichkeit das Minimierungsproblem nochmals zusammengefasst wird:

$$min \left\{ \sum_{t \in \mathbb{T}} CO(t) + CO_{ADD} \right\}$$

mit:

$$CO(t) = \begin{cases} P(t) \cdot (Q_{ges}(t) - (I(t) + B(t))) & \text{f. } I(t) + B(t) \leq Q_{ges}(t) \leq L(t) \\ P(t) \cdot Q_{ges}(t) + P_f \cdot P(t) \cdot (Q_{ges}(t) - L(t)) & \text{f. } Q_{ges}(t) - (I(t) + B(t)) > L(t) \\ 0 & \text{f. } I(t) + B(t) > Q_{ges}(t) \end{cases}$$

und

$$CO_{ADD} = cv_{run} \cdot \sum_{t \in \mathbb{T}} b_t + cv_{start} \cdot \sum_{t \in \mathbb{T}} bs_t$$

Dieses Szenario enthält nun zum einen ein zeitvariables Preissignal $P(t)$ und zum anderen ein zeitvariables Lastbegrenzungssignal $L(t)$. Es sind die zeitabhängigen Haushaltskomponenten mit $Q_{ges}(t)$ enthalten sowie die dezentralen Erzeuger mit $I(t)$ für die PV-Anlage sowie $B(t)$ für das BHKW und dessen zusätzliche Kosten von CO_{ADD}. Die Förderung des Eigenstromverbrauchs wird durch die Bedingung $CO(t) = 0$ für $I(t) + B(t) > Q_{ges}(t)$ berücksichtigt.

5.3.3 Exakte Verfahren

In [APS12] wurde bereits gezeigt, dass unter gewissen Umständen eine vereinfachte Version des hier beschriebenen Problems als nichtlineares ganzzahliges Programm (engl. Mixed Integer Nonlinear Program, MINLP) [LiS06] mit einem exakten Löser für solche Probleme gelöst werden kann. Bei der vereinfachten Version handelte es sich um das bereits in Abschnitt 5.2 dargestellte Szenario, das so zusammengefasst werden kann:

- Verwendung von zeitabhängigen Haushaltskomponenten mit Freiheitsgrad $tDoF$

- Verwendung eines Lastbegrenzungs- sowie Preissignals

- Minimierung der Kosten für den Betrieb der Haushaltsgeräte

• Minimierung der Überschreitung der Lastgrenze

Dazu wurde in [APS12] ein *Mixed Integer Linear Programs*-Löser verwendet, der auf einer Branch-and-Bound Suche basiert. Aufgrund der Nichtlinearitäten in der Zielfunktion ist es an dieser Stelle nicht möglich, einen Standardlöser für Mixed Integer Linear Programs zu verwenden, wie sie beispielsweise in den kommerziellen Optimierungslösungen wie Cplex, Gruobi oder Xpress zum Einsatz kommen. Aus diesem Grunde kam ein spezieller Löser aus der TomLab optimization suite zum Einsatz. Dabei stellte sich jedoch ebenfalls heraus, dass es aufgrund der hohen Anzahl an Variablen für diesen Solver nicht möglich war, in einer vertretbaren Zeit ein vollständiges Branch-and-Bound durchzuführen. Somit wurde mit einer nicht optimalen Lösung abgebrochen. Es sei dabei angemerkt, dass es sich um ca. 4 Stunden Rechenzeit auf einem 3-GHz-System handelte, was die Verwendung eines derartigen Verfahren auf kleinen Strom sparenden Systemen, wie sie für das Organic Smart Home in Abschnitt 4.6 beschrieben, nicht als geeignet erscheinen lässt.

Ein weiterer Ansatz eines ähnlichen Problems zu lösen erfolgte von Ha et al. in [HPZ06]. Hier wurde eine ähnliche, deutlich einfachere Variante dieses Problems als ILP aufgefasst, das hierbei jedoch über extrem viele Variablen (ca. 1400) verfügte und bei dem in [HPZ06] angegebenem Rechensystem teilweise Rechenzeiten von bis zu 20 Stunden auswies.

Aus diesem Grunde wurde bereits in [APS12] eine Metaheuristik in Form eines evolutionären Algorithmus vorgeschlagen, um dieses vereinfachte Problem zu lösen. Diese Strategie wird dabei in der vorliegenden Arbeit erweitert und mit deutlich komplexeren Szenarien, wie das in Abschnitt 5.3.2 dargestellte.

5.3.4 Evolutionäre Algorithmen

Evolutionäre Algorithmen gehören zur Gruppe der naturinspirierten Verfahren. Sie wurden erstmalig 1962 von John Holland [Holl62] erwähnt und sollen den Prozess der natürlichen Evolution auf eine gewisse Weise nachempfinden. Die entsprechenden Termini für die einzelnen Phasen eines solchen Algorithmus entsprechen den Pendants der natürlichen Evolution und werden, z.B. wie in Abbildung 5.5 dargestellt, abstrahiert.

117

Die Darstellung der evolutionären Algorithmen in diesem Anschnitt ist weitgehend aus [Weic07] und [Niss94] entnommen.

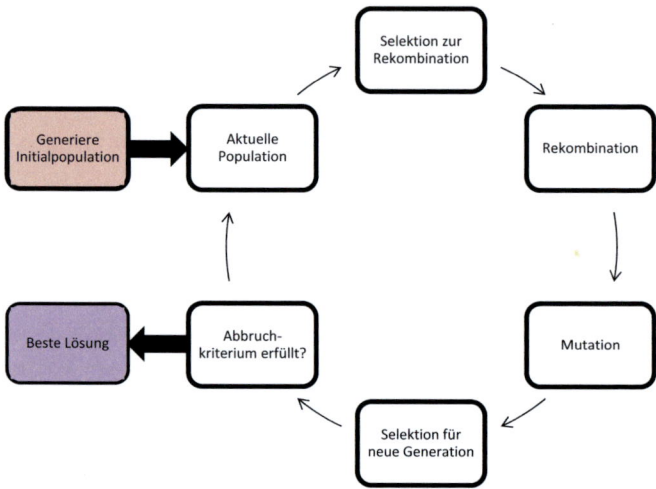

Abbildung 5.5: Prinzip eines evolutionären Algorithmus

Der Kern dieses Algorithmus ist eine Population, die aus einer Menge an Individuen besteht. Jedes Individuum stellt, auf eine bestimmte Art codiert dabei in der Regel einen Lösungskandidaten für ein gegebenes Optimierungsproblem dar.

Ein solcher Algorithmus wird mit einer Startpopulation instanziiert, die eine Menge von Individuen darstellt. Jedes dieser Individuen repräsentiert eine mögliche Lösung für ein gegebenes Problem. Der Algorithmus selbst stellt einen Kreislauf dar, der von der natürlichen Evolution inspiriert ist. Dieser Kreislauf wird solange durchlaufen, bis ein Abbruchkriterium erfüllt ist und die bis dahin evolvierte Lösung ausgegeben wird.

In [Niss94] fasst V. Nissen aufbauend auf den Arbeiten und Holland [Holl62], De Jong [Jong75] und Goldberg [Gold89] eine Untergruppe der evolutionären Algorithmen, die Gruppe der *Genetischen Algorithmen* zusammen, welche er als *Basis-GA* bezeichnet. Hierbei wird die besondere Betonung auf die genetischen Mechanismen gelegt.

Weiter beschreibt V. Nissen die einzelnen Schritte eines solchen rudimentären Basis-GA wie folgt:

1. Qualifizierung der Lösungsgüte jedes Individuums

2. Fitnessproportionale Selektion und Replikation von zwei Individuen

3. Crossover

4. Mutation

5. Ergänze die zwei Nachkommen zur neuen Population

6. Wiederhole Schritte 2 bis 5, bis die Nachfolgepopulation den gewünschten Umfang hat

7. Überprüfe das Abbruchkriterium

8. Abbruch oder weiter mit 1

Selektionsverfahren

Der Selektionsmechanismus eines evolutionären Algorithmus beschreibt, wie aus der aktuellen Population die Eltern-Individuen ausgewählt werden. Hierbei sind unterschiedliche Verfahren möglich, wobei [Niss94] drei grundlegende beschreibt:

- **Rangbasierte Selektion** Hierbei werden die Individuen ihres Rangs nach eindeutig sortiert, der sich nach ihrer Fitness richtet.

- **Fittnessproportionale Selektion** Bei der Fitnessproportionalen Selektion werden die Individuen der Elterngeneration zunächst ihrer Fitness nach sortiert. Bei der anschließenden Auswahl ist die Wahrscheinlichkeit der Auswahl proportional zu der Fitness der einzelnen Individuen. Dies bedeutet, dass Individuen mit einer höheren Fitness mit größerer Wahrscheinlichkeit ausgewählt werden.

- **Wettkampfbasierte-Selektion (Tournament-Selection)** Hier werden n-Individuen (beispielsweise zwei, binary Tournament) zufällig aus der aktuellen Population ausgewählt und treten gegeneinander an, wobei mit einem deterministischen Verfahren ein Sieger ermittelt wird. Andere Auswahlkriterien sind hierbei auch möglich, wie beispielsweise stochastische Verfahren. Dieser Vorgang wird solange fortgeführt bis die gewünschte Anzahl an Individuen für die Kindpopulation verfügbar ist.

Rekombinationsverfahren

Die Aufgabe des Rekombinationsverfahrens legt fest, auf welche Weise die Individuen aus der Elterngeneration zu einem Kindindividuum zusammengesetzt werden. Es werden dabei drei meist verwendete Typen unterschieden:

- **1-Punkt Crossover** Hierbei wird in dem Individuum eine zufällige Stelle als Trennstelle für das Crossover gesetzt. Die daraus resultierenden Kindindividuen erhalten jeweils über Kreuz den vorderen Teil des Genoms vom einen bzw. den hinteren Teil vom anderen Elternteil.

- **N-Punkt Crossover** Analog zum 1 Punkt-Crossover werden hier mehrere (N-Stellen) markiert. So erhalten die Kindindividuen wieder Teile des Erbguts des einen und des anderen Elternteils.

- **Uniform Crossover** Hierbei wird für jedes einzelne Erbinformation entschieden, ob sie von dem einen oder dem anderen Elternteil in das Kindindividuum mit einfließt. Entschieden kann dabei rein zufällig werden, oder unter Heranziehung von einer Verteilungsfunktion, die beispielsweise fitnessabhängig ist.

Mutationsverfahren

Um die Diversität einer Population zu erhöhen, besteht die Möglichkeit, Teile eines Individuums zufällig zu verändern. Diese Operation wird in der Regel nach der Rekombination an den Kindindividuen durchgeführt. In der Regel wird dies mit einer relativ geringen Wahrscheinlichkeit an den Individuen durchgeführt. Im Fall eines binär codierten Genoms würde beispielsweise ein einzelnes Bit invertiert um so ein mutiertes Genom zu erhalten.

Codierungen

In Bereich der evolutionären Algorithmen bestehen unterschiedlich Möglichkeiten, wie ein konkretes Problem in ein Individuum codiert werden kann [Weic07]. Der klassische Fall dabei ist, wie in Abbildung 5.6 dargestellt, die binäre Codierung. Ein großer Vorteil dabei ist die einfache Gestaltung der im vorigen Abschnitt dargestellten genetischen Operatoren.

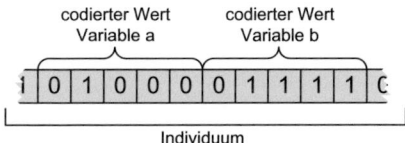

Abbildung 5.6: Binäre Codierung eines Individuums

Die einzelnen Variablen des zu lösenden Problems, hier exemplarisch *Variable a* und *Variable b*, werden auf eine vorgegebene Weise in einer binären Darstellung aneinandergereiht. Die Menge dieser aneinandergereihter binär codierten Variablen des Problems ergeben zusammen das Genom eines Individuums. Für die Transformation zwischen der Variable des Problems und der Repräsentation in dem Individuum können beliebige Codierungvorschriften gewählt werden. In der vorliegenden Arbeit wir der Begriff des Genotyp derart verwendet, dass es sich dabei um die Codierung des Genoms als Bitvektor[5] handelt. Der Phänotyp sind hingegen die resultierenden Variablen, die eine Lösung des gegeben Problems darstellen. Die Transformation von dem Teil des Genoms (hier in der binären Darstellung) in die resultierende Variable für das Problem wird als Genotyp-Phänotyp-Transformation [Weic07] bezeichnet. Der evolutionäre Algorithmus, der in der vorliegenden Arbeit verwendet wird, basiert auf dieser prinzipiellen Darstellung, wie in Abschnitt 6.2 näher erläutert wird.

---

[5]Dabei sei angemerkt, dass es sich hier um eine einfache Darstellung handelt. In der Literatur werden viele weitere Möglichkeiten der Transformation sowie dem Zusammenhang zwischen Genotyp und Phänotyp beschrieben (vgl. z.B. [Weic07]) und [Niss94]).

KAPITEL 6

L ANWENDUNG DES ORGANIC SMART HOME

In Kapitel 4 wurde mit dem Organic Smart Home ein generisches Rahmenwerk basierend auf der generischen O/C-Architektur vorgestellt, das eine Basis für das Energiemanagement in einem intelligenten Gebäude bietet. Gegenstand dieses Kapitels ist die Vorstellung einer beispielhaften Implementierung des Organic Smart Home.

Zunächst wird auf die einzelnen Aufgaben eingegangen, die sich anhand der Komponenten in der O/C-Architektur ergeben (vgl. dazu Kapitel 4.2). Diese sind in Abbildung 6.1 dargestellt. Es werden dabei drei grundsätzliche Aufgaben unterschieden: Beobachtung, Lernen und Vorhersage, Beobachtung und Steuerung sowie Optimierung und Steuerung. Aufgrund der bereits vorgestellten Adaption der generischen O/C-Architektur fallen diese Aufgaben dem Observer und dem Controller zu.

Im Folgenden werden die einzelnen Aspekte der generischen O/C-Architektur adressiert, indem sukzessiv die Implementierungen der einzelnen lokalen und globalen O/C-Einheiten vorgestellt und deren Interaktionen miteinander aufgezeigt werden, um einen geschlossenen Ansatz für das Energiemanagement in intelligenten Gebäuden zu präsentieren.

Dazu wird zunächst ein teilproblembasiertes Optimierungsverfahren vorgestellt, das insbesondere durch den Einsatz einer hierarchischen O/C-

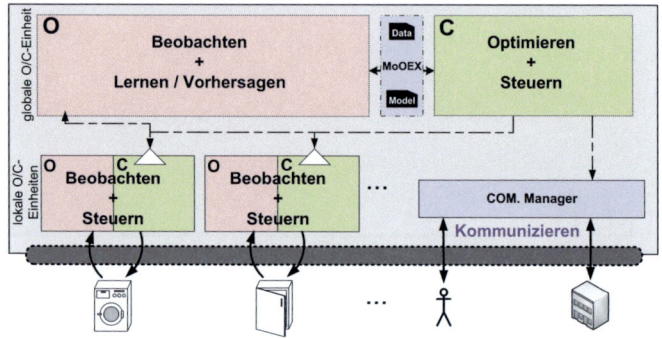

Abbildung 6.1: Anwendung des Organic Smart Homes

Architektur ermöglicht wird und das diverse Vorzüge besitzt. Aufbauend auf diesem allgemeinen teilproblembasierten Verfahren wird daraufhin eine konkrete Implementierung unter Einsatz eines evolutionären Algorithmus erläutert, sowie dessen Implementierung geschildert. Zur weiteren Verbesserung und Stabilisierung des Ergebnisses der Optimierung wird zusätzlich im globalen Observer ein Vorschlag für eine Prädiktion des Benutzerverhaltens dargestellt, um die Einplanung von Haushaltskomponenten besser abschätzen zu können.

Eine der Hauptanforderungen an das hier vorgestellte Energiemanagement ist eine hohe Flexibilität in einer heterogenen Umgebung mit stark unterschiedlichen Anforderungen der einzelnen Haushaltskomponenten. Gemeinsam sollen diese in dem System bezüglich der gegebenen Restriktionen optimiert werden. Das Organic Smart Home als Rahmenwerk bietet, wie in Abschnitt 4.3 erläutert, eine Vielzahl an Werkzeugen, die zur Unterstützung des Energiemanagements beitragen. Es sind ebenso unterschiedliche Ausprägungen der O/C-Architektur in der O/C-Schicht möglich, wie in Abschnitt 4.5 erläutert. Dies erhöht die Flexibilität bezüglich des Gesamtsystems zusätzlich.

Darüber hinaus können in einer konkreten Implementierung des Organic Smart Homes auch unterschiedlichste Optimierungsverfahren zum Einsatz kommen, die jeweils auf einen Ansatz zur Partitionierung des Gesamtproblems in Teilprobleme zurückgreifen können, der in dem folgenden Abschnitt hergeleitet wird.

6.1 Teilproblembasierte Optimierung

In Abschnitt 5.2 wurde eine Modellierung der konkreten Problemstellung des Energiemanagements der vorliegenden Arbeit dargestellt. Es wurde deutlich, dass die unterschiedlichen Haushaltskomponenten sich bezüglich ihrer Anforderungen hinsichtlich der Optimierung unterscheiden. Teilweise tritt dieser Umstand gemäß ihrer Klassen, wie in Abschnitt 3.4 beschrieben, auf, in manchen Fällen ist die Unterscheidung noch feingranularer.

Die resultierende Zielfunktion ist somit zusammengesetzt aus den unterschiedlichen Anforderungen der einzelnen Haushaltskomponenten, die in Abschnitt 5.2 getrennt modelliert und schließlich sukzessive für das entsprechende Szenario zu einer Kostenfunktion zusammengesetzt wurden.

Hierbei fällt jedoch auf, dass für unterschiedliche Szenarien auch unterschiedliche Zielfunktionen benötigt werden. Betrachtet man beispielsweise ein Szenario mit steuerbaren Haushaltskomponenten und einer PV-Anlage, so ergibt sich eine andere Zielfunktion mit anderen Nebenbedingungen als wenn im gleichen Szenario zusätzlich ein BHKW betrieben würde.

Daraus ergibt sich zum einen, dass diese Funktion an den konkreten Haushalt und dessen Konfiguration an Haushaltskomponenten angepasst werden muss und zum anderen muss diese Anpassung jedes Mal durchgeführt werden, wenn sich die Konfiguration ändert, beispielsweise durch die zusätzliche Anschaffung einer Komponente. Unter der Prämisse, dass ein Energiemanagement-System in einem Haushalt eine längere Standzeit[1] hat, ist es des Weiteren denkbar, dass Haushaltskomponenten ausgetauscht werden, deren Fähigkeiten sich, gegenüber den zur Entwicklungszeit des Energiemanagement-Kerns bekannten, verändern.

Ein konkretes Beispiel hierfür wäre die Anschaffung einer neuen Spülmaschine: Im Gegensatz zur bisher verbauten, die nur durch die Verschiebung der Startzeit in die Optimierung einfließen konnte, bietet die neue die Möglichkeit zu einer Unterbrechung des Spülvorgangs zu definierten Zeitpunkten. Um diese Funktionalität sowie das spätere Fortführen des

---

[1]Unter Standzeit versteht man bei technischen Anlagen die Einsatzdauer bis sie ersetzt oder revidiert werden.

Betriebs im Energiemanagement abzubilden, wäre eine Anpassung der Zielfunktion sowie der Restriktionen nötig.

Aus diesen Gründen wird in der vorliegenden Arbeit ein Energiemanagement-System vorgeschlagen, welches das Gesamtproblem in Teilprobleme aufteilt, die wiederum spezifisch für eine Klasse von Haushaltskomponenten sind.

Die hierarchische O/C-Architektur legt, wie in Abschnitt 4.3 dargestellt, für das Organic Smart Home nahe, dass für jede Haushaltskomponente eine eigene lokale O/C-Einheit existiert, die spezifisch ist für die Klasse der jeweiligen Haushaltskomponente, mit der sie assoziiert ist. Man kann davon ausgehen, dass dort ein deutlich präziseres Wissen über die einzelne Komponente vorliegt als es in der globalen Einheit der Fall ist. Somit eignet sich die lokale O/C-Komponente sehr gut für die Formulierung des Teilproblems, welches ausschließlich die lokale Einheit betrifft[2].

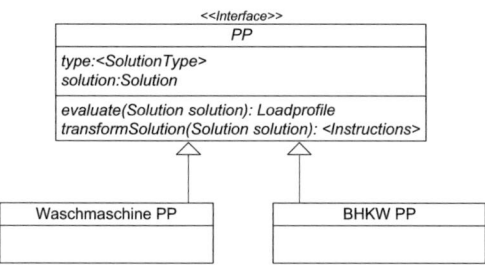

Abbildung 6.2: Abstrakte Schnittstelle des PP und konkrete Ausprägungen

Dieses spezifische Teilproblem wird im Folgenden als *PP* (engl. *Problem Part*) bezeichnet. Dabei stellt ein PP ein generisches Konstrukt für ein Teilproblem dar, das zunächst unabhängig von dem konkret eingesetzten Optimierungsverfahren ist. In Abschnitt 6.2 wird der Begriff des PPs am Beispiel eines evolutionären Algorithmus zu einem dafür angepassten Teilproblem erweitert.

---

[2]Wie in Abschnitt 4.6 dargelegt können lokale O/C-Einheiten auf einfache Weise nachgeladen oder ausgetauscht werden, was die nachträgliche Rekonfiguration des Energiemanagement im Haushalt ermöglicht.

Spezifisch für jeden Typ einer lokalen O/C-Komponente wird ein spezifischer PP von der lokalen O/C-Einheit erzeugt, wenn es erforderlich ist ein Teilproblem für die entsprechende Komponente zu formulieren. Ein solches Teilproblem kann sehr unterschiedlich sein und hängt dabei sehr von den Eigenschaften der Haushaltskomponente ab, die mit der lokalen O/C-Einheit assoziiert ist. In diesem Kontext ist entscheidend, dass sich diese Teilprobleme auf einer abstrahierten Ebene strukturell nicht unterscheiden und somit in der globalen O/C-Einheit zu einem Gesamtenergiemanagement-Problem im Haushalt zusammengefasst werden können.

Diese Abstraktion wird technisch dadurch erreicht, dass alle Teilprobleme, wie in Abbildung 6.2 zu erkennen, Objekte darstellen, die die gleiche abstrakte Schnittstelle implementieren. Diese Schnittstelle besteht zunächst aus zwei Variablen[3]. Den Typ (*type*) der Variablen für das abstrakte Problem und die Instanz dieser Variable (*solution*). Darüber hinaus existieren zwei Methoden. Die erste Mehode (*evaluate(solution)*) liefert die resultierende Lastkurve auf Basis des Werts der Variable *solution*. Die zweite Methode (*transformSolution(solution)*) dient zur Umwandlung des abstrahierten Lösung des Problems durch die Variable *solution* in die konkrete Lösung für die entsprechende Haushaltskomponente.

Im Folgenden soll nun dieser Zusammenhang sowie der Ablauf der verteilten Optimierung an einem konkreten Beispiel näher erläutert werden.

Mit einer lokalen O/C-Einheit sei, wie in Abschnitt 4.3.3 eingehend beschrieben, eine Waschmaschine assoziiert. Die Waschmaschine wird von einem Bewohner um 10:00h mit Wäsche gefüllt und ein bestimmtes Programm sowie ein zeitlicher Freiheitsgrad (vgl. dazu Abschnitt 5.2) wird gewählt. Die Dauer des gewählten Waschprogramms sei 2 Stunden, der zeitliche Freiheitsgrad betrage 8 Stunden.

Beobachtet der lokale Observer (vgl. Abbildung 6.3), dass die mit ihm assoziierte Komponente diesen Zustandswechsel durchführt, der eine Optimierung erfordert[4], so formuliert der lokale Controller einen auf die Situation angepassten PP. Dieser stellt im Sinne der objektorientierten

---

[3]Es sei angemerkt, dass dies gegenüber der realen Implementierung zum besseren Verständnis vereinfacht wurde.

[4]Ein solcher Zustandswechsel wäre beispielsweise das Programmieren einer Waschmaschine, damit sie eingeplant werden kann.

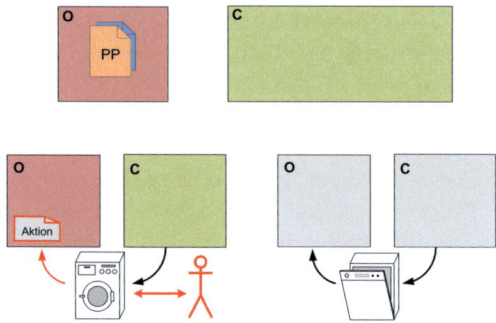

Abbildung 6.3: Benutzerinteraktion und Beobachtung durch lokalen Observer

Programmierung ein Objekt dar, das die Beschreibung des Teilproblems enthält und diese kapselt.

Für das konkrete Beispiel bedeutet dies, dass der lokale Observer, der der Waschmaschine zugeordnet ist, erkennt, dass die Waschmaschine innerhalb der nächsten 8 Stunden betrieben werden soll. In Abbildung 6.3 ist dies durch das Auftreten der *Aktion* visualisiert. Aufgrund dieser Informationen wird nun, wie in Abbildung 6.4 dargestellt, ein PP formuliert.

In diesem einfachen Szenario stellt die zu optimierende Variable für dieses spezielle Teilproblem die zeitliche Verschiebung des Startzeitpunkts dar. Die Restriktion dabei ist, dass die Haushaltskomponente spätesten um 18:00h fertig sein soll. Mit einer Laufzeit von 2h ergibt sich somit eine maximale Verschiebung von 6h. Für die Formulierung dieser Variable muss nun eine geeignete Kodierung verwendet werden. Im einfachsten Fall handelt es sich z.B. um die minutengenaue Verschiebung der Startzeit ab dem Zeitpunkt des „Programmierens" der Waschmaschine - in diesem Fall die Verschiebung vom Zeitpunkt 10:00h bis zu 6h in die Zukunft. Somit ergibt sich in diesem Fall eine ganzzahlige Variable für den *SolutionType* des PP mit dem Wertebereich von 0...360. Die zweite Variable des PP ist die Instanz des *SolutionTypes*, also die *solution*. Sie ist zunächst leer und wird später durch den globalen Löser gefüllt.

128

Außerdem erzeugt die Waschmaschine während ihres Betriebs einen spezifischen Lastgang. Die Methode *evaluate(solution)* des PP ist also eine Funktion, die den resultierenden Lastgang bei einer Verschiebung des Starts des Waschprogramms um den Wert der Variable *solution* zurückliefert. Der von dieser Funktion zurückgegebene Lastgang stellt somit ein Teil des resultierenden Gesamtlastgangs des Hauses dar.

Die Methode *transformSolution(solution)* des PP enthält eine Funktion, die den optimierten Startzeitpunkt der Waschmaschine aus dem spezifischen Wert der Variable *solution* ermittelt. Diese Funktion ist jedoch nur von der lokalen O/C-Einheit sichtbar und wird im weiteren Verlauf dieses Abschnitts näher erklärt.

Es können zusätzlich weitere, nach außen nicht sichtbare Variablen in dem PP abgelegt werden. Diese sind beispielsweise notwendig, um die Belegung der Variable *solution* zu interpretieren. In dem konkreten Beispiel wird z.B. zusätzlich der Zeitpunkt in dem PP, zu dem die Waschmaschine „programmiert" wurde und der damit den Beginn des zeitlichen Fensters zur Verschiebung angibt, gespeichert. Durch das

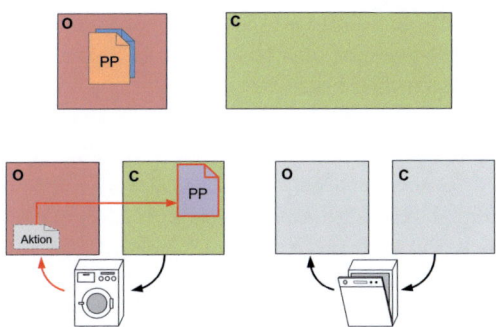

Abbildung 6.4: Erzeugung PP durch lokalen Controller

zentrale Registrar (vgl. dazu Abschnitt 4.3.2) wird der PP an den globalen Observer kommuniziert, wie in Abbildung 6.5 zu erkennen ist. In dem globalen Observer befinden sich in diesem Beispiel bereits einige PPs anderer Haushaltskomponenten. Diese können früher hinzugekommen sein und bleiben so im globalen Observer.

Der globale Observer wiederum beobachtet das Auftreten eines neuen PPs und fügt diesen der Liste an bereits beobachteten PPs hinzu. Wird ein neuer PP von einer lokalen O/C-Einheit zum globalen Observer kommuniziert, so würde ein bereits dort vorhandener, zu einem früheren Zeitpunkt von dieser Quelle kommunizierter, durch den aktuellen verdrängt werden. Ein konkretes Beispiel hierfür wäre, dass der Benutzer den zeitlichen Freiheitsgrad einer Haushaltskomponente nachträglich verkürzt oder verlängert. So müsste ein geänderter PP von der lokalen O/C-Einheit erzeugt und zu dem globalen Observer kommuniziert werden.

Ist eine Haushaltskomponente beispielsweise mit ihrem Programm fertig, so wird an dieser Stelle ein leerer PP an den globalen Observer kommuniziert um anzuzeigen, dass die Haushaltskomponente in einem Ruhezustand ist und aktuell nicht an dem Energiemanagement teilnimmt. Durch das Verdrängen von älteren PPs einer Haushaltskomponente soll sichergestellt werden, dass die aktuell im globalen Observer befindlichen PPs den aktuellen abstrahierten Zustand des gesamten Haushalts darstellen.

Erkennt der globale Observer auf dieser Basis eine Zustandsänderung (vgl. Abbildung 6.5), die eine neue Optimierung erfordert[5], so wird der aktuelle abstrahierte Zustand des Haushalts in Form einer Liste der PPs an den globalen Controller übertragen.

Im globalen Controller werden nun auf Basis eines Optimierungsalgorithmus die Werte der einzelnen Variablen *solution* jedes PPs verändert und mittels der Methode *evaluate(solution)* des PPs bewertet. Die einzelnen resultierenden Lastgänge aus den PPs werden zu einer Gesamtlastkurve kombiniert, die nun mit der im globalen Controller verfügbaren Kostenfunktion bewertet werden kann. Man kann davon ausgehen, dass der globale Löser iterativ arbeitet und somit in jeder Iteration bei jedem PP die Methode *evaluate(solution)* aufgerufen wird und die Ergebnisse mit unterschiedlichen spezifischen Belegungen von *solution* für jeden PP kombiniert werden. Dabei wird in jedem Durchlauf für jeden PP die aktuelle Belegung der Variablen *solution* in dem entsprechenden PP abgelegt.

---

[5]Das Auftreten einer neu programmierten Waschmaschine würde z.B. eine neue Optimierung erfordern, das Auftreten eines leeren PPs z.B. nicht.

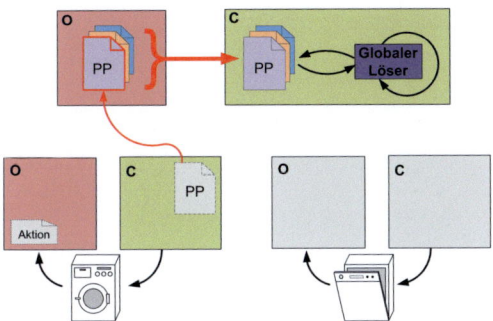

Abbildung 6.5: Beobachtung des PP im globalen Observer und Optimierung im globalen Controller

Terminiert der globale Löser (vgl. Abbildung 6.6) so sendet er alle PPs mit der finalen Belegung der Variable *solution* an die lokalen Controller zurück. In den lokalen Controllern werden nun die Methoden *transformSolution(solution)* aufgerufen, die schließlich die aktuelle Belegung der Variablen *solution* in einen Befehl für die entsprechende Haushaltskomponente übersetzt. Im Fall der Waschmaschine in obigem Beispiel würde die Ganzzahl, die in der finalen Belegung von *solution* steht mit der im PP verfügbaren Information des ursprünglichen Zeitpunkts des „Programmierens" (in dem konkreten Beispiel 10:00h), in einen optimierten Startzeitpunkt für die Waschmaschine transformiert.

Für einen Wert von *solution* = 190 würde also die Waschmaschine nun optimiert um 13:10h starten, anstelle um 10:00h, was der Zeitpunkt ihrer „Programmierung" war.

Ebenso ist in den Abbildungen 6.5 und 6.6 zu erkennen, dass in dem lokalen Observer die „Aktion" weiterhin gespeichert bleibt. Dies ist notwendig, damit der lokale Controller aufgrund der detaillierten Zustandsinformation der „Aktion" entscheiden kann, ob der von der globalen Optimierung gelieferte Befehl von der Haushaltskomponente tatsächlich ausgeführt werden kann. Ebenso überwacht der lokale Controller z.B. das Ende des zeitlichen Freiheitsgrads. Kommt kein geeigneter Startbefehl von der globalen Schicht innerhalb dieser Zeitspanne, so würde der lokale

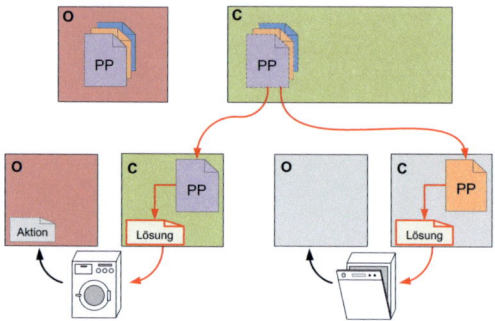

Abbildung 6.6: Kommunikation der PP zu lokalen Controllern und Transformation der Lösung

Controller die Waschmaschine zum Ende des Freiheitsgrads aufgrund einer lokalen Entscheidung starten, um nicht die Restriktion des Freiheitsgrads zu verletzen. Dieser Mechanismus würde auch bei einem Ausfall der globalen Schicht gewährleisten, dass die Haushaltskomponenten in den akzeptablen Grenzen betrieben werden.

Das Entscheidende an dem Prinzip dieser teilproblembasierten Optimierung ist, dass ein PP für alle anderen Komponenten der O/C-Schicht, inklusive der globalen Einheit, gekapselt ist. Nur die lokale Einheit ist in der Lage, ihren spezifischen PP konkret zu interpretieren. Diese Abstraktion wird durch die Definition eines abstrakten *Interface* im Sinne der Objektorientierung für PPs erreicht, das in der globalen O/C-Einheit gehalten wird und das Methoden enthalten muss, die zur Lösung des Gesamtenergiemanagement-Problems notwendig sind.

Zusammenfassend bedeutet dies, dass in einer lokalen O/C-Einheit aus dem „Verantwortungsbereich" dieser Einheit, in der Regel also für eine Haushaltskomponente, ein konkretes Optimierungs-(Teil-)Problem formuliert wird. Dieses wird gemäß des PP-Interfaces abstrahiert und in der globalen O/C-Einheit als abstraktes (Teil-)Problem für die Optimierung verwendet. Die konkrete Lösung wird in der lokalen O/C-Einheit aus dem übermittelten optimierten PP decodiert.

Auf diese Weise wird eine Entkopplung zwischen der Optimierung des Gesamtenergiemanagements im Haushalt und der Optimierung der Teilprobleme für zumeist stark unterschiedliche Haushaltskomponenten erzielt. Kommen neue Klassen von Haushaltskomponenten hinzu, ist es lediglich erforderlich, für diese eine neue lokale O/C-Einheit zu entwickeln, sodass deren evtl. neue Funktionalitäten in das Energiemanagement integriert werden können. Ebenso können, aufgrund des modularen Aufbaus des Gesamtproblems aus Teilproblemen, auf einfache Art und Weise unterschiedliche Konfigurationen von Haushaltskomponenten in verschiedenen Haushalten mit dem gleichen Gesamtenergiemanagement-System betrieben werden. Auch auf das plötzliche Fehlen von Komponenten, beispielsweise durch Entsorgung, reagiert es robust. Die Konfiguration ist durch die abstrakte Repräsentation der Teilprobleme durch PPs für das Gesamtenergiemanagement-System vollständig gekapselt.

Diese Modularität ist ein wesentliches Designkriterium des Organic Smart Home und realisiert damit die Forderung des Organic Computing nach der Gestaltung eines komplexen technischen Systems, das robust und flexibel auf Veränderungen in seiner Umwelt reagiert und erweiterbar ist (vgl. Abschnitt 4.1). Sie ist das Ergebnis der konsequenten Anwendung der generischen O/C-Architektur im Organic Smart Home, die zusätzlich die oben beschriebene Entkoppelung durch einen hierarchischen Aufbau ermöglicht (vgl. Abschnitt 4.2.1). Damit entfällt auch eine Neuformulierung der Zielfunktion sowie der Nebenbedingungen zur Lösung des Optimierungsproblems, wie sie in Abschnitt 5.2 vorgestellt wurde.

Diese Idee der Partitionierung des Gesamtproblems im Energiemanagement in PPs ermöglicht darüber hinaus den Einsatz verschiedener Optimierungsverfahren, da, dank der Abstraktion, keine konkrete Kenntnis des zugrunde liegenden Systems erforderlich ist. Auf eine Möglichkeit der Umsetzung wird im folgenden Abschnitt eingegangen.

6.2 Teilproblembasierter evolutionärer Algorithmus

Zur Lösung des Optimierungsproblems für das Energiemanagement wird in der vorliegenden Arbeit der Einsatz eines evolutionären Algorithmus vorgeschlagen. In Abschnitt 5.3.2 wurde diese Möglichkeit der Optimierung angesprochen und in [APS12] wurde erfolgreich gezeigt, dass mit dem Organic Smart Home in Verbindung mit dem Einsatz evolutionärer Algorithmen ein Energiemanagement-Problem für Haushaltskomponenten gelöst werden kann.

Der Unterschied zu dem Ansatz der vorliegende Arbeit ist, dass in [APS12] der evolutionäre Algorithmus mit allen notwendigen Elementen zentral im globalen Controller betrieben wird, was insbesondere zu einer unzureichenden Flexibilität führt, die aus der nötigen Veränderung der Zielfunktion bei Veränderung der Konfiguration resultiert.

Im Folgenden soll davon ausgehend dargestellt werden, wie im Organic Smart Home ein *teilproblembasierter evolutionärer Algorithmus* auf Basis des in Abschnitt 6.1 vorgestellten Ansatzes der Problempartitionierung eingesetzt werden kann.

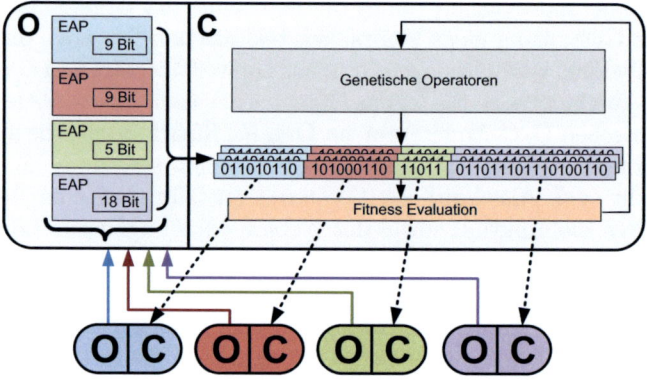

Abbildung 6.7: Evolutionärer Algorithmus im Organic Smart Home

Der im vorigen Abschnitt beschriebene PP stellt ein verallgemeinertes theoretisches Konstrukt für die teilproblembasierte Optimierung im Kontext einer O/C-Architektur dar. Dieses Konstrukt soll nun in diesem Abschnitt in Form von angepassten PPs für einen evolutionären Algorithmus zu einem *EA-Problem Part* (*EAP*) konkretisiert werden. Ein EAP stellt somit ein Teilproblem für einen evolutionären Algorithmus

(EA) dar. Ein EAP ist, wie der PP, ein Objekt, welches ein Teilproblem zum Gesamtenergiemanagement-Problem beinhaltet. Er enthält damit alle relevanten Aspekte für die gegebene, mit der lokalen O/C-Einheit assoziierten Haushaltskomponente.

Die EAPs werden in den lokalen O/C-Einheiten erzeugt und über das Registrar (vgl. dazu Abschnitt 4.3.2) an den globalen Observer kommuniziert. Dieser aggregiert, wie in Abbildung 6.12 dargestellt, die einzelnen EAPs. Dies entspricht der Erstellung einer Liste von PPs (vgl. Abschnitt 6.1).

Die eigentliche Optimierung, der evolutionäre Algorithmus, läuft in der globalen Controller-Einheit ab, wie aus Abbildung 6.7 zu entnehmen ist. Die Informationen zur Erstellung der dazu benötigten Individuen erhält der globale Controller vom globalen Observer in Form einer Menge von EAPs. Für die Individuen kommt eine klassische Bitvektor-Repräsentation zum Einsatz, die den *SolutionType* darstellt (vgl. PP in Abschnitt 6.1). Diese Bitvektoren enthalten alle Informationen, die für die Aktion der einzelnen Haushaltskomponente im aktuellen Optimierungshorizont relevant sind. Im globalen Controller werden die Bitvektoren der einzelnen EAPs zu einem großen Bitvektor zusammengefasst. Dieser stellt ein Individuum im Sinne des evolutionären Algorithmus dar.

In der globalen O/C-Einheit werden die EAPs nur noch basierend auf dem abstrakten Interface, das sie implementieren, behandelt, wie dies für die PP bereits in Abschnitt 6.1 erläutert wurde. Dieses abstrakte Interface sorgt für die notwendige Generalität, sodass im globalen Controller keine Kenntnisse über die spezifischen Eigenschaften der einzelnen Haushaltskomponenten erforderlich sind, um das Gesamtenergiemanagement-Problem des Haushalts zu lösen und das Ergebnis zu optimieren. Es kann so, ohne dass Änderungen am Optimierungsalgorithmus bzw. seiner Kalibrierung erforderlich sind, konkret die geforderte Flexibilität hinsichtlich der Veränderungen der Konfigurationen gewährleistet werden.

Aus Sicht der Generalisierung ist für die Optimierung lediglich die Länge des Bitvektors entscheidend, der das Teilproblem codiert. Wie farblich in Abbildung 6.7 hervorgehoben, hat der Bitvektor jedes EAPs eine spezifische Länge, die erforderlich ist, um sein Teilproblem zu lösen. Das Gesamtproblem, das aus den einzelnen Bitvektoren der EAPs zusammengesetzt ist, stellt ein Muster für die Individuen dar, die für den evolutionären Algorithmus benötigt werden. Zur Initialisierung der Optimierung werden in der vorliegenden Arbeit[6] anfänglich zufällig so viele Individuen erzeugt, wie in der Startpopulation gewünscht sind und zufällig belegt. Im Folgenden soll genauer auf die Eigenschaften der EAPs eingegangen werden.

6.2.1 EA-Problem Part (EAP)

Das abstrakte Interface eines EAPs, wie in Abbildung 6.8 zu erkennen ist, verfügt über mehrere Methoden. Zunächst ist hier die Methode zur Abfrage der Länge des Bitvektors zu nennen (*getBitCount()*), da diese für jeden neu erzeugten EAP unterschiedlich sein kann. Diese Methode geht auf die Variable *solutionType* des PPs zurück, jedoch ist im konkreten Fall für die Bitcodierung lediglich die Länge des Vektors entscheidend. Diese wird von mehreren Faktoren beeinflusst und hängt daher von der konkreten Instanz des Teilproblems ab und kann von Optimierungshorizont zu Optimierungshorizont variieren.

Jeder einzelne EAP enthält eine spezifische Lastkurve für die Optimierung. Diese partielle Lastfunktion wird über *getSchedule()* (analog PP: *evaluate()*) abgerufen; übergeben wird dabei der Bitvektor wie es in Abbildung 6.7 dargestellt ist. Als Rückgabewert berechnet diese Methode die Lastkurve und gibt Auskunft über eventuelle zusätzliche Kosten, die bei dem Betrieb einer Haushaltskomponente entstehen können. Ein Beispiel für zusätzliche Kosten wären erhöhte Kosten pro Einschaltvorgang eines BHKWs oder dessen Gasverbrauch. Beide Bestandteile des Rückgabewerts können über alle an der Optimierung beteiligten EAPs zu der Gesamtlastkurve kombiniert werden.

Da ein EAP, wenn er einmal an den Globalteil kommuniziert wurde, eventuell für mehr als einen Optimierungsvorgang genutzt wird, ist es erforderlich, dass der EAP eine Funktion enthält, die es ermöglicht die Bitcodierung und somit auch die Länge des Bitvektors anzupassen. In der Regel ist eine solche erneute Optimierung notwendig, wenn sich, z.B. durch das Hinzukommen eines neuen EAPs, der Zustand des Haushalts entscheidend ändert. Die anderen EAPs, die sich bereits im globalen Observer befinden, müssen nun relativ zu dem aktuellen Zeitpunkt angepasst werden. Hierfür ist die Methode *recalculateEncoding()* verant-

---

[6]Hier sind auch andere Strategien möglich.

wortlich. Diese weist den EAP an, die Länge sowie die Codierung auf die neuen Gegebenheiten anzupassen. Die Anpassung kann notwendig sein, wenn die vom EAP definierte Bitcodierung von einem festen Zeitpunkt abhängt. Dieser Fall könnte beispielsweise in Zusammenhang mit den im folgenden Abschnitt näher erläuterten EAP der zeitabhängigen Haushaltskomponenten auftreten. Bei diesem EAP stellt die Codierung die relative Zeitspanne zwischen dem Optimierungszeitpunkt und dem spätestmöglichen Startzeitpunkt der Haushaltskomponente dar. Diese würde sich reduzieren, falls ein EAP zu einem späteren Zeitpunkt nochmals für eine Optimierung herangezogen wird, was eine Anpassung der Codierung erforderlich macht. Theoretisch sind für die EAPs diesbezüglich keine Restriktionen vorgegeben und es wird allgemein davon ausgegangen, dass ein EAP zum Zeitpunkt desjenigen Ereignisses erzeugt wird, welches die lokale O/C-Einheit veranlasst, diesen EAP zu formulieren. Er wird daher auch im Kontext des zu diesem Zeitpunkt herrschenden Systemzustands erzeugt. Daher kann des Weiteren davon ausgegangen werden, dass Abhängigkeiten zwischen der Codierung und dem aktuellen Optimierungszeitpunkt existieren.

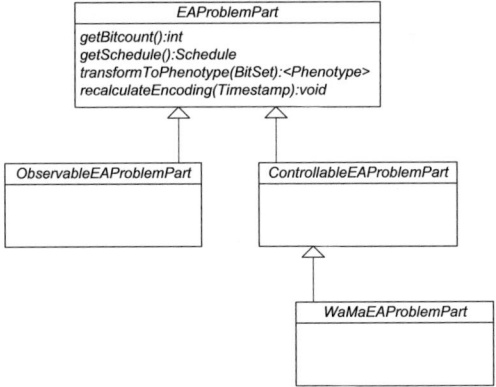

Abbildung 6.8: Vererbungshierarchie der EAP

Nach erfolgter Optimierung dienen die EAPs dazu, den festgelegten Fahrplan an die lokalen Controller zu kommunizieren. Die EAPs enthalten die Lösungsinstanz in Form der aktuellen Bitcodierung, die sich bei der Ausführung des evolutionären Algorithmus als die beste Lösung ergeben hat.

Im lokalen Controller kann dann durch Aufrufen der Methode *transformToPhenotype()* (analog zu *transform()* im PP) dieser Bitvektor in den spezifischen Phänotyp[7] in Form von Steuerparameter für die Komponente umgewandelt werden. Im Falle einer Waschmaschine wäre dies z.b. ein konkreter Startzeitpunkt innerhalb des vorgegebenen Freiheitsgrads, für ein BHKW z.b. ein Fahrplan für den nächsten Optimierungshorizont.

Bei den EAPs werden drei unterschiedliche Typen von Oberklassen unterschieden. Diese stehen in einer Vererbungshierarchie zueinander, wie in Abbildung 6.8 zu erkennen. Die abstrakte Oberklasse bildet der *EAProblemPart*. Diese wird von der globalen O/C-Einheit genutzt um die EAP zu verwalten, da es sich hierbei um den am meisten abstrahierten Typ handelt. Für die Optimierung ist ausschließlich diese abstrakte Form relevant[8]. Die weitere Unterscheidung erfolgt in *ObservableEAProblemPart* und *ControllableEAProblemPart*. Diese Unterscheidung ist sinnvoll, wenn z.b. von einer nur beobachtbaren Komponente eine Aktion in einem Optimierungshorizont erkannt wurde. Hier besteht zwar nicht die Möglichkeit diese Komponente zu verschieben oder anderweitig zu steuern, jedoch ist es erforderlich, dass der Lastgang dieser Komponente mit in den Optimierungsprozess einfließt und somit ein Bestandteil der Summe der Bewertungsfunktionen wird.

Eine einplanbare Komponente hingegen würde im lokalen Observer zum Zeitpunkt der Einplanung einen *ControllableEAProblemPart* erzeugen. Der Benutzer hat aber, wie in Abschnitt 2.2.5 erläutert, jederzeit die Möglichkeit, eine solche, normalerweise einplanbare, Komponente auch direkt zu starten. Tritt dieser Fall ein, wäre diese Komponente für den nächsten Optimierungshorizont nicht mehr einplanbar. In diesem Fall wird der meist bereits erzeugte *ControllableEAProblemPart* durch die lokale O/C-Einheit zu einem *ObservableEAProblemPart* aktualisiert, der das aktuelle bzw. zukünftige Lastprofil der entsprechenden Komponente enthält, das wiederum im Rahmen der Summenbildung der Bewertungsfunktion mit einfließt.

---

[7]Die Transformation entspricht im Kontext eines evolutionären Algorithmus einer Genotyp/Phänotyp-Transformation (vgl. Abschnitt 5.3.4).

[8]Vgl. dazu die allgemeinen PPs in Abschnitt 6.1.

In den folgenden zwei Abschnitten wird auf zwei unterschiedliche konkrete EAPs eingegangen. Es handelt sich dabei um Repräsentanten zweier interessanter Oberklassen von Haushaltskomponenten, wie sie in Abschnitt 3.4 dargestellt wurden: Zum einen ist dies ein Vertreter der zeitabhängigen, steuerbaren und zum anderen der steuerbaren dauerhaften Haushaltskomponenten.

EAP für zeitabhängige Haushaltskomponenten

Als Repräsentant für die zeitabhängigen Haushaltskomponenten wird ein EAP, beispielsweise für Geschirrspülmaschinen, Waschmaschinen und Trockner, beschrieben. Allgemein ausgedrückt kann dieser EAP für alle Haushaltskomponenten verwendet werden, die über einen zeitlichen Freiheitsgrad $tDoF$ verfügen und bei denen zu Beginn der Optimierung das elektrische Lastprofil bekannt ist (vgl. Abschnitt 5.2).

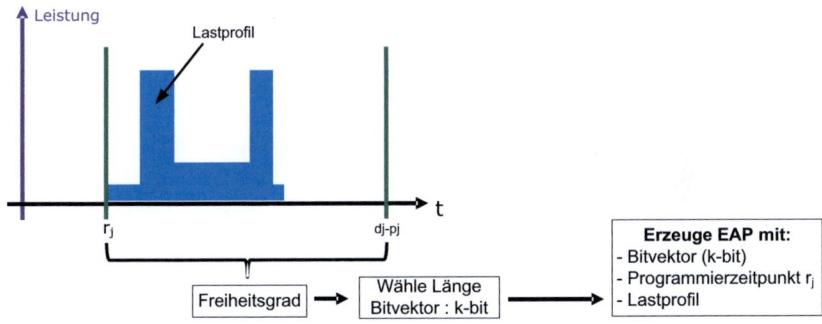

Abbildung 6.9: Erzeugeung des Bitvektors im EAP

Abbildung 6.9 stellt die Codierung für einen solchen EAP dar. Dabei richtet sich die Codierung in diesem Fall nach der Anzahl der Zeitslots ab dem Zeitpunkt r_j, an dem die Haushaltskomponente j freigegeben („programmiert") wurde, wobei die Grundlage dafür die Modellierung in Abschnitt 5.2 bildet. So wird das Zeitintervall zwischen r_j und $d_j - p_j$ im vorliegenden Fall als einfache Binärzahl codiert. Das bedeutet, dass die Länge des Bitvektors, den der EAP von dem Optimierer im globalen

Controller anfordert genauso lang ist, wie Stellen benötigt werden, um die Zahl der maximalen Verschiebung $d_j - p_j - r_j$ zu codieren. Der zeitliche Freiheitsgrad, den der Benutzer festlegt, kann beispielsweise theoretisch zwischen jedem einzelnen Waschgang, also Workitem, einer Waschmaschine variieren. Abhängig von der Größe des Freiheitsgrads würde sich somit auch die Länge des Bitvektors ändern, wobei der spätestmögliche Startzeitpunkt des Geräts in Zusammenhang mit dem jeweiligen Freiheitsgrad und mit der Länge des Workitems steht. Es ist bei dem hier eingesetzten evolutionären Algorithmus erforderlich, dass aus jeder möglichen Belegung des Bitvektors ein valider Phänotyp erzeugt werden kann. Dies wird in diesem Fall dadurch gewährleistet, dass die Anzahl der vorhandenen Zeitintervalle zwischen r_j und $d_j - p_j$ so gewählt wird, dass für jede Belegung ein gültiger Phänotyp entsteht.

Die Verwendung einer einfachen binären Darstellung eignet sich, wie bereits in [Maus12] beschrieben, nicht, da hier die Gefahr der Hammingklippe[9] sehr groß ist und dies zu einem schlechteren Optimierungsergebnis führen kann. Um dies zu vermeiden, kommt an dieser Stelle eine Gray-Codierung zum Einsatz, die in [Weic07] als Standardvorgehen zur Überwindung der Hammingklippe bei derartigen Codierungen genannt wird.

Damit der EAP in der Lage ist, für die Evaluation die für sein Teilproblem resultierende Lastkurve zu liefern, enthält der EAP zudem die für das aktuelle Teilproblem erwartete Lastkurve der Haushaltskomponente. In jedem Evaluationszyklus wird nun durch den EAP der erhaltene Bitvektor in einen Phänotyp übersetzt und mit dem hinterlegten Lastprofil eine resultierende Lastkurve simuliert, wie sie entstehen würde, wenn die Haushaltskomponente zu dem in dem Bitvektor codierten Startzeitpunkt loslaufen würde.

An dieser Stelle soll noch einmal das Beispiel aus Abschnitt 6.1 aufgegriffen werden. Für einen Freiheitsgrad von 360 min werden z.B. 8 bit für die Codierung des *solutionType* (*getBitcount()*) verwendet. Dies entspricht einer zeitlichen Auflösung von ca. 1,4 min. Welche Auflösung tatsächlich gewählt wird unterliegt der Entscheidungshoheit des lokalen

---

[9]Bei einem Hammingabstand zweier Zeichenketten (z.B. 011 und 100), der größer ist als 1, spricht man von Hammingklippe [Weic07], welche den Suchraum stark zerklüftet und die Optimierung erschweren kann.

Controllers. Diese Wahl kann auch problemspezifisch in unterschiedlicher zeitlicher Granularität sinnvoll sein. Entscheidend hierbei ist jedoch, dass alle Belegungen der 8 bit auf die Zahlen 0-360 abgebildet werden und so jede Bit-Belegung einen gültigen Zeitpunkt innerhalb des Freiheitsgrads zurückliefert.

Aufgrund der unterschiedlich gelagerten Eigenschaften von zeitabhängigen und dauerhaften steuerbaren Komponenten ergeben sich auch unterschiedliche Ausprägungen bezüglich der verwendeten EAPs. Am Beispiel eines BHKWs wird im Folgenden auf die Gestaltung des EAPs für letztgenannten Komponenten eingegangen.

EAP für BHKW

Als weiteres Beispiel für einen EAP beschreibt Abbildung 6.10 das Erzeugen eines EAPs für ein BHKW und stellt damit die Codierung für einen Vertreter der Klasse der dauerhaften Haushaltskomponenten dar.

Der Unterschied zu den zeitabhängigen Haushaltskomponenten ist, dass diese Komponenten mehrfach während eines Optimierungshorizonts betrieben werden können, wie es auch in der Modellierung in Abschnitt 5.2 beschrieben wurde. Insbesondere ist die Anzahl der Starts sowie die Laufzeit Gegenstand der Optimierung.

In Abschnitt 5.2 wird die Laufzeit als Vektor mit den aktiven Phasen des BHKW beschrieben:

$$(b_t) = \begin{pmatrix} 0 & 1 & 1 & 0 & 0 & 1 & 1 & 0 & 0 & 1 & 1 & 1 \end{pmatrix}^{\mathsf{T}}.$$

Diese Darstellung eignet sich jedoch, wie im Rahmen der vorliegenden Arbeit experimentell festgestellt wurde, in dieser Art nicht für den eingesetzten evolutionären Algorithmus. Der Grund dafür ist, dass durch eine einzelne 1 oder 0 der Zustand des BHKW geändert wird, was meist dazu führt, dass das BHKW sehr häufig seinen Zustand wechselt. Die Auswirkungen sind dabei ähnlich wie bei der Hammingklippe, die im Zusammenhang mit den zeitabhängigen Haushaltskomponenten beschrieben wurde. Dies bedeutet zum einen schlechtere Ergebnisse und langsamere oder ausbleibende Konvergenz der Optimierung. Ebenfalls konnte festgestellt werden, dass die Gefahr sehr groß ist, dass der evolutionäre Algorithmus sich in einem lokalen Minimum fängt.

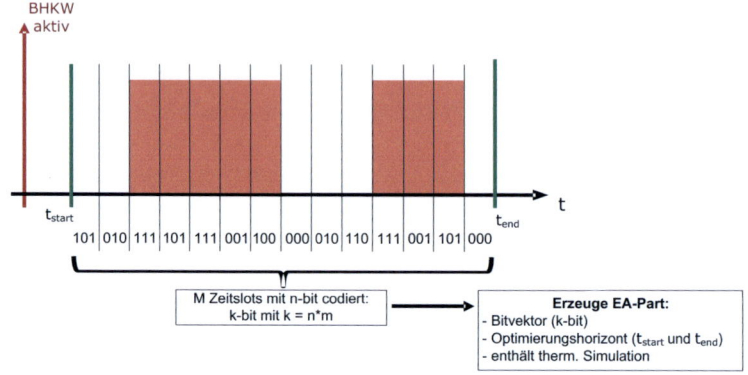

Abbildung 6.10: Erzeugung eines EAP für ein BHKW

Experimentell wird deshalb eine angepasste Codierung vorgeschlagen, wie sie in Abbildung 6.10 dargestellt ist. Dabei ist ein Zustand nicht mit einem, sondern jeweils mit drei Bit codiert. Der in Abbildung 6.11 beschriebene Zustandsübergangsautomat verdeutlicht, wie sich in diesem Fall die Genotyp-Phänotyp-Transformation verhält. Das BHKW bleibt somit so lange in einem Zustand, bis eine Folge von entweder drei Einsen oder drei Nullen in der Zustandscodierung auftreten.

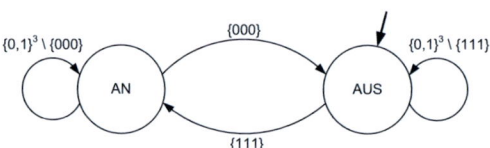

Abbildung 6.11: Zustandsübergang für das BHKW

Analog zu der Codierung für die zeitabhängigen Haushaltskomponenten wird durch diese Systematik auch für das BHKW gewährleistet, dass aus jeder Belegung des Bitvektors ein gültiger Phänotyp entsteht.

Das Generieren der resultierenden Lastkurve beim BHKW stellt sich verschieden von dem der zeitbasierten Haushaltskomponenten dar. Hier enthält der EAP ein thermisches Zustandsmodell des BHKW. Auf dessen

Basis wird der Lauf des BHKW für die gegebene Bitbelegung simuliert und eine resultierende Lastkurve des BHKW ermittelt. Aufgrund der Tatsache, dass das BHKW weitere Restriktionen hat, kann es sein, dass abhängig von dem aktuellen Zustand eine Laufphase, wie sie in dem Bitvektor codiert wurde, nicht vollständig abgearbeitet werden kann, ohne dass das BHKW seine Restriktionen verletzt. Dabei handelt es sich zum einen um die maximale Temperatur des Schichtspeichers und zum anderen um dessen minimale Temperatur. Im einen Fall müsste das BHKW abschalten und könnte nicht mehr zum Lastausgleich dienen und im anderen Fall müsste es sich zwingend einschalten, um nicht die Minimaltemperatur des Schichtspeichers zu unterschreiten.

Der vollständige Ablauf einer Optimierung mithilfe von EAPs wird im folgenden Abschnitt zusammenfassend dargestellt.

6.2.2 Optimierung im globalen Controller

Einen Gesamtüberblick über das Vorgehen während der Optimierung im globalen Controller verschafft Abbildung 6.12. Zunächst werden die EAPs, wie bereits in Abbildung 6.6 ausführlich dargestellt, im globalen Observer gesammelt und bei einem signifikanten Zustandswechsel an den globalen Controller kommuniziert, wo die eigentliche Optimierung basierend auf dem evolutionären Algorithmus stattfindet.

Aus den Längen der Bitvektoren, die aus den EAPs für die einzelnen Teilprobleme entnommen werden, wird die initiale Population erzeugt. Dabei wird ein Bitvektor erzeugt mit der Summe der einzelnen Bitvektoren der EAPs als Länge. Ein solcher Bitvektor stellt im Rahmen des evolutionären Algorithmus ein Individuum dar. In ihm sind alle veränderbaren Parameter codiert, die erforderlich sind, um die Optimierung des Hauslastgangs für den nächsten Optimierungshorizont zu realisieren.

143

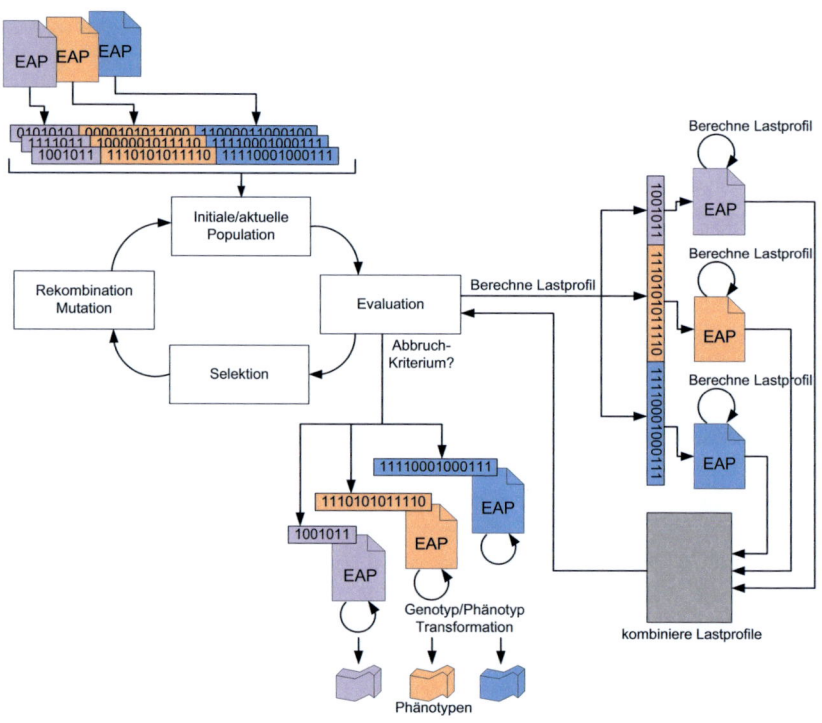

Abbildung 6.12: Ablauf der Optimierung im globalen Controller

Im Rahmen der Evaluation (vgl. dazu Abschnitt 8.4.6) hat sich eine Populationsgröße von 100 Individuen als günstig erwiesen. Die Startpopulation wird zufällig gewählt, d.h. es werden 100 solcher Bitvektoren erzeugt, die Belegungen der Vektoren zufällig gewählt und dem Problemlöser übergeben, wie es in Abbildung 6.12 zu erkennen ist. In jeder Iteration evaluiert der Löser die Gesamt-Fitness jedes Individuums. Hierzu muss das Individuum wieder in die einzelnen Elemente unterteilt und den einzelnen EAPs zur Verfügung gestellt werden. Ein entsprechendes Mapping zwischen Bitvektoren und zugehörigen EAPs wird im Controller gehalten. Die EAPs verfügen über eine Methode, wie in Abschnitt 6.2 beschrieben, die in der Lage ist, auf Basis ihres jeweiligen Bitvektor-Fragments des Individuums ein Lastprofil zu berechnen und der Funktion zur Kombination der Lastprofile zu übergeben, wie in Abbildung 6.12 zu erkennen ist.

Dieser Prozess läuft in dem globalen Controller so lange ab, bis die Abbruchbedingung erfüllt ist. Als Abbruchbedingung wurde hier die maximale Anzahl an Generationen gewählt, wobei auf die Konfiguration des evolutionären Algorithmus näher in Abschnitt 8.4.6 eingegangen wird. Nach beendeter Optimierung werden die EAPs mit dem finalen Bitvektor als Ergebnis der Optimierung über das Registrar zu den einzelnen lokalen Controllern übermittelt. Innerhalb des lokalen Controllers wird die Genotyp/Phänotyp Transformation in den EAPs aufgerufen. Das Ergebnis ist der optimierte Ablaufplan einer einzelnen Komponente für den nächsten Optimierungshorizont.

Im folgenden Abschnitt wird der Vorgang der teilproblembasierten Optimierung anhand des bereits teilweise bekannten Beispiels illustriert.

6.2.3 Beispiel für eine teilproblembasierte Optimierung

Die folgende, detaillierte Beschreibung eines beispielhaften Ablaufs der teilproblembasierten Optimierung anhand zweier Haushaltskomponenten wird in Abbildung 6.13 sukzessive visualisiert.

In der Anfangskonfiguration zum Zeitpunkt der „Programmierung" der Waschmaschine befindet sich bereits ein EAP, der von der lokalen O/C-Einheit der Spülmaschine (SP) stammt, in dem globalen Observer. Dieser wurde um 7:00h erzeugt. Vom Benutzer wurde dabei ein Freiheitsgrad von 570 min festgelegt. Der lokale Controller konstruierte auf dieser Basis einen EAP mit einem Bitvektor der Länge 9 bit, in dem die mögliche Verschiebung um 570 min codiert ist. Der ursprüngliche Startzeitpunkt 7:00h wurde ebenfalls im EAP gespeichert sowie das durch die Spülmaschine (bzw. ihren Treiber, vgl. dazu Abschnitt 4.3.3) übermittelte Lastprofil. Aufgrund des Auftretens dieses EAP wurde eine Optimierung im globalen Controller angestoßen. Der EAP verbleibt im Observer, da er bisher nicht durch einen anderen EAP der Spülmaschine verdrängt wurde, was bedeutet, dass die Spülmaschine noch nicht ihr Programm begonnen hat und somit noch an einer Optimierung durch erneute Verschiebung des Startzeitpunkts teilnehmen kann.

Um 10:00h wird die Waschmaschine (WaMa) „programmiert", was in deren lokalen Controller zur Erzeugung eines EAP führt. Der Benutzer hat für die Waschmaschine einen Freiheitsgrad von 360 min festgelegt. Dieser wird in diesem Fall mit 8 bit codiert. Analog zur Spülmaschine werden auch hier das Lastprofil und der ursprüngliche Startzeitpunkt in dem EAP abgelegt.

Der globale Observer erkennt nun durch die Kommunikation über das Registrar einen zweiten EAP. Dies führt dazu, dass der globale Controller erneut eine Optimierung durchführen muss, diesmal mit beiden beiden EAPs (Spülmaschine und Waschmaschine).

Von dem Zeitpunkt der ursprünglichen Optimierung sind inzwischen jedoch 3 Stunden vergangen. Die Abbildung der Bitcodierung auf einen Startzeitpunkt ist für die Spülmaschine nicht mehr gültig, da einige Werte in die Vergangenheit zeigen würden. Da der globale Controller am Zeitstempel (*Timestamp*) des EAPs der Spülmaschine erkennt, dass dieser schon drei Stunden alt ist, ruft er die Methode *recalculateEncoding()* auf. Dieser Aufruf weist den EAP an, seine Abbildung von dem Bitvektor auf den Startzeitpunkt neu zu berechnen. Da um 10:00h nur noch 390 min von den ursprünglichen 570 min des zeitlichen Freiheitsgrads verblieben sind, ändert der EAP der Spülmaschine die Länge seines Bitvektors auf 8 bit.

Die beiden, nun aktuellen, EAPs werden für die Optimierung herangezogen. Dazu werden von beiden EAPs die Länge der jeweiligen Bitvektoren abgefragt (*getBitcount()*) und auf dieser Basis die Individuen der Startpopulation zufällig erzeugt. Dabei ist jedes Individuum ein Bitvektor der Länge 16 - je 8 bit für die Spülmaschine und die Waschmaschine.

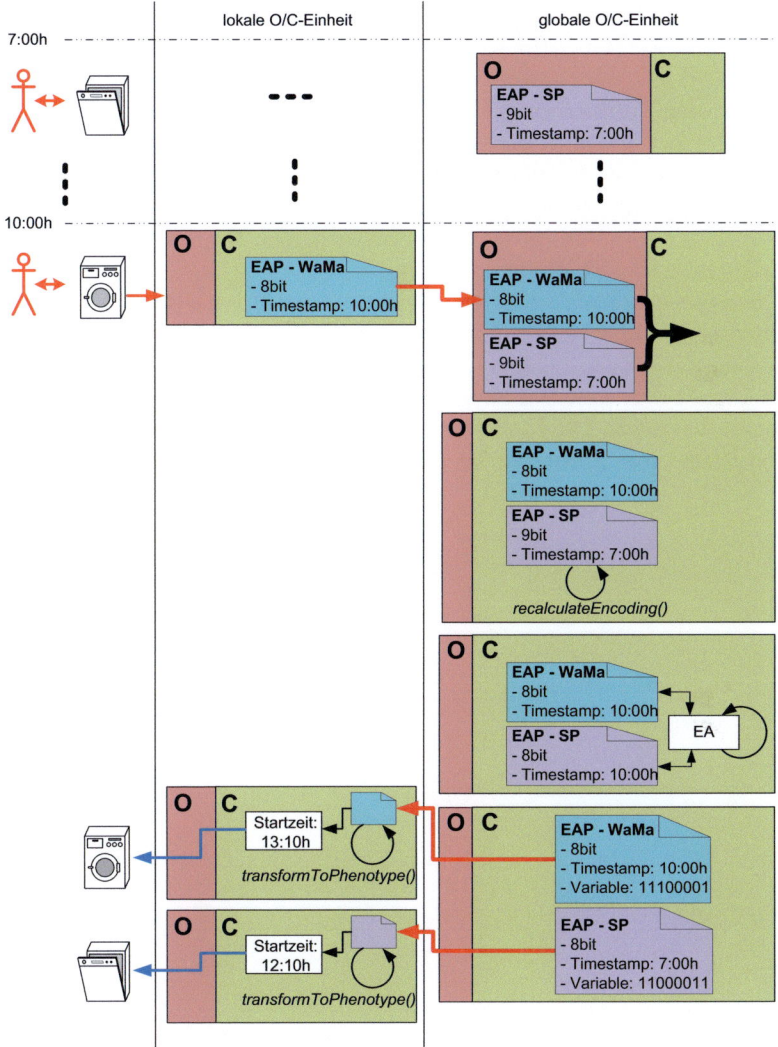

Abbildung 6.13: Ablauf des teilproblembasierten evolutionären Algorithmus im Detail

In jedem Evaluationszyklus werden für jedes Individuum die resultierenden Lastkurven (*getSchedule()*) kombiniert zu einer Gesamtlastkurve. Diese wird mit der Bewertungsfunktion im globalen Controller evaluiert. Nach der Terminierung der Optimierung werden die EAPs mit der Bit-Belegung aus dem besten Individuum der finalen Population an die lokalen Controller kommuniziert. Diese transformieren (*transformToPhenotype()*) die Bitvektoren in resultierende, zulässige Startzeitpunkte und übermitteln diese an die mit ihnen assoziierten Haushaltskomponenten (Spülmaschine und Waschmaschine).

In diesem Beispiel wäre die Belegung des Bitvektors des EAPs der Waschmaschine 11100001, was der Gray-Codierung der Verschiebung des Startzeitpunkts um 190 min entspricht. Die Waschmaschine würde folglich um 13:10h das vom Benutzer gewählt Waschprogramm beginnen. Die Basis sowie weiter Eigenschaften des im Organic Smart Home eingesetzten evolutionären Algorithmus ist dem Folgenden zu entnehmen.

6.3 Konkret eingesetzter evolutionärer Algorithmus

Die Realisierung des evolutionären Algorithmus im globalen Controller erfolgte auf Basis des JMetal-Frameworks [DuN11].

JMetal ist ein in Java implementiertes Optimierungsframework, dass insbesondere Implementierungen für evolutionäre Algorithmen enthält. Ein hervorstechender Vorteil an JMetal ist die sehr streng durchgehaltene objektorientierte Struktur, die es ermöglicht, einzelne Elemente des Optimierers auszutauschen. So ist man z.b. recht frei in der Wahl und Anzahl der genetischen Operatoren. Aufgrund dieser Konstellation fügt sich das JMetal-Framework sehr gut in das Organic Smart Home ein.

Tabelle 6.1: Konfiguration des evolutionären Algorithmus

Typ	JMetal Klasse	Parameter	Konfiguration
Evolutionärer Algorithmus	gGA-Multi-Thread	maxEvaluations	10000
Population	-	populationSize	100
Selektions-operator	Binary-Tournament	–	–
Rekombinations-operator	SinglePoint-Crossover	probability	0,8
Mutations-operator	BitFlip-Mutation	probability	0,095

Als konkreter Algorithmus wurde hier der gGA aus JMetal eingesetzt. Es handelt sich dabei um einen generischen Genetischen Algorithmus (gGA), dessen Konfiguration für die vorliegende Arbeit aus Tabelle 6.1 zu entnehmen ist. Auf die Bestimmung der einzelnen Parameter erfolgte experimentell und wird in Abschnitt 8.4.6 näher erläutert.

6.4 Prädiktion von Ereignissen

Die Aufgabe der Prädiktion von Ereignissen ist es, für einen Optimierungshorizont die Ausgangslage hinsichtlich der Erwartung kommender Ereignisse zu verbessern. Diese sind ohne Prädiktion zum Zeitpunkt, an dem die Optimierung instanziiert wird, noch nicht bekannt und können daher nicht in das Energiemanagement einbezogen werden. Eine Prädiktion kann ebenso eingesetzt werden, um die wahrscheinliche Entwicklung kontinuierlicher Zustände, wie beispielsweise die Temperatur eines Raums, vorherzusehen und diese Informationen in eine Optimierung einfließen zu lassen.

In Abbildung 6.14 wird exemplarisch visualisiert, wie sich eine Prädiktion von einzelnen Ereignissen auswirken kann. Die Ausgangssituation ist in Abbildung 6.14(a) dargestellt. Man erkennt, dass zum Optimierungszeitpunkt t_{opt} die Teilprobleme zweier Haushaltskomponenten bekannt sind (vgl. Problem-Part (PP) in Abschnitt 6.1). Das dritte Teilproblem, das der Spülmaschine, tritt erst nach dem Optimierungszeitpunkt auf und ist dem Energiemanagement ohne Prädiktion daher nicht bekannt. Mit dem Kenntnisstand der zwei Teilprobleme (Waschmaschine und BHKW) zu t_{opt} würde sich beispielsweise ein optimierter Ablaufplan ergeben wie er in Abbildung 6.14(b) dargestellt ist.

Hierbei fällt auf, dass die Last der Waschmaschine durch das BHKW weitgehend ausgeglichen wird, erkennbar in der resultierenden Lastkurve in Abbildung 6.14(d). Beide Teilprobleme (Waschmaschine und BHKW) waren zum Zeitpunkt der Optimierung bekannt und flossen so mit in diese ein. Durch das spätere Hinzukommen des Teilproblems der Spülmaschine findet eine Koordination zwischen Spülmaschine und BHKW findet in diesem Fall jedoch nicht statt, da die Spülmaschine nicht Bestandteil der früheren Optimierung war und das BHKW sich eventuell zum Zeitpunkt des Auftretens des Teilproblems der Spülmaschine in einem Zustand befindet, in dem es nicht direkt wieder anspringen kann, um die Last der Spülmaschine auszugleichen. Daher geht es zu einem späteren Zeitpunkt erneut an, ohne mit anderen Teilproblemen koordiniert worden zu sein, was sich in der resultierenden Lastkurve (vgl. Abbildung 6.14(d)) dadurch bemerkbar macht, dass die Last der Spülmaschine nicht durch das BHKW ausgeglichen wird.

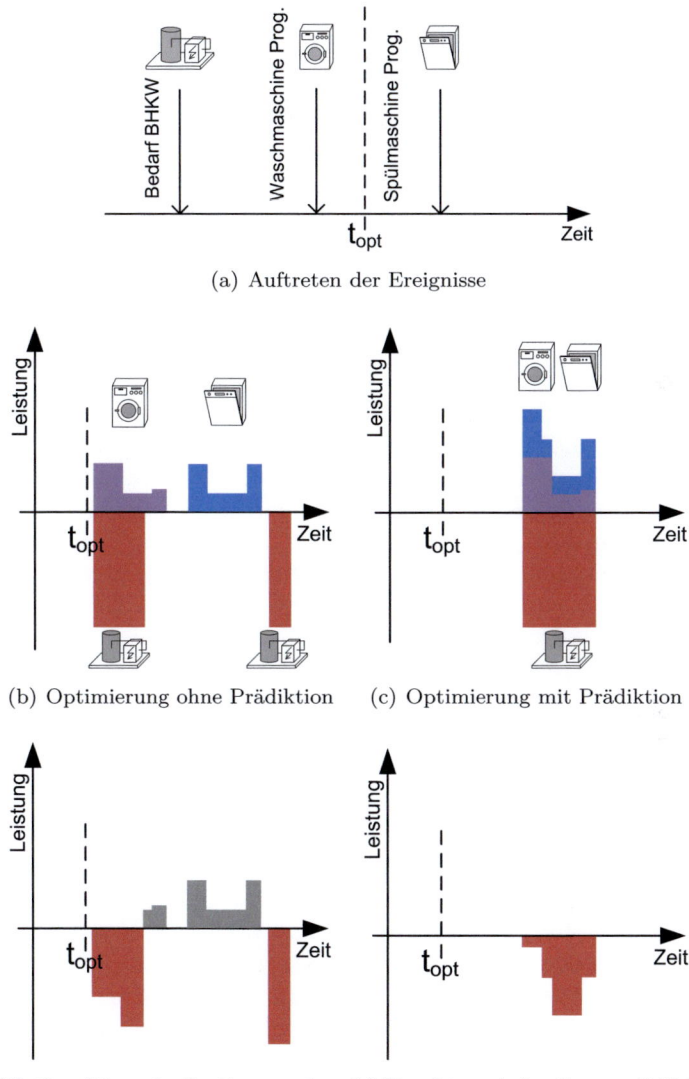

(a) Auftreten der Ereignisse

(b) Optimierung ohne Prädiktion   (c) Optimierung mit Prädiktion

(d) Resultierende Lastkurve ohne (e) Resultierende Lastkurve mit Prä-
Prädiktion   diktion

Abbildung 6.14: Auswirkungen der Prädiktion

Anders verhält es sich in der Situation, die in Abbildung 6.14(c) dargestellt ist. Hier kommt ein Prädiktionsmechanismus zum Einsatz. Dieser sagt in einem idealisierten Fall das Auftreten der Spülmaschine zum Zeitpunkt der Optimierung t_{opt} voraus, sodass ein „Platzhalter" geschaffen wird, der es erlaubt, dass alle Geräte im Optimierungshorizont zueinander passend koordiniert werden. So ist in Abbildung 6.14(e) zu erkennen, dass in diesem Szenario durch die Prädiktion des Teilproblems der Spülmaschine und dessen tatsächliches Auftreten um den prädizierten Zeitpunkt dazu führt, dass die gesamte Last aller in diesem Szenario aktiven Haushaltskomponenten durch das BHKW ausgeglichen werden kann. Somit führt die Prädiktion von Teilproblemen hier zu einem deutlich verbesserten Optimierungsergebnis.

Je nach betrachteter Haushaltskomponente können dabei unterschiedliche Verfahren der Prädiktion sinnvoll sein. In diesem Abschnitt sollen zwei davon vorgestellt werden, die auch einen Beitrag zur Evaluation in der vorliegenden Arbeit leisten. Zum einen wird bei den zeitabhängigen Haushaltskomponenten eine Prädiktion benötigt. Diese soll den nächsten Einsatzzeitpunkt sowie den wahrscheinlichen zugehörigen Freiheitsgrad $tDoF$ vorhersehen. Dieser wird durch den Benutzer in der Zukunft gewählt werden. Daher entspricht die Prädiktion der zeitabhängigen Haushaltskomponenten einer Vorhersage des Benutzerverhaltens. Dazu ist es zunächst nötig, eine formale Repräsentation dafür zu finden. Als konkretes Prädiktionsverfahren wird das *Tagestypen-Modell* nach Bao et al. [BAS11] vorgestellt und die Einbindung einer Vorhersage der zeitabhängigen Haushaltskomponenten in das Organic Smart Home erläutert.

Zum anderen kommt eine Prädiktion zum Einsatz, die die Temperatur im Schichtspeicher des BHKW vorhersagt. Dabei handelt es sich um einen physikalischen Zustandsverlauf und stellt kein Ereignis dar. Der Unterschied zu den einzelnen Ereignissen (vgl. Waschmaschine) ist hier, dass eine kontinuierliche Beobachtung und Beeinflussung des Verlaufs (z.B. Temperatur im Schichtspeicher) möglich ist. Eine signifikante Änderung des Zustands durch eine Benutzerinteraktion ist auch in diesem Fall möglich jedoch ist nicht in jedem Fall eine konkrete Reaktion notwendig. Ein Beispiel wäre das Benutzen der Dusche durch den Bewohner, was zu einem plötzlichen und teilweise starken Abfall der Temperatur im Schichtspeicher führen kann. Eine Inbetriebnahme des BHKW ist jedoch nach diesem Ereignis nicht in jedem Fall notwendig, sondern eher vom aktuellen Zustand des Speichers abhängig. Die vorliegende Arbeit betrachtet an dieser Stelle daher ausschließlich das physikalische Modell des Schichtspeichers, wie es in Abschnitt 6.4.4 erläutert wird.

6.4.1 Repräsentation von Benutzerverhalten

Eine Prädiktionsmöglichkeit, die zur Verbesserung der Ergebnisse eines Energiemanagement-Systems beitragen kann, ist die Vorhersage des Benutzerverhaltens. Die Aspekte, die im Folgenden zusammenfassend dargestellt werden, orientieren sich dabei im Wesentlichen an den Arbeiten in [BAS11].

Zunächst wird zur Vorhersage des Benutzerverhaltens dessen formale Repräsentation benötigt. Hierbei werden nun ausschließlich Haushaltskomponenten betrachtet, die in Abschnitt 3.4 als zeitabhängige Haushaltskomponenten klassifiziert wurden. Das Verhalten dieser Haushaltskomponenten ist maßgeblich durch den Benutzer bestimmt. Die Waschmaschine kann in diesem Zusammenhang als Beispiel genannt werden: Sie kann nur in Betrieb gehen, wenn ein Programm ausgewählt wurde. Darüber hinaus sollte sie sinnvollerweise zuvor mit Wäsche befüllt worden sein.

Für die Prädiktion können diese Haushaltskomponenten dahin gehend abstrahiert werden, dass sie auf die Zustände *an*, *aus* oder *programmiert* reduziert werden. Hierbei entsprechen *an* und *aus* den Zuständen von klassischen Haushaltskomponenten bzw. solchen, die, wie z.B. ein Herd, nicht von einem Energiemanagement steuerbar sind (vgl. Abschnitt 3.4). Den Zustand *programmiert* können kommunikationsfähige und steuerbare Haushaltskomponenten annehmen, die in diesem Zustand vom Benutzer einen Freiheitsgrad vorgegeben bekommen haben können. Innerhalb dieses Freiheitsgrads kann das Energiemanagement sie einplanen.

Für die Prädiktion sind an dieser Stelle sowohl die klassischen als auch die kommunikationsfähigen Haushaltskomponenten interessant. Die vom Energiemanagement steuerbaren, weil sie in ihrer Aktion im Rahmen des zeitlichen Freiheitsgrads verschoben werden können, und die nur beobachtbaren, da sie, wie beispielsweise der Herd, eventuell eine erhebliche elektrische Last darstellen. Bei Letzteren kann es daher für das

Energiemanagement sinnvoll sein, diese zuerst einzuplanen und eventuell andere, flexiblere Haushaltskomponenten darum herum zu planen.

Die Zustände beider Komponenten können für die Prädiktion auf zwei Zustände (*an/aus* bzw. *0/1*) reduziert werden. Diese Reduktion ist möglich, da bei den steuerbaren Haushaltskomponenten nicht der Startzeitpunkt (*an*) interessant ist, sondern vielmehr der Zeitpunkt, an dem sie *programmiert* werden. Dieser Zusammenhang wurde bei der konkreten Umsetzung des Energiemanagements in Abschnitt 6.2.1 nochmals verdeutlicht.

Eine Haushaltskomponente wird im Folgenden in ihrer binären Darstellung als Dienst bezeichnet. Man betrachtet die Menge der verfügbaren Dienste S. Der Zustand, in dem sie zum Zeitpunkt $t \in \mathbb{N}$ sind, wird durch die Funktion $st : S \times \mathbb{N} \rightarrow \{1, 0\}$ repräsentiert.

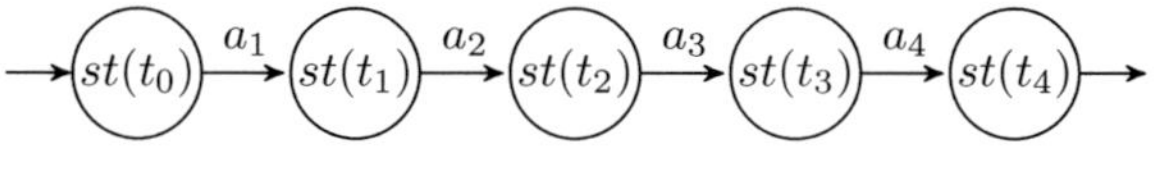

$$\rightarrow \boxed{st(t_0)} \xrightarrow{a_1} \boxed{st(t_1)} \xrightarrow{a_2} \boxed{st(t_2)} \xrightarrow{a_3} \boxed{st(t_3)} \xrightarrow{a_4} \boxed{st(t_4)} \rightarrow$$

Abbildung 6.15: Ereignisse als Sequenz von Aktionen, entnommen aus [BAS11]

Dabei ist es eine Möglichkeit, die im Folgenden aufgegriffen werden soll, die zeitliche Sequenz der Zustände der Dienste als Zeitreihe von Benutzeraktionen aufzufassen, wie es in Abbildung 6.15 dargestellt ist. In der Regel ist dabei der Benutzer für den Wechsel eines Zustands $st(t_n)$ in einen Zustand $st(t_{n+1})$ verantwortlich. Als Beispiel kann hier wieder das Befüllen und Programmieren einer Waschmaschine aufgegriffen werden.

Jede Aktion $a = (T_y, t_a)$ ist ein Tupel aus einem Aktionstyp $T_y \in \mathcal{AT} = S \times \{1, 0\}$ und einer Zeit t_a. Der Aktionstyp beschreibt dabei einen Dienst und einen Zustand, t_a ist die Zeit, zu der der Zustandswechsel durch die Aktion passiert. Der Raum der dabei möglichen Aktionen wird bezeichnet als $\mathcal{A} = \mathcal{AT} \times \mathbb{N}$. Für eine Sequenz von n Aktionen ergibt sich somit $sq = \langle a_1, a_2, \ldots, a_n \rangle$. Dabei ist sq aufsteigend geordnet nach der Zeit t_a der entsprechenden Aktionen. Folglich gilt: $\forall 2 \leq i \leq n : t_{a_{i-1}} \leq t_{a_i}$.

Es ergeben sich dabei Vorteile aus der Betrachtung des Einsatzes von Haushaltskomponenten als Folge von Aktionen: Die Benutzung der Haushaltskomponenten kann erstens formal als unendliche Folge von Aktionen angesehen werden. Auf diese Weise existiert zu jeder Aktion theoretisch eine Nachfolgeaktion. Zweitens komprimiert diese Darstellung bereits alle relevanten Informationen und benötigt dazu deutlich weniger Parameter verglichen mit einer Zeitreihe aus Zuständen von Haushaltskomponenten. Um auf dieser Basis eine Prädiktion zu realisieren, sind verschiedene Verfahren denkbar (vgl. [BAS11]). An dieser Stelle soll das Tagestypen-Modell herausgegriffen werden, welches im nächsten Abschnitt vorgestellt wird.

6.4.2 Tagestypen-Modell

Das Tagestypen-Modell setzt eine gewisse Regelmäßigkeit, was die Benutzung der Haushaltskomponenten betrifft, voraus. Es wird davon ausgegangen, dass die Bewohner eines Haushalts gewisse Routinen in ihrem Lebensablauf haben und sich somit Tage mit ähnlichen Abläufen ergeben. Es wird des Weiteren davon ausgegangen, dass die Menge dieser ähnlichen Tage endlich ist, daher können diese in Gruppen zusammengefasst werden (Clustering, vgl. [DuH73]).

Um die kontinuierliche Sequenz von Aktionen in charakteristische Aktionsreihen für einzelne Tage umzuwandeln, ist es erforderlich, diese aufzutrennen. Es muss also eine *Tagesgrenze* gefunden werden. Betrachtet man das Standard-Lastprofil für deutsche Haushalte, das H0-Profil, so stellt man fest, dass es ein Minimum der durchschnittlichen elektrischen Last zwischen 2 und 6 Uhr nachts gibt (vgl. Abschnitt 3.1).

Man kann annehmen, dass in diesem Zeitraum insbesondere zeitabhängige Haushaltskomponenten, die teilweise eine relativ hohe Last verursachen, nicht betrieben werden, da die Bewohner meist schlafen. Daher wird für das in [BAS11] vorgestellte Tagestypen-Modell 4 Uhr nachts als Tagesgrenze angenommen. Dieser Zeitpunkt wird als das Minimum der Benutzerinteraktion innerhalb 24h eines Tages definiert. Durchaus können natürlich davon unabhängige Haushaltskomponenten gerade verstärkt in diesem Bereich betrieben werden, was abhängig von den externen Signalen an den Haushalt sinnvoll sein kann (vgl. Abschnitt 3.1).

Um Cluster dieser ähnlichen Tage zu bilden, werden die Tage miteinander verglichen. Für diesen Vergleich wird in [BAS11] eine Distanzmetrik vorgeschlagen, die auf Arbeiten von Mannila und Moen [MaR97] zurückgeht. Dort werden drei verschiedene Editieroperationen vorgeschlagen:

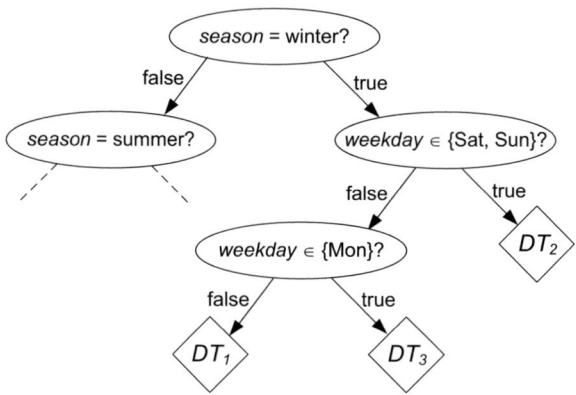

Abbildung 6.16: Beispiel eines Entscheidungsbaum für Tagestypen DT_i, entnommen aus [BAS11]

verschieben, einfügen und löschen. Jede dieser Operationen hat spezifische Kosten, die so modelliert sind, dass die Distanz als Anzahl der Prädiktionsfehler aufgefasst werden kann.

Dabei haben die Einfüge- und die Löschoperation jeweils Kosten von einem Punkt. Die Kosten für die Verschiebeoperation hängen von der Anzahl der Schritte ab, um die eine einzelne Aktion verschoben werden muss, damit eine Überdeckung mit einer anderen Sequenz auftritt. Die maximale Verschiebedistanz ist dabei limitiert auf 12 Stunden in die Vergangenheit oder in die Zukunft.

Sollte also eine Aktion mehr als 12 Stunden zur nächsten gleichartigen Aktion verschoben werden müssen, so werden diese als nicht gleichartig aufgefasst. Die daraus resultierenden Kosten entsprechen damit einer gleichzeitigen Einfüge- sowie Löschoperation und lassen sie wie folgt bestimmen:

$$cost(move) = \min \left\{ 2, 2 \cdot \frac{|t_1 - t_2|}{12h} \right\} \ .$$

Die Distanz zwischen zwei Sequenzen ist somit gleich der aufsummierten Kosten der Operationen die für den kostengünstigsten Pfad[10] erforderlich sind, um die eine Sequenz in die andere zu überführen.

Nachdem die Gruppierung der Tagestypen (Clustering) durchgeführt wurde, werden die Assoziationsregeln zwischen den Tagestypen und Kontexten, in denen sie auftreten, im Rahmen einer Entscheidungsbaum-Induktion, wie sie in [Quin86] beschrieben wird, ermittelt. Abbildung 6.16 beschreibt, wie solche Kontexte aussehen können. Bei einem Entscheidungsbaum handelt es sich um einen gerichteten Baum in dessen inneren Knoten sich Fragen befinden. Ein Beispiel aus Abbildung 6.16 wäre hier die Frage, ob es sich um eine Wochenende oder einen Werktag handelt ($weekday \in \{Sat, Sun\}$). Die Kanten sind dabei Antworten und die resultierenden Klassen befinden sich in den Blättern. Der Hintergedanke dabei ist, dass sich das Auftreten einzelner Tagestypen beispielsweise auch an Wochentagen orientieren kann. Ein prominentes Beispiel hierfür ist der eventuelle Unterschied des Tagesablaufs zwischen Werktagen und dem Wochenende. Zur Klassifizierung einer gegebenen Instanz in einen bestimmten Tagestyp wird ausgehend von der Wurzel der Baum in Richtung der korrekten Antworten abgestiegen, bis man an einer Klassifikation (hier: Tagestyp DT_i) angekommen ist.

Das Benutzerverhalten kann sich auch saisonabhängig ändern. So würde z.B. im Sommer die Wäsche häufiger im Freien getrocknet, während im Winter häufiger der Trockner läuft. Dabei handelt es sich semantisch um einen ähnlichen Tag, an dem in diesem Fall vornehmlich Wäsche gewaschen wird. Für die Prädiktion muss an dieser Stelle jedoch zwischen Sommer und Winter unterschieden werden.

In dem Beispiel aus Abbildung 6.16 würde es konkret bedeuten, wenn der Baum ausgehend von der Wurzel abgestiegen wird, dass im Winter an einem Wochenende ausschließlich der Tagestyp DT_2 vorliegt.

Die Entscheidungsbaum-Induktion stellt dabei ein Lernverfahren dar, das den Baum anhand von Trainingsdaten aufbaut, wobei sich eine detaillierte Beschreibung der Bauminduktion im Kontext der Prädiktion des Benutzerverhaltens in einem Smart Home in [Bao11] findet. Im folgenden

---

[10]Die Berechnung dieser minimalen Kosten erfolgt in [Bao11] beispielsweise mit dem ungarischen Algorithmus [KuY55].

Abschnitt soll nun gezeigt werden, wie sich dieser Prädiktionsmechanismus in das hier vorgestellte Energiemanagement auf Basis des Organic Smart Homes integrieren lässt.

6.4.3 Integration der Prädiktion in das Organic Smart Home

In [BAS11] wurde bereits eine Methode der Vorhersage des Benutzerverhaltens vorgestellt. Der Beitrag der vorliegenden Arbeit beschäftigt sich nun mit der Frage, wie sich diese Art der Prädiktion in den hier vorgestellten teilproblembasierten Optimierungsansatz integrieren lässt.

Im Kontext mit der generischen O/C-Architektur bietet sich auch im Organic Smart Home der globale Observer als Ort für Vorhersage zukünftiger Umstände an. Im globalen Observer stehen die aggregierten Zustandsinformationen aus den lokalen O/C-Einheiten und damit aus den damit assoziierten Haushaltskomponenten zur Verfügung. Diese Informationen sind jedoch bereits stark abstrahiert in die in Abschnitt 6.1 eingeführten Teilprobleme (PP).

Es handelt sich bei den PP um abstrahierte Teilproblem-Objekte, die zunächst über eine Schnittstelle unifiziert sind. Als Erweiterung des bereits vorgestellten globalen Observers wird nun in diese das im vorigen Abschnitt vorgestellte Tagestypen-Modell integriert. Ebenso wird im Folgenden davon ausgegangen, dass entschieden werden kann, welcher Klasse von Haushaltskomponente der entsprechende PP zuzuordnen ist[11]. Es werden nun ausschließlich PPs von zeitabhängigen, vorhersehbaren Haushaltskomponenten betrachtet. In dieser Klasse lägen somit Komponenten wie Waschmaschine, Spülmaschine, Herd, Trockner etc.

Bei dieser Klasse würde das Beobachten eines neuen PP durch den globalen Observer bedeuten, dass eine Benutzeraktion stattgefunden hat. Unter Einbeziehung von Abschnitt 6.2.1 kann dies durch folgendes Beispiel, wie in Abbildung 6.17 dargestellt, verdeutlicht werden:

Die Waschmaschine wird durch den Benutzer mit Wäsche befüllt, ein Programm wird gewählt und sie wird auf *programmiert* geschaltet. Kurze Zeit danach wird der lokale Observer, der mit dieser Waschmaschine

---

[11]Dies geschieht durch die im zentralen Registrar (vgl. Abschnitt 4.3.2) verwendeten Referenzen.

assoziiert ist, beobachten, dass sich der Gerätezustand auf *programmiert* geändert hat und somit wird durch die lokale O/C-Einheit ein PP formuliert, der das zu lösende Teilproblem für den geplanten Einsatz dieser Haushaltskomponente enthält, in diesem konkreten Fall also den Zeitstempel desjenigen Zeitpunkts, an dem die Waschmaschine *programmiert* wurde und die zur Lösung notwendigen Informationen (vgl. Abschnitt 6.2.1).

Dieser PP wird an den globalen Observer kommuniziert. Dieser kann aus der Beobachtung eines PP aus der Klasse der oben genannten Haushaltskomponenten des Weiteren schließen, dass eine Benutzerinteraktion mit dem entsprechenden Zeitstempel stattgefunden hat.

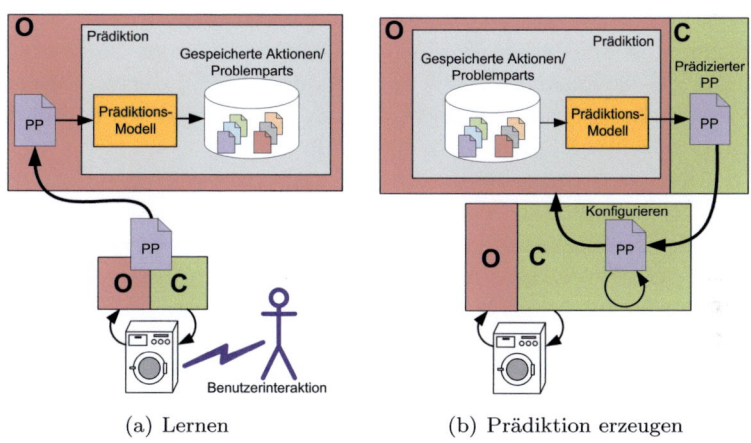

(a) Lernen　　　　　　　(b) Prädiktion erzeugen

Abbildung 6.17: Ablauf der Prädiktion

Im globalen Observer werden die erhaltenen Aktionen in Form von PPs dem Vorhersagemodell übergeben. Das Vorhersagemodell wird diese als Aktionen auffassen und verarbeiten. Dabei sei angemerkt, dass unterschiedliche Vorhersagemodelle hier flexibel zum Einsatz kommen können, wie in [BAS11] beschrieben. In der vorliegenden Arbeit werden in dem Prädiktionsmodell zusätzlich die PPs als Objekt. mit gespeichert. Die PPs enthalten abstrahierte Informationen, welches Ereignis beobachtet wurde.

Bei der späteren Vorhersage werden so genau wieder diese Ereignisse in Form der abstrakten PPs vorhergesehen.

In [BAS11] wird dagegen davon ausgegangen, dass im globalen Observer spezifische Informationen über die einzelnen Haushaltskomponenten vorliegen. Im hier vorgestellten Ansatz ist dies jedoch nicht der Fall, da im globalen Observer nur die abstrahierten PPs vorliegen.

Die Prädiktion kann daher in zwei Phasen unterteilt werden. Zunächst findet die sogenannte *Lernphase* statt. In ihr werden Aktionen, also das Auftreten von PPs, beobachtet.

Aufgrund des Auftretens des PPs wird ein Ereignis (Event) formuliert, welches den Beobachtungszeitpunkt enthält, seine Quelle, also die betreffende lokale O/C-Einheit und eine Kopie des beobachteten PPs. In Abbildung 6.17(a) ist dieser Lernschritt dargestellt.

Wird nun eine Prädiktion für einen bestimmten Horizont angefordert, so gibt das Prädiktionsmodell, wie in Abbildung 6.17(b) dargestellt eine Menge von vorhergesehenen Ereignissen aus. Diese Ereignisse enthalten je einen spezifischen PP, der zuvor beobachtet wurde.

Die prädizierte Sequenz wird nun dem globalen Controller über die MoOEx- Schnittstelle zur Verfügung gestellt. Der globale Controller kommuniziert den entsprechenden PP der dazugehörigen lokalen O/C-Einheit mit der Anweisung, ihn zu aktualisieren. Die lokale O/C-Einheit kann den spezifischen Inhalt des PP lesen und ihn so anpassen, dass er für die aktuelle Situation gültig ist und ihn wieder an den globalen Observer kommunizieren. Dieser erhält nun den prädizierten und angeglichenen PP. Dieser PP wird daraufhin für die Optimierung dem globalen Controller zur Verfügung gestellt. Da es sich um einen prädizierten PP handelt, wird dieser jedoch nicht wieder für die Prädiktion verwendet.

Ansonsten wird dieser prädizierte PP behandelt wie ein realer, der aufgrund einer Zustandsänderung in der lokalen O/C-Einheit erzeugt wurde.

Tritt die Prädiktion ein, so beobachtet der entsprechende lokale Observer eine Zustandsänderung. Aufgrund dieser Tatsache wird in der lokalen O/C-Einheit wiederum ein PP formuliert und an den globalen Observer kommuniziert.

Im globalen Observer verdrängt nun der reale PP den prädizierten. Der prädizierte stellt in dieser Situation also einen Platzhalter dar. Das

Wesentliche dabei ist, dass dieser Platzhalter mit in die Optimierung einfließen kann. Es wird z.b. bereits mit eingeplant, dass in einem gewissen Zeitraum eine Waschmaschine laufen wird, die eine gewisse Last verursacht und die um ihren Freiheitsgrad verschoben werden kann. Im Falle einer nicht eingetretenen Prädiktion bleibt der PP bis seine Lebenszeit abgelaufen ist im globalen Observer und invalidiert sich anschließend selbst. Bei Experimenten im Rahmen der vorliegenden Arbeit wurde beispielsweise ein Drittel des Gesamtfreiheitsgrads für die maximale Lebenszeit als günstig ermittelt.

6.4.4 Physikalisches Modell

Für die dauerhaften Haushaltskomponenten sind andere Prädiktionsmechanismen sinnvoll als für die zeitabhängigen. Sie unterliegen dabei oft physikalischen Vorgängen wie z.b. einer Temperaturangleichung.

In diesem Falle sind daher verschiedene physikalische Zustandsmodelle für die Vorhersage ihres Verhaltens möglich. Hierbei können komplexe Modelle eingesetzt werden wie z.B. partielle Simulationen des Warmwasser-Zapfbedarfs bzw. der Heizlast für die Modellierung eines BHKWs. In diese Simulationen können u.a. Wetterprognosen sowie Benutzerverhaltensmodelle einfließen. Für die Einplanung des BHKWs wird in dieser Arbeit jedoch ein einfacheres physikalisches Modell vorgeschlagen. Dieses Modell basiert auf dem Verlauf des Gradienten der Temperatur im Schichtspeicher des BHKWs, welcher im Allgemeinen als konkreter Zustand beschrieben werden kann.

Sinkt die Temperatur im Schichtspeicher unter einen gewissen Wert, so muss der Motor des BHKWs aktiviert werden, unabhängig von den Zielen der Optimierung. Die untere Grenztemperatur stellt eine harte Grenze dar, da unterhalb dieser Grenze die Warmwasserversorgung bzw. die Heizwärmeversorgung für den Haushalt nicht mehr gewährleistet ist. Ebenso gibt es eine obere Grenze, die die maximal technisch mögliche Temperatur darstellt, bei deren Überschreitung das BHKW eventuell Schaden nehmen könnte.

Für die Einplanung des BHKWs wird ein Optimierungshorizont von drei Stunden angenommen. Das Prädiktionsverfahren muss also bestimmen, ob das BHKW bezüglich des nächsten Optimierungshorizonts aktiviert werden muss oder nicht. Dafür wird kontinuierlich der Gradient der Schichtspeichertemperatur beobachtet und eine Gerade mit dieser Steigung wird mit der Mindesttemperatur geschnitten. Sobald dieser Schnittpunkt innerhalb eines definierten Zeitraums liegt, beispielsweise der nächsten drei Stunden, wird für das BHKW festgelegt, wann es spätestens betrieben werden muss. Diese Informationen fließen schließlich in die Erzeugung des PPs des BHKWs ein.

6.5 Plattformen für das Organic Smart Home

Um eine möglichst große Oberflächenunabhängigkeit zu ermöglichen, wurde das Organic Smart Home, wie in Abschnitt 4.6 dargelegt, in Java 1.7[12] entwickelt.

Zum einen können dadurch im simulierten Szenario leistungsfähige Rechner eingesetzt werden, zum anderen ermöglicht die Entwicklung auf Basis von Java auch den Betrieb des Organic Smart Home auf kleinen, Strom sparenden Rechensystemen. In den letzten ein bis zwei Jahren ist der Markt an sehr günstigen und sehr leistungsfähigen eingebetteten Systemen stark gewachsen.

Das Ziel in diesem Kontext ist es, dass ein Energiemanagement auf günstiger Hardware funktioniert, die darüber hinaus selbst möglichst wenig Strom verbraucht. Ein idealer Kandidat sind dabei auf ARM-9-Architektur basierende Systeme, die momentan besonders stark auf den Markt drängen.

Den Raspery-Pi[13] kann man als sehr prominenten Vertreter dieser Klasse nennen. Es handelt sich hierbei um eine Entwicklungsplattform, die mit einem ARM-9-Prozessor ausgestattet ist. Auf ihr kann ein angepasstes Debian Linux betrieben werden.

Die Rechenleistung sowie der Speicher des Systems von 512 MB (Raspberry Pi-B), reichen vollständig aus, um für ein Einfamilienhaus ein Energiemanagement zu realisieren.

Die Stromversorgung ist laut lHersteller mit 5 V und 500 mA angegeben. Dies würde also eine maximale Leistung von 2,5 W bedeuten, was

---

[12]http://www.java.com/
[13]http://www.raspberrypi.org/

Abbildung 6.18: Bild eines Raspery Pi

teilweise unter dem Stand-by-Stromverbrauch gebräuchlicher Haushalts-komponenten liegt. Die Größe der Systemplatine entspricht etwa einer Kreditkarte und ist mit 85x53x17 mm angegeben.

Der Hersteller bietet dieses System aktuell für ca. 32 Euro pro Stück an. Man kann erwarten, dass derartige Systeme durch Skaleneffekte weiterhin immer kostengünstiger werden. So kann kurz- bis mittelfristig mit einem noch deutlich geringeren Preis gerechnet werden. Diese Plattform verfügt über eine LAN-Schnittstelle, die sie in das Hausdatennetz integriert und ebenso die Kommunikation mit einer externen Entität sowie z.B. mit einem Benutzerinteraktionsdisplay ermöglicht wie dem in [BKS12] dargestellten EMP.

Zusammenfassend kann gezeigt werden, dass das hier vorgestellte Energiemanagement-System auf einem sehr Strom sparenden, kleinen und günstigen Informationsverarbeitungssystem realisiert werden kann. Der Stromverbrauch für das Energiemanagement-System liegt dabei teilweise unter dem Stand-By Verbrauch vieler Multimedia-Geräte im Haushalt.

Dies soll an dieser Stelle verdeutlichen, dass der Kostenfaktor der Hardware eines solchen Systems nicht von großer Bedeutung ist. So kann eine Grundlage geschaffen werden, um den Zugang zu einem derartigen Energiemanagement zu vereinfachen.

KAPITEL 7

VERWANDTE ARBEITEN

In der Literatur finden sich zahlreiche Ansätze, die sich mit autonomen Systemen zum elektrischen Energiemanagement beschäftigen. In der vorliegenden Arbeit wird diesbezüglich zwischen dem In-House- und dem Grid-Szenario unterschieden (vgl. Abschnitt 3.2). Viele dieser Ansätze beziehen sich auf Optimierungsprobleme in einem Niederspannungs-Ortsnetz, sind also dem Grid-Szenario zuzuordnen. Hauptsächlich werden dabei Verteilprobleme elektrischer Energie unter elektrotechnischen sowie ökonomischen Gesichtspunkten betrachtet. Einen Überblick darüber wird in [Zhu09] dargestellt.

Deutlich weniger Ansätze beschäftigen sich mit dem In-House-Szenario. Ausgewählte Ansätze zu diesem Thema sollen im Rahmen dieses Kapitels herausgegriffen werden.

Dazu zählt zunächst der sogenannte *EEBus*, der verwandte Themen adressiert, wie es im Organic Smart Home im Rahmen der Hardware-Abstraktion der Fall ist. In Abschnitt 7.1 wird daher neben einer kurzen Vorstellung dieses Ansatzes herausgearbeitet, wie der sich EEBus in die Architektur des Organic Smart Homes einfügen lässt und wie erreicht werden kann, dass beide Systeme voneinander profitieren.

Anschließend werden weitere Ansätze vorgestellt, die sich mit dem Optimierungsproblem des Energiemanagements auf Haushaltsebene beschäftigen. Zu diesen zählt auch der bereits in Abschnitt 4.5 angerissene Ansatz des dezentralen Lastmanagements nach A. Kamper [Kamp10].

7.1 EEBus Ansatz

Einen zu der vorliegenden Arbeit ergänzenden Ansatz stellt der EEBus dar. Er entstand aus einer Initiative der Firma Kellendonk im Kontext des Förderprogramms *E-Energy - IKT-basiertes Energiesystem der Zukunft* des Bundesministeriums für Wirtschaft und Technologie in ressortübergreifender Partnerschaft mit dem Bundesministerium für Umwelt, Naturschutz und Reaktorsicherheit[1]. Die folgenden Beschreibungen des EEBus stützen sich im Wesentlichen auf ein von Kellendonk veröffentlichtes Whitepaper [Kell11].

Darin wird der EEBus als Integrationsplattform bezeichnet, die eine Kommunikation zwischen einzelnen Haushaltskomponenten ermöglicht. Es wird dabei davon ausgegangen, dass Haushaltskomponenten in einem Smart Home von unterschiedlichen Herstellern zu unterschiedlichen Zeitpunkten angeschafft bzw. ersetzt werden. Dadurch ergibt sich die Herausforderung, dass in der Regel hier unterschiedliche Protokolle zum Einsatz kommen. Der EEBus stellt in diesem Kontext eine Schnittstellenspezifikation und eine Softwarekomponente dar, deren hauptsächliche Aufgabe darin zu bestehen scheint, proprietäre Protokolle, wie sie im Bereich der Hausautomatisierung vorkommen, auf ein gemeinsames Kommunikationsmedium zu vereinheitlichen.

Die Architektur des EEBus ist in Abbildung 7.1 dargestellt. Der EEBus stellt damit eine Art Gateway dar, welches zwischen unterschiedlichen, oft herstellerspezifischen Protokollen auf eine gemeinsame, XML-basierte Repräsentation der Daten adaptiert. Dies geschieht durch die Anbindung der proprietären Protokolle, z.B. das einer Waschmaschine eines bestimmten Herstellers, über einen sogenannten *Busadapter* an den *EEBus Server Core*.

---

[1]http://www.e-energy.de/

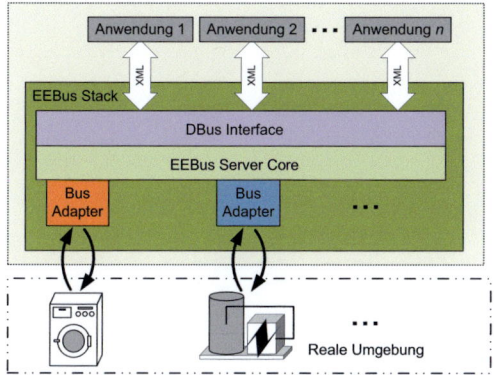

Abbildung 7.1: Architektur des EEBus (angelehnt an [Kell11])

Über das *DBus Interface* wird diversen Anwendungen eine auf XML basierende Schnittstelle zur Verfügung gestellt, über die sie den aktuellen Zustand der an den EEBus angeschlossenen Haushaltskomponenten beobachten können. Ebenso besteht die Möglichkeit, dass eine Anwendung über diese Schnittstelle Steuerinformationen an die Haushaltskomponente sendet.

Aus [Kell11] lässt sich nicht erkennen, ob bei dieser Adaption eine semantische Abstraktion der Daten durchgeführt wird. Es wird daher im Folgenden davon ausgegangen, dass alle Informationen, die die einzelnen Haushaltskomponenten an den EEBus kommunizieren, sich in unveränderter Datenstruktur in der XML-Repräsentation wiederfinden. Damit realisiert der EEBus eine Möglichkeit, mit der eine Anwendung, z.B. ein hausinternes Energiemanagement, auf einfache Weise auf die Rohdaten von Haushaltskomponenten zugreifen bzw. den Haushaltskomponenten Steuerbefehle senden kann.

Für die Anwendungen ist folglich die Komplexität der Anbindung vieler unterschiedlicher Busprotokolle transparent. Ebenso wird lediglich ein Busadapter je Protokoll benötigt.

Das in der vorliegenden Arbeit beschriebene Organic Smart Home kann nun als Anwendung für den EEBus verstanden werden. Eine mögliche

167

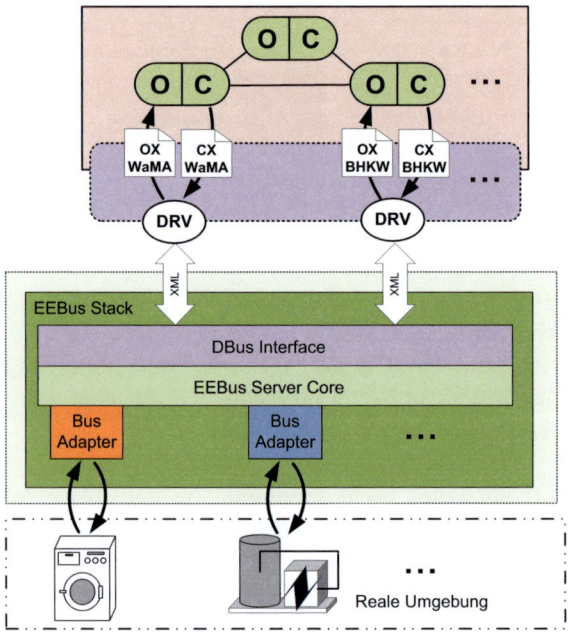

Abbildung 7.2: Integration von EEBus und Organic Smart Home

Integration zwischen dem Organic Smart Home und dem EEBus ist in Abbildung 7.2 dargestellt.

Um diese Integration zu erreichen, ist es lediglich erforderlich, die entsprechenden Treiber für den EEBus anzugleichen. Die Treiber stellen, wie bereits in Abschnitt 4.3.3 beschrieben, eine Adaption zwischen dem Protokoll der entsprechenden Haushaltskomponente und unifizierten Austauschobjekten dar. Im Allgemeinen hat der Treiber somit die Aufgabe, die Daten semantisch zu übersetzen, fehlende Informationen hinzuzufügen und das technische Protokoll zu lesen und zu schreiben. Durch den Einsatz des EEBus würde die letzte Aufgabe entfallen.

Der Treiber würde das vom EEBus aufbereitete XML konsumieren und daraus die notwendigen Informationen extrahieren und sie in Form von Austauschobjekten des HAL übermitteln. Für die CX-Objekte würde dies in umgekehrter Reihenfolge analog funktionieren.

In [Kell11] wird zudem beschrieben, dass im Zuge der Standardisierung des EEBus zusätzlich Standardisierungsbemühungen bezüglich einer einheitlichen Definition von Preismodellen bzw. allgemeinen Anreizsystemen unternommen werden. Auf die oben vorgestellte Art könnten dadurch auch diese Elemente an das Organic Smart Home angeschlossen werden. In diesem Fall würde das über die in Abschnitt 4.3.5 eingeführten COM-Treiber realisiert.

Auf diese Weise könnte das Organic Smart Home durch den EEBus gekapselt ebenfalls in unterschiedlichen Szenarien eingesetzt werden. Für den Fall, dass für eine Haushaltskomponente keine passende EEBus-Adaption existiert, können auch weiterhin kompatible Treiber im Organic Smart Home geladen werden.

7.2 Bidirektionales Energiemanagement Interface

Das *Bidirektionale Energiemanagement Interface* (BEMI) wurde ursprünglich am Fraunhofer Institut für Solare Energietechnik (ISET) in Kassel im Rahmen der Dissertation von D. Nestle entwickelt [Nest07]. Die folgenden Ausführungen sind daher größtenteils aus dieser Arbeit entnommen.

Im Kontext des Förderprogramms E-Energy fand eine reale Implementierung dieses Systems in dem Pilotprojekt *Modellstadt Mannheim* [Schö09] statt, indem daran teilnehmende Haushalte mit einem BEMI ausgestattet wurden.

In [KKN$^+$09] wird dabei beschrieben, dass sich die Architektur aus verschiedenen Elementen zusammensetzt und sich unter anderem folgende Innovationen zunutze macht:

- Ein In-House-Energiemanagement basierend auf Feedback-Mechanismen für Benutzer und in Echtzeit variablen Stromtarifen zur Beeinflussung von Haushaltskomponenten.

- Der Einsatz einer agentenbasierten Lösung für die Softwarearchitektur.

- Die autonome Optimierung des Einsatzes der Haushaltskomponenten unter Anwendung heuristischer Verfahren.

Einen Überblick über die Architektur des BEMI sowie der angebundenen Entitäten ermöglicht Abbildung 7.3. Die zentrale Komponente des

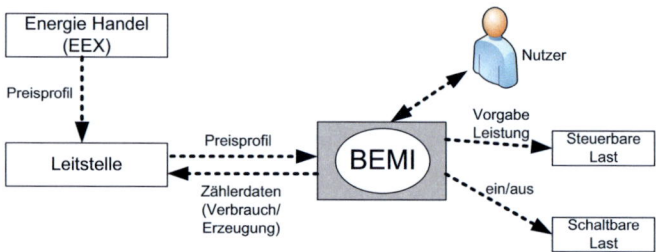

Abbildung 7.3: Architektur des BEMI, vereinfacht und angelehnt an [Nest07]

In-House-Szenarios stellt eine Steuerbox dar, die das Energiemanagementsystem für den Haushalt enthält (in der Grafik mit „BEMI" bezeichnet). Der Benutzer hat die Möglichkeit damit zu interagieren, um Präferenzen für das Energiemanagement zu definieren. An das BEMI sind über ein

Kommunikationsmedium zum einen steuerbare und zum anderen schalt-bare Lasten angeschlossen. Das BEMI empfängt externe Signale von einer Leitstelle, die beispielsweise ein Preisprofil enthalten. Auf Basis dieser Informationen optimiert das BEMI den internen Hauslastgang und sendet die resultierenden Verbrauchsdaten zur Weiterverarbeitung wieder an die Leitstelle. Die bereits erwähnten Preisprofile entsprechen dabei den in [KKN+09] erwähnten, echtzeitbasierten variablen Stromtarifen, die auf Daten einer Strombörse wie der in Abbildung 7.3 dargestellten *European Energy Exchange* (EEX) beruhen könnten, um ihren Echtzeitcharakter zu erhalten.

Im Folgenden soll auf diejenigen Elemente eingegangen werden, die Berührpunkte mit dem in der vorliegenden Arbeit vorgeschlagenen System aufweisen. Aus diesem Grunde werden die betrachteten Aspekte des BEMI auf das In-House-Szenario reduziert. Zunächst kann das BEMI als Schnittstelle zwischen dem Energieversorger und dem Smart Home aufgefasst werden. Darüber können Informationen über Strompreise, Verbrauchsdaten und die Einsatzoptimierung der Haushaltskomponenten ausgetauscht werden.

Im Gegensatz zu der in Abschnitt 3.4 vorgestellten Klassifizierung, auf die im Rahmen dieser Arbeit mehrfach zurückgegriffen wurde, werden in [Nest07] lediglich folgende vier Klassen von Haushaltskomponenten unterschieden:

- State of Charge (SOC)

- Fixed Programm Shift (FPS)

- Price Power Control (PPC)

- Emergency Power Management (EPM)

Bei den SOC-Haushaltskomponenten handelt es sich um Haushaltskom-ponenten, die über einen Speicher verfügen. Somit ist deren wichtigste Kenngröße der Zustand dieses Speichers. Zudem können derartige Haus-haltskomponenten Restriktionen aufweisen, die es erforderlich machen, dass der Zustand des Speichers innerhalb definierter Grenzen bleibt. Bei dem Speicher kann es sich um einen Batterie-, einen Wärme- oder einen

Kältespeicher handeln. Vertreter dieser Gruppe von Haushaltskomponenten sind z.b. Kühl- und Gefriergeräte, elektrische Heizelemente innerhalb eines Heizungssystems, Wärmepumpen mit angeschlossenem Speicher oder Notstromversorgungen. Ihre gemeinsame Eigenschaft ist dabei, dass sie elektrische Energie aufnehmen und sie in Form von elektrischer oder anderer Energie speichern. Diese gespeicherte Energie kann jedoch nicht wieder in elektrische Energie umgewandelt werden, die regulär in das Hausnetz zurück gespeist werden kann.

Bei den FPS-Haushaltskomponenten bereitet der Nutzer ein bestimmtes Programm vor, dessen Startzeitpunkt im Rahmen einer Optimierung in gewissen Grenzen verschiebbar ist. Besonders dabei ist, dass der Start einer solchen Haushaltskomponente nur mit einer vorherigen Benutzerinteraktion erfolgen kann. In [Nest07] wird jedoch zumeist davon ausgegangen, dass keine kommunikationsfähigen Haushaltskomponenten vorliegen. Der Benutzer muss, z.b. durch einen sogenannten *Sensor-Schalter*, dem Energiemanagement aktiv mitteilen, dass das entsprechende Gerät nun an der Lastoptimierung teilnehmen kann.

PPC- und EPM-Haushaltskomponenten unterscheiden sich in ihrer Behandlung im Energiemanagement grundlegend von den vorigen Gruppen. In [Nest07] werden als Vertreter dieser Gruppe z.b. Weihnachtsbeleuchtungen oder Zierbrunnen benannt. Diese Haushaltskomponenten werden preisbasiert gesteuert, jedoch wird bei ihnen, im Gegensatz zu den anderen Gruppen, auch der Energieverbrauch dadurch beeinflusst, dass sie z.b. abgeschaltet werden. In den anderen Gruppen ist lediglich eine Verschiebung des Energieverbrauchs vorgesehen. Somit sind Vertreter der PPC- und EPM-Gruppe ausschließlich Haushaltskomponenten, die eher der Zierde dienen und bei denen es nicht relevant ist, wenn sie innerhalb eines gewissen Zeitraums nicht betrieben werden.

Die Unterteilung der einzelnen Haushaltskomponenten in Gruppen, wie sie in [Nest07] durchgeführt wurde, widerspricht dem in der vorliegende Arbeit vorgestellten Ansatz nicht. Die groben Unterteilungen weisen große Ähnlichkeiten auf, jedoch ist insbesondere die Betonung der Bedeutung der nur beobachtbaren Komponenten im BEMI nicht integriert (vgl. Abschnitt 6.4.1).

Die Definitionen zwischen den dauerhaften Haushaltskomponenten in der vorliegenden Arbeit und den SOC-basierten Haushaltsgeräten des BE-

MI unterscheidet sich darin, dass die Definition in der vorliegenden Arbeit weiter gefasst ist. Es wird insbesondere im Rahmen des Heizungssystems nicht nur die elektrische Seite fokussiert. Ebenso werden prinzipiell bidirektionale Speicher in Betracht gezogen, die in der Lage sind, die gespeicherte Energie wieder regulär in das Hausnetz zurückzuspeisen.

Ein weiterer Unterschied liegt in der Hierarchie der Klassifizierung. Beim BEMI ist diese flach. In der vorliegenden Arbeit werden mehrere Ebenen betrachtet. Das Prinzip der Kommunikation nach außen, der Interaktion mit dem Benutzer sowie mit den Haushaltskomponenten ist bei dem In-House-Szenario des BEMI ähnlich zu der vorliegenden Arbeit. Der Fokus der vorliegenden Arbeit beschäftigt sich jedoch insbesondere mit der Methodik des Energiemanagements auf einer tieferen Ebene. Dabei ist die zentrale Frage wie ein solches Energiemanagement technisch und konzeptuell gestaltet werden kann.

In [Frau13b] und [Frau13a] wird eine sukzessive Weiterentwicklung des BEMI zu der *Open Gateway Management Alliance* (OGEMA) beschrieben. Hierbei handelt es sich um ein Rahmenwerk, dass einzelne Steuergeräte im Haushalt miteinander verbindet.

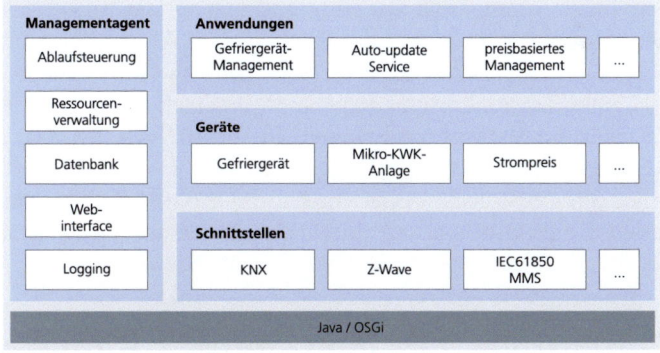

Abbildung 7.4: OGEMA Framework, entnommen aus [Frau13a]

Basierend auf einer Java/OSGi Plattform, wie in Abbildung 7.4 dargestellt, werden dazu Schnittstellen zu den einzelnen Bussystemen, wie z.B. KNX, angeboten. Darüber werden sogenannte „Treiber" für Gerätespezifische Haushaltskomponenten definiert. Geräte sind dabei beispielsweise ein Gefriergerät oder ein Schnittstelle zu einem Strompreissignal (*Strompreis*). Über dieser Treiberschicht lassen sich nun Anwendungen modular integrieren, die beispielsweise ein *preisbasiertes Management* ein *Gefriergerät-Management* oder weitere zusätzliche Komfortdienstleistungen realisieren. Parallel dazu bietet das OGEMA über einen *Managementagenten* z.b. eine Resourcenverwaltung sowie eine Ablaufsteuerung des Gesamtsystems.

Hierbei können viele Gemeinsamkeiten zwischen dem OGEMA und dem Organic Smart Home gefunden werden. Der Gedanke der Abstraktion von den physikalischen Schnittstellen auf einzelne Geräteklassen ist sehr ähnlich. Der Unterschied dabei ist, dass im Organic Smart Home explizit auf das für das Energiemanagement im Haushalt relevante Informationen fokussiert wird. In der Anwendungsschicht, die Ähnlichkeiten zu der O/C-Schicht haben könnte, besteht der wesentliche Unterschied in der Tatsache, dass im Organic Smart Home durch ein hierarchisches Energiemanagement-Konzept und der dabei realisierten teilproblembasierten Optimierung, ein globales Energiemanagement im Haushalt geschaffen wird. Dadurch ist gewährleistet, dass die einzelnen Haushaltskomponenten miteinander interagieren um ein gemeinsames Ziel zu erreichen. Die OGEMA Architektur bietet mit ihren gekapselter Anwendungen hier eher ein Management für Teilaspekte wie z.b. für das Gefriergerät. Ebenso scheint es, dass das konkrete Energiemanagement-System bei BEMI und OGEMA nicht im Vordergrund stehen. In [Nest07] werden Algorithmen für das Energiemanagement im Haus vorgestellt. Hierbei handelt es sich jedoch eher um strukturelle Algorithmen, die z.b. die Zeitpunkte bestimmen, zu denen eine Optimierung stattfindet. Die zum Einsatz kommenden Optimierungsverfahren stehen hierbei eher im Hintergrund.

7.3 Dezentrales Lastmanagement Kamper

Am Institut für Angewandte Informatik und Formale Beschreibungsverfahren des Karlsruher Institut für Technologie entstand im Rahmen der Dissertation von A. Kamper ein Konzept zum dezentralen Lastmanagement mit intelligenten Haushaltskomponenten [Kamp10]. Ein zentraler Aspekt dabei ist, dass in dieser Arbeit für die betrachteten Haushaltskomponenten Freiheitsgrade definiert werden, die der wesentlichen Klassifizierung der Haushaltskomponenten in der vorliegenden Arbeit sehr ähnlich sind: In [Kamp10] wird unterschieden zwischen Geräten, die nach einem vordefinierten Programm ablaufen, wie z.b. eine Spülmaschine und Geräten, die kontinuierlich ihren Zustand messen und ihr Verhalten an gewisse Grenzwerte, wie z.b. die Temperatur im Falle eines Kühlschranks, anpassen. Auf Basis der Freiheitsgrade besteht ein Lastverschiebepotential. Die Koordination der einzelnen Haushaltskomponenten, die über mehrere Haushalte verteilt sind, erfolgt dabei in einem dezentralen Poolingansatz. Dieser wird durch eine Peer-to-Peer-Kommunikation realisiert (vgl. [Kamp10]). Die Zielstellung in diesem Kontext ist, ausgehend von den im Pool aktuell vorhandenen Möglichkeiten eine bestmögliche Reaktion auf spontane Lastabweichungen durch eine evolutionär optimierte Lastverschiebung der einzelnen Geräte im Pool zu erhalten. Dazu stimmen sich die darin enthaltenen Erzeuger und Verbraucher über eine dezentrale Peer-to-Peer-Kommunikation miteinander ab.

↑ Verbrauch erhöhen
↓ Verbrauch verringern
↑ Erzeugung erhöhen
↓ Erzeugung verringern
x-y Teilnehmer kann seine Leistung um x bis y Watt ändern

Abbildung 7.5: Elitäre Gruppe im Pool, entnommen aus [Kamp10]

Dabei wird von A. Kamper zusätzlich da Konzept der *elitären Gruppe* [Kamp10] eingeführt, die aus verschiedenen Teilnehmern des Pools gebildet wird. Die elitäre Gruppe enthält dabei sowohl Teilnehmer, die ihren Stromverbrauch senken können als auch Teilnehmer, die ihren Stromverbrauch erhöhen können, wie es in Abbildung 7.5 dargestellt ist. Wird an den Pool nun eine Anforderung gestellt, die Leistung zu reduzieren oder zu erhöhen, so reagiert zunächst die elitäre Gruppe. Ist sie nicht in der Lage, die Anforderung in vollem Umfang zu erfüllen, leitet sie die Anfrage an den restlichen Pool weiter. Auf diese Weise kann der Pool zunächst schnell in Form der elitären Gruppe reagieren. Darüber hinaus werden größere Anfragen unter Einbeziehung der übrigen Teilnehmer des Pools zu beantworten versucht.

Diese Prinzipien können auch, wie in Abschnitt 4.5 dargelegt, eine Grundlage sein für die Implementierung eines Energiemanagementsystems auf Basis des Organic Smart Home.

7.4 Energiemanagement als Ressource Constraint Scheduling

In der Gruppe um Mireille Jocomino und Stephane Ploix am Institut polytechnique de Grenoble sind in den letzten Jahren einige Ergebnisse im Kontext des automatisierten Lastmanagements in privaten Haushalten entstanden. Einige ausgewählte sollen in diesem Abschnitt vorgestellt werden.

In [HPZ05] wird von Ha et al. ein Ansatz für eine Modellierung des Optimierungsproblems der Hauslast nach einer Kombination einer festen Lastgrenze sowie eines zweistufigen Stromtarifs beschrieben. Der Fokus liegt dabei insbesondere auf der Lastverschiebung von elektrischen Heizungen. Die Lastgrenze ist als fest anzunehmen. Sie wird nicht kommuniziert und richtet sich nach dem Abonnement des Endkunden, da sich in Frankreich der Stromtarif sowie Lastgrenze nach der Größe des Abonnements[2] richtet. Daher ist ein Ziel für den Endkunden, mit einem möglichst kleinen Abonnement in einem Haushalt auszukommen, um Kosten zu sparen. Der zweistufige Tarif bezieht sich dabei auf den klassischen Tag/Nacht-Tarif. Ha et al. stellen dieses Problem als *Resource-Constrained Project Scheduling Problem* (RCPSP) dar. Bei RCPSP handelt es sich um ein klassisches Planungsproblem für das Projektmanagement unter Ressourcenbeschränkung. Zur Lösung dieses konkreten Lastmanagementproblems gibt Ha et al. einen Branch-and-Bound Löser an.

---

[2]Hierbei handelt es sich um französische Stromverträge. Das Abonnement gibt die maximal beziehbare Leistung pro Anschluss an (üblich ist z.B. ein 9kW oder 18kW Abonnement). Die Grundgebühr des Abonnements richtet sich in der Regal nach dem Umfang des Abonnements - je größer die maximal beziehbare Leistung desto höher die Gebühr.

Weitere Arbeiten beschäftigen sich, wie z.B. [APP08] mit Multiagenten-systemen, die die Steuerung in einem Smart Home realisieren. Dabei sind die elektrischen Haushaltskomponenten als Agenten modelliert. Der Schwerpunkt in dieser Arbeit liegt auf der Modellierung der Agenten und der Kommunikation zwischen ihnen. Auch hier wird wieder von einer festen Lastgrenze ausgegangen. Ziel der Optimierung ist es, diese nicht zu überschreiten, was durch eine Kooperation der Agenten untereinander erreicht werden soll. Bei dieser Zusammenarbeit werden die Einsatzzeit-punkte der mit den Agenten assoziierten Haushaltskomponenten dem Optimierungsziel entsprechend gewählt.

Die Weiterentwicklung von einer festen zu einer variablen Lastgrenze erfolgt in [HPZ08]. Dabei kommt ein mehrschichtiges Modell zum Einsatz, welches mehrere Netzebenen durchzieht. So werden Engpässe höherer Netzebenen an tiefer liegende weitergegeben. Dadurch kommt es zu einer Veränderung der Lastgrenze in den Haushalten. Dieses Verfahren berücksichtigt jedoch das Verbrauchsverhalten der Haushalte, um eine Art Grundversorgung weiterhin zu gewährleisten.

7.4.1 Betrachtung der Laufzeit

Ein weiterer interessanter Punkt ist die Betrachtung der Laufzeit der un-terschiedlichen Optimierungsverfahren, insbesondere in Hinblick auf die in der vorliegenden Arbeit aufgestellten Maxime, dass ein Energiemanage-mentsystem auf energiesparender Hardware mit einer sehr begrenzten Rechenkapazität betrieben werden können soll.

In [HPJ10] werden von Ha et. al. entsprechende Untersuchungen hin-sichtlich der Laufzeit gemacht. Die Basis der von Ha et. al. verwendeten Optimierung ist ein gemischt-ganzzahliges lineares Programm, mit dessen Hilfe das im vorigen Abschnitt beschriebene Problem mit festen Lastgren-zen und einem zweistufigen Tarif modelliert wird. In einem realitätsnahen Szenario für ein Smart Home werden dazu bis zu 1700 Variablen be-nötigt. Unter Verwendung von direkten Lösern benötigte die Lösung dieses Problems auf dem angegebenen 3,2 GHz Rechensystem bis zu 24 Stunden.

In einem früheren Beitrag beschreiben Ha et al. ein Szenario, das 4 elektrische Heizkörper sowie einen Optimierungshorizont von 100 min umfasst. Der dort eingesetzte Branch-and-Bound Algorithmus fand auf Basis eines 2,2 GHz Rechensystems bereits nach 12 s zwar eine Lösung, zur Erreichung des Optimums war jedoch eine Rechenzeit von ca. 50 min nötig (vgl. [HPZ05]).

Insbesondere in Hinblick auf die in der vorliegenden Arbeit verwendeten Metaheuristiken (evolutionäre Algorithmen), kann festgestellt werden, dass die Laufzeit einer solchen Metaheuristik bereits nach verhältnismäßig kurzer Zeit stabile Ergebnisse liefert. In der Konfiguration des Hauses (5 Personen, vgl. Abschnitt 8.4.1) bei Verwendung des Organic Smart Home mit teilproblembasierter Optimierung (evolutionärer Algorithmus) ergeben sich durchschnittliche Rechenzeiten des Optimierers von ca. 6,8sec. Dieser Wert ist bezogen auf ein Optimierungshorizont von 24h und der Verwendung eines etwa gleichwertigen Rechensystem wie Ha et. al. in [HPJ10] angegeben hat. Dies sollte im Kontrast zu den langen Laufzeiten der exakten Verfahren, wie oben beschrieben, gesehen werden.

Bezogen auf die langen Laufzeiten in [HPZ05] und [APS12], stellt sich die allgemeine Frage, inwieweit es sinnvoll ist, exakte Lösungsverfahren auf einem kleinen, Strom sparenden Rechensystem einzusetzen, wie es in Abschnitt 6.5 für das Organic Smart Home vorgestellt wurde. In diesem Zusammenhang sollte zudem der Umstand in die Betrachtung mit einfließen, dass ein exakter Löser dabei meist vor dem optimalen Ergebnis abgebrochen werden müsste (vgl. [APS12]). Der während der Optimierung eventuell anfallende Speicherbedarf, der ein kleines Rechensystem mit hoher Wahrscheinlichkeit überlasten würde, liefert ein weiteres Argument dafür, für derartige Probleme durch den Einsatz von Metaheuristiken zu lösen, wie es in der vorliegenden Arbeit beschrieben wird.

7.4.2 Drei Ebenen Architektur

Ein weiteres Forschungsergebnis der Gruppe aus Grenoble ist der Vorschlag von Ha et al. [HPZ09], für das Energiemanagement innerhalb eines Haushalts eine drei Ebenen Architektur zu verwenden, wie sie in Abbildung 7.6 dargestellt ist. Dieser Vorschlag gründet auf der Tatsache, dass eine Energieoptimierung im Haushalt auf vielen Unsicherheiten und nicht vorhersehbaren Ereignissen beruht.

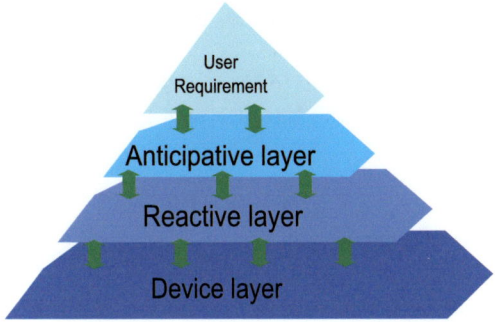

Abbildung 7.6: Drei Ebenen Architektur, entnommen aus [HPZ09]

Die unterste Schicht dieser Architektur bildet der *Device Layer*. Seine Aufgabe ist es, die Kommunikation mit den physikalischen Komponenten zu realisieren und auf diese steuernd einzuwirken. Die verwendete Klassifizierung der Haushaltskomponenten stellt dabei die Grundlage der in der vorliegenden Arbeit verwendeten dar (vgl. Abschnitt 3.4). Dabei findet die Unterteilung in [HPZ09] wie folgt statt:

- *Permanent Services*: Haushaltskomponenten wie Heizungssysteme etc. Bilden die Grundlage der Klasse der dauerhaften Haushaltskomponenten in der vorliegenden Arbeit.

- *Timed Services*: Enthält Geräte wie Waschmaschinen, Trockner usw. Bilden die Grundlage der Klasse der zeitabhängigen Haushaltskomponenten in der vorliegenden Arbeit.

Es erfolgen hierbei keine weiteren Einteilungen feinerer Granularität. Die mittlere Schicht der drei Ebenen Architektur wird durch den *Reactive Layer* repräsentiert, dessen Aufgabe es ist, Abweichungen von den im *Anticipative Layer* erstellten Ablaufplänen zu korrigieren. Diese Abweichungen kommen beispielsweise durch unvorhergesehene Ereignisse zustande. Die Korrektur dient dazu, auf diese geeignet zu reagieren und das Gesamtsystem so in einem stabilen Zustand zu halten.

Der *Anticipative Layer* ist für die längerfristige Planung verantwortlich, die den Fahrplan der Haushaltskomponenten für den nächsten Optimierungshorizont festlegt. Dies kann beispielsweise auf Basis einer Prädiktion geschehen.

Diese Prinzipien ähneln der in [AlS11] vorgeschlagenen und in [Maus12] umgesetzten Kombination aus kurzfristiger und längerfristiger Optimierung.

7.5 Weitere Arbeiten

Des Weiteren bestehen, wie eingangs erwähnt, diverse weitere Ansätze zum Lastmanagement bzw. Energiemanagement innerhalb eines Haushalts sowie über dessen Grenzen hinaus. Einige davon sollen im Folgenden umrissen werden, insbesondere in Hinblick auf Ähnlichkeiten zwischen den dort behandelten Aspekten mit denen der vorliegenden Arbeit.

In [VoS07] beschreiben Vogel et. al. einen Ansatz zu einem zentralisierten Demand Side Management basierend auf einem zeitabhängig unterschiedlichen Angebot an elektrischer Energie. Dabei werden die Startzeiten einzelner *Jobs* von Haushaltskomponenten optimiert. Ein solcher Job könnte beispielsweise für ein bestimmtes Programm einer Waschmaschine stehen und bedarf in seiner Ausführungszeit eine diskrete Menge an Energie[3]. Diese Jobs können einen gewissen zeitlichen Freiheitsgrad aufweisen, der die Verschiebung ihrer Startzeit ermöglicht (Analog zu dem Ansatz in der vorliegenden Arbeit in Abschnitt 5.2). Das eingesetzte Optimierungsverfahren basiert dabei auf *Tabu Search* (vgl. [Glov86]). Aufgrund der großen Anzahl von Jobs, die zur Evaluation verwendet wurden, kann davon ausgegangen werden, dass das Szenario auf einer, relativ zu einem Haushalt, höheren Ebene betrachtet wird. Konkrete Mechanismen, die die dazu benötigte Koordination ermöglichen, sind nicht Gegenstand des Ansatzes. Das Organic Smart Home könnte diese analog zu den in Abschnitt 4.5 beschriebenen Szenarien realisieren.

In einem realen Szenario in Taiwan wurde von Huang et. al. [HuH04] ein sogenanntes *Direct Load Control Verfahren* eingesetzt, um innerhalb eines Niederspannungsnetzes 20 Klimaanlagen und 15 abschaltbare Lasten zu optimieren. Dabei wurde ein *Fuzzy Dynamic Programming*

---

[3]Hier werden keine nichtlinearen Lastprofile der Haushaltskomponenten angenommen. Vgl. dazu Abschnitt 5.1

Paradigma eingesetzt, um einen stabilen, vorläufigen Ablaufplan zu erhalten, der in Echtzeit durch das Direct Load Control Verfahren und Verwendung der abschaltbaren Lasten angepasst werden konnte. In diesem Ansatz ist wieder eine zwei Ebenen Architektur zu erkennen. Dabei werden längerfristige Planungen und die dabei entstehenden Planungsfehler durch Unsicherheiten in einem Echtzeitsystem auszugleichen versucht. Die längerfristige Planung basiert hierbei auf einer Lastvorhersage für die einzelnen Komponenten. In der vorliegenden Arbeit wird primär die Vorhersage von zeitabhängigen Haushaltskomponenten diskutiert, während es sich bei den in [HuH04] verwendeten Klimaanlagen eher um dauerhafte Haushaltskomponenten handelt.

Ein weiterer Ansatz wurde von Kobus et.al. in [KMS12] vorgestellt. Interessant dabei ist besonders die Integration des Benutzers in das Energiemanagement, was auf ähnliche Weise geschieht, wie bereits in [BKS12] beschrieben und wie es die Grundlage der Benutzerinteraktion mit dem Energiemanagement in der vorliegenden Arbeit ist.

M.Hable stellt in [Habl04] ein Konzept für die Einsatzoptimierung von BHKWs und steuerbaren Verbrauchen sowie stationären Speichern in Hinblick auf die Verwendung von Wind- und Solarenergie vor. Das von ihm vorgestellte Verfahren basiert auf evolutionären Algorithmen. Der Fokus dieses Szenarios beschränkt sich nicht auf die Grenzen eines Haushalts, sondern ermöglicht die Optimierung weit verteilter Komponenten. Die Granularität der Betrachtungsweise des Energiemanagements ist dementsprechend deutlich grober als in der vorliegenden Arbeit, in der das Energiemanagement im Haushalt heruntergebrochen bis auf die Ebene einzelner Haushaltskomponenten betrachtet wird.

Im Gegensatz zu den hier vorgestellten verwandten Ansätzen, kommt in der vorliegend Arbeit ein teilproblembasiertes Optimierungsverfahren zum Einsatz. Durch die Verteilung der Formulierung des Gesamtenergiemanagement-Problems auf die Teilprobleme der einzelnen Haushaltskomponenten, wie in Abschnitt 6.1 beschrieben wird, wird erreicht, dass eine Entkopplung zwischen den einzelnen eingesetzten Haushaltskomponenten und dem globalen Energiemanagement entsteht. Durch diese Entkopplung entsteht eine Flexibilität des Energiemanagement-Systems, die in einem realen Szenario mit stark unterschiedlichen Konfigurationen, wie z.B. ein Einfamilienhaus, essentiell ist. Diese Eigenschaften werden im folgenden Kapitel anhand verschiedener Experimente evaluiert und validiert.

KAPITEL 8

EVALUATION

In den vorhergehenden Kapiteln wurden ein Rahmenwerk und eine Laufzeitumgebung sowie eine Modellierung für ein Energiemanagement in einem intelligenten Gebäude vorgestellt. Zur Validierung dieser Konzepte werden in diesem Kapitel einige ausgewählte Ergebnisse präsentiert.

Das Organic Smart Home kann sowohl in einem realen Szenario betrieben werden als auch auf Basis einer Simulation (vgl. Abschnitt 4.4). Zur Evaluation der hier vorgestellten und implementierten Konzepte ist die Variante der Simulation sinnvoll, da so insbesondere Szenarien mit unterschiedlichen Aspekten präsentiert werden können und eine Vergleichbarkeit gewährleistet werden kann. Auf diese Weise kann die Auswirkung der eingesetzten Optimierungsmechanismen präziser gezeigt werden.

Zunächst wird im Folgenden auf das reale Szenario eingegangen, das die Grundlage für die simulative Evaluation der vorliegenden Arbeit bildet.

8.1 Reale Umgebung: Energy Smart Home Lab

Im Kontext des Projekts MeRegioMobil[1] wurde auf dem Campus des Karlsruher Instituts für Technologie ein Prototyp eines intelligenten Haushalts - das *Energy Smart Home Lab* (ESHL) - aufgebaut.

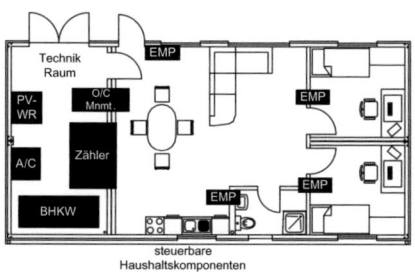

Abbildung 8.1: Grundriss des ESHL

Das ESHL besteht aus einer Wohnung mit $60m^2$ Wohnfläche, an die sich ein $20m^2$ großer Technikraum anschließt. Ein Grundriss ist in Abbildung 8.1 dargestellt. Es handelt sich dabei um ein einstöckiges Gebäude, ähnlich einem Bungalow. Die Wohnung besteht aus einem gemeinschaftlich nutzbaren Wohn-, Koch- und Essbereich sowie einem Bad und zwei separaten Schlafzimmern. Das Ziel des ESHL ist es, moderne Energiemanagementkonzepte mit realen Bewohnern zu evaluieren. In Abbildung 8.2 ist der Küchenbereich des ESHL dargestellt, wobei es sich bei den abgebildeten Haushaltskomponenten um intelligente Haushaltskomponenten der Firma Miele[2] handelt. Sie sind mit einem Kommunikationsmodul ausgestattet, über welches sie ihren aktuellen Zustand kommunizieren und auf bestimmte Steuerbefehle reagieren können. Die Kommunikation mit diesen Haushaltskomponenten erfolgt über ein von Miele angebotenes Gateway. Dadurch erfüllen diese Haushaltskomponenten die Definition der intelligenten Haushaltskomponenten nach Abschnitt 2.2.1.

Des Weiteren sind im ESHL alle Steckdosen und die Zuleitungen zu den einzelnen Haushaltskomponenten mit Messschaltungen und Relais

---

[1] http://meregiomobil.forschung.kit.edu
[2] http://www.miele-at-home.de/

Abbildung 8.2: Küche des ESHL mit kommunikationsfähigen Haushaltsgeräten

versehen, um einerseits den aktuellen Zustand aller elektrischen Komponenten genau erfassen zu können und andererseits die Stromzufuhr zu
den Haushaltskomponenten vom Energiemanagement ein- bzw. ausschalt-
bar zu machen. Hierdurch erfüllen die Steckdosen die Eigenschaft eines
in Abschnitt 3.4 dargestellten Smart-Plugs und können somit auch am
Energiemanagement teilnehmen.

Das ESHL ist mit einer PV-Anlage sowie einem BHKW für Heizung und Warmwasserbereitung ausgestattet. Beide verfügen über eine
Kommunikations- bzw. Steuermöglichkeit, die es ihnen ermöglicht, in
das Energiemanagement eingebunden zu werden. Der Anschluss der
PV-Anlage erfolgt über einen Wechselrichter im Technikraum.

Für die grafische Interaktion mit dem Benutzer sind Touchpanels an den
Wänden angebracht, im Hauptraum zwei, in den Schlafzimmern jeweils
eines. Diese entsprechen den in Abschnitt 2.2.5 eingeführten Energy
Management Panels (EMP). Die vorgenannten Komponenten sind in
Abbildung 8.1 analog zu ihrer realen Anbringung im ESHL eingezeichnet.

Neben dem ESHL befindet sich ein Parkplatz für ein Elektrofahrzeug
mit einer *Wallbox*, die zum Laden (bzw. Rückspeisen) der Fahrzeuge
dient, wobei das angeschlossene Fahrzeug über diese mit dem Energiemanagement kommunizieren kann.

185

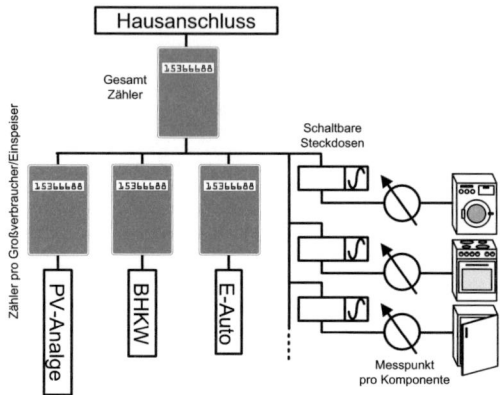

Abbildung 8.3: Elektrotechnischer Blockschaltplan des ESHL

Zusammenfassend wird deutlich, dass alle relevanten Komponenten über eine Mess- bzw. Steuermöglichkeit verfügen und somit das ESHL den in Abschnitt 2.2 dargelegten Konzepten eines Smart Homes im Sinne der vorliegenden Arbeit entspricht. Abbildung 8.3 stellt das zugehörige Blockschaltbild dar und verdeutlicht den vorgenannten Umstand.

Als zentrale Energiemanagement-Plattform wird im ESHL das Organic Smart Home eingesetzt, worauf im Folgenden näher eingegangen werden soll.

8.1.1 Einsatz des Organic Smart Home im ESHL

Während der Projektlaufzeit von MeRegioMobil wurden mehrere Wohnphasen mit Probanden durchgeführt und evaluiert. Im Abschlussbericht AP 522 [PKJ11] des Projekts wird die Analyse einer realen Wohnphase im ESHL diskutiert. In dieser Wohnphase wurden unterschiedliche Lastmanagement-Szenarien untersucht. Ebenso wurde ein autonomes Energiemanagement auf Basis des Organic Smart Homes evaluiert. In diesem Kontext kam ein einfaches Optimierungsverfahren mit einem zeitvariablen Preissignal zum Einsatz, wie es näher in Abschnitt 5.3.1 beschrieben wird.

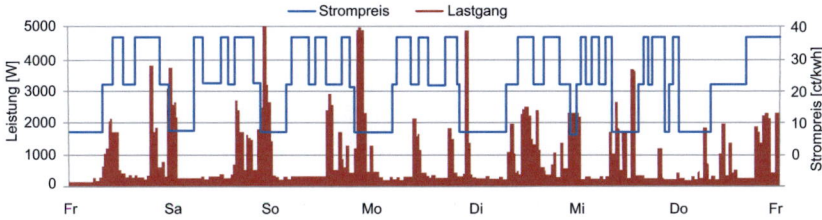

Abbildung 8.4: Beispieldatensatz aus einer realen Wohnphase, angelehnt an [PKJ11]

Wie bereits zu Beginn dieses Kapitels erwähnt, gestaltet sich die qualitative und quantitative Bewertung der Funktionsweise des Energiemanagements in einem realen Szenario schwierig, da keine direkte Vergleichbarkeit vorhanden ist. In [PKJ11] wird beschrieben, dass während der Wohnphasen durch das eingesetzte Energiemanagement eine Verschiebung der Last in Bereiche mit einem niedrigen Stromtarif zu beobachten war. Abbildung 8.4 stellt die Daten einer Woche in einer realen Wohnphase dar. Hier ist deutlich zu erkennen, dass die Last vermehrt in die Abendstunden verschoben wurde. In den Wochen ohne eine Optimierung durch das Energiemanagement war ein solches Verhalten weniger oder nicht derart stabil zu beobachten.

Des Weiteren boten die Wohnphasen eine wertvolle Datenbasis, um die Simulationsumgebung zu kalibrieren. Einige der dabei relevanten Größen waren beispielsweise das Einsatzverhalten der Haushaltskomponenten sowie insbesondere das Verhalten der Bewohner bei der Nutzung der Haushaltskomponenten und der Festlegung der zeitlichen Freiheitsgrade für die steuerbaren, zeitabhängigen Haushaltskomponenten. Die Komponenten der simulativen Evaluation werden im folgenden Abschnitt vorgestellt.

8.2 Simulative Evaluation

In diesem Abschnitt wird auf die wesentlichen Ergebnisse der Evaluation der Hauptaspekte dieser Arbeit eingegangen und dabei analysiert, wie sich qualitativ und quantitativ die Wirksamkeit eines intelligenten Energiemanagements zeigen kann.

Hierbei liegt der Fokus auf dem ESHL. Der simulierte Haushalt soll möglichst genau dieses Wohnlabor mit seinen Parametern widerspiegeln. Während der Wohnphasen wurden Profile der einzelnen Haushaltskomponenten im ESHL aufgezeichnet, welche die Basis der einzelnen Lastgänge der simulierten Haushaltsgeräte bilden.

In der Simulation werden unterschiedliche Haushaltsgerätetypen modelliert. Folgende Typen von Haushaltsgeräten werden unterstützt:

- Geschirrspülmaschine

- Waschmaschine

- Wäschetrockner

- Backofen

- Kochfeld

Ebenso verfügt der simulierte Haushalt über eine PV-Anlage sowie über ein BHKW, die beide als dezentrale Erzeuger eingesetzt werden. Bei beiden Anlagen wurden in der Simulation Kenndaten verwendet, die denen der Anlagen im ESHL entsprechen.

Wie in Abschnitt 4.4 beschrieben, handelt es sich bei der Simulationskomponente für das Organic Smart Home um eine agentenbasierte Simulation. Um das reale Szenario des ESHL simulativ abbilden zu können, ist es erforderlich, dass für jede Klasse der im ESHL vorhandenen Haushaltskomponenten ein eigener Simulationsagent entwickelt wird. Diese Simulationsagenten sollen das Verhalten der realen Komponenten möglichst genau abbilden und insbesondere die gleichen Austauschobjekte (OX/CX) wie die realen Komponenten unterstützen (vgl. Abschnitt 4.3.3). Die Simulation zur Evaluation des Organic Smart Homes in der vorliegenden Arbeit umfasst somit die in Tabelle 8.1 dargestellten Simulationsagenten. Darin ist zu erkennen, dass sich sämtliche betrachteten

Tabelle 8.1: Übersicht über die verwendeten Simulationsagenten

Haushaltskomponente	Simulationsagent	Lokale O/C-Einheit
Waschmaschine, Trockner, Spülmaschine	VirtualGeneric-TimedAppliance	TimedAppliance-Observer, TimedApplianceController
Kochfeld, Backofen	VirtualGeneric-TimedAppliance	TimedAppliance-Observer
PV-Anlage	VirtualPv	PvObserver
Grundlast	VirtualBaseload	BaseLoadObserver
BHKW	VirtualCHP	CHPObserver, CHP-Controller

Haushaltskomponenten jeweils einen Simulationsagenten sowie eine passende O/C-Einheit, wie auch im realen Szenario, teilen. Das Kochfeld und der Backofen werden in dem vorliegenden Szenario nur als beobachtbar angesehen und somit werden für diese Haushaltskomponenten nur lokale Observer erzeugt.

Des Weiteren ist es notwendig, die externen Signale zur Beeinflussung an das Energiemanagement zu kommunizieren. Die realen COM-Treiber werden, wie in Tabelle 8.2 dargestellt, durch Simulationsagenten ersetzt. Dabei wird je ein Simulationsagent für die externen Signale vom Energieversorger (zeitvariabler Stromtarif), einer für die Signale vom Netzbetreiber (Lastbegrenzungssignal) sowie ein Simulationsagent für die Benutzerpräferenzen in Form der Freiheitsgrade für die zeitabhängigen Haushaltskomponenten eingesetzt.

Tabelle 8.2: Simulierte COM-Treiber

Externes Signal	Simulationsagent	COM-Manager
Strompreissignal und Lastgrenzsignal	VirtualDsmSignal-ProviderComDriver	DsmComManager
Freiheitsgrad, Benutzerinteraktion	VirtualDoFProvider	DoFProviderCom-Manager

In den folgenden Abschnitten wird nun genauer auf die einzelnen Simulationsagenten eingegangen. Es wird aufgezeigt, wie die Grundlagen und Daten zustande kommen, die für die Simulation der einzelnen Haushaltskomponenten sowie der externen Signale notwendig sind.

Simulierte zeitabhängige Haushaltskomponenten

Wie aus Tabelle 8.1 zu entnehmen, handelt es sich bei den zeitabhängigen Haushaltskomponenten um die Simulation von:

- Waschmaschine

- Trockner

- Spülmaschine

- Kochfeld

- Backofen

Für die Simulation dieser Haushaltskomponenten mussten geeignete Einsatzprofile mit Startzeitpunkten gefunden werden.

Im Rahmen der vorliegenden Arbeit kommen für die Haushaltskomponenten aus der Klasse der zeitabhängigen Haushaltskomponenten dynamische Screenplays, wie sie in Abschnitt 4.4 beschrieben werden, zum Einsatz.

Es sei in diesem Zusammenhang noch einmal angemerkt, dass der Einschaltzeitpunkt einer steuerbaren Haushaltskomponente dem Zeitpunkt der Programmierung entspricht. Das bedeutet, dass die Komponente ab diesem Zeitpunkt in der Lage ist, mit einem gewissen Freiheitsgrad am Energiemanagement teilzunehmen. Dahingegen entspricht der Einschaltzeitpunkt einer nur beobachtbaren Haushaltskomponente dem tatsächlichen Zeitpunkt, an dem die Komponente in den Zustand *an* übergeht (vgl. Abschnitt 6.4).

Dabei werden die Einschaltzeitpunkte der Komponenten dynamisch zur Simulationszeit auf Basis errechneter Wahrscheinlichkeiten bestimmt. Die Berechnung dieser tageszeit- sowie saisonabhängigen Wahrscheinlichkeiten erfolgt - wie in [Maus12] und [APS12] bereits beschrieben - auf Basis des VDEW-H0-Profils [Ener12], welches in Abbildung 8.5 dargestellt ist. Ziel der in [Maus12] durchgeführten Betrachtungen ist die Ermittlung der

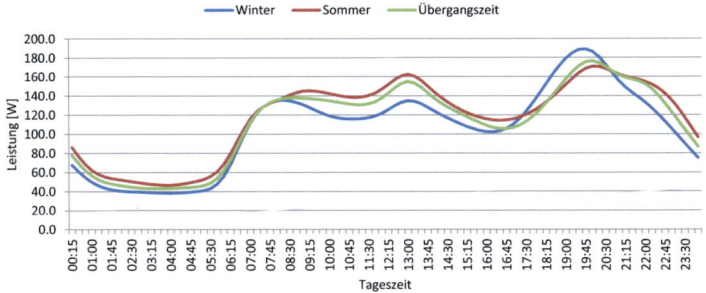

Abbildung 8.5: Lastprofile für Haushalte VDEW-H0 [Ener12]

Nutzungshäufigkeit von Haushaltskomponenten im Zusammenhang mit der Anzahl der in einem Haushalt lebenden Personen. Die in [Maus12] für die Herstellung dieses Zusammenhangs herangezogenen Daten basieren auf einer Erhebung der *EnergieAgentur.NRW* [Ener12]. Auf Basis dieser Nutzungshäufigkeiten können Startzeitpunkte für Haushaltskomponenten bestimmt werden, die die Eingangsdaten für die Simulation darstellen.

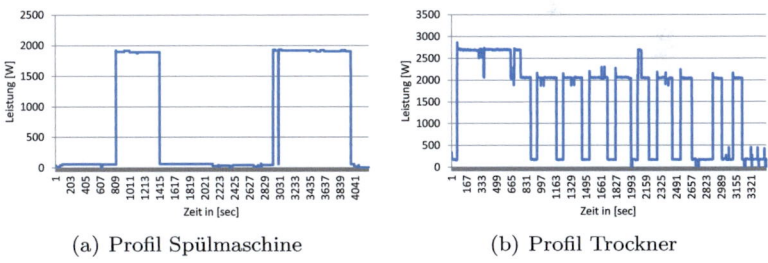

(a) Profil Spülmaschine   (b) Profil Trockner

Abbildung 8.6: Profile von Haushaltskomponenten

Die Profile der einzelnen Haushaltskomponenten basieren auf Daten, die in den Wohnphasen von den Haushaltskomponenten im ESHL aufgezeichnet und in die Simulation integriert wurden. Diese Profile bestehen aus sekündlich gemessenen Leistungswerten. Für das Beispiel einer Spülmaschine und eines Wäschetrockners sind diese Werte in Abbildung 8.6 dargestellt.

Simulation der Photovoltaik-Anlage

Neben den technischen Kenndaten bildet das Einstrahlungsverhalten der Sonne eine der maßgeblichsten Variablen für die Simulation einer PV-Anlage. Im Kontext dieser Arbeit wurde bewusst auf eine einfache Simulation gesetzt, die das durchschnittliche Einstrahlungsverhalten im Südwesten Deutschlands widerspiegelt, wo auch das ESHL steht. Dabei erfolgte eine saisonabhängige Betrachtung, wobei zwischen Sommer und Winter sowie einer Übergangszeit unterschieden wird. Diese Übergangszeit repräsentiert dabei sowohl Frühjahr als auch Herbst. Ein komplexeres Simulationsmodell würde für die Aussagekraft der hier durchgeführten Evaluation keinen Mehrwert liefern, da hier gezeigt werden soll, wie sich das Energiemanagement auf ein PV-Einspeiseprofil einstellt. Dabei wird davon ausgegangen, dass diese Einstellung für beliebige Profile erfolgt.

Auch externe Einflüsse, z.B. Verschattung durch Wolken, Regen etc., wurden hierbei nicht betrachtet. Die Validierung der vorliegenden Arbeit fokussiert auf die Funktionalität eines Energiemanagementsystems und weniger auf dessen rein quantitativen oder monetären Vorteil. Als Grundlage für die Simulation wurden außerdem die Kenndaten der am ESHL verbauten Anlage verwendet.

Simulation Grundlast

Um ein realistisches Verhalten eines Smart Homes in einer Simulation abzubilden, müssen zum einen die Haushaltskomponenten simuliert werden, die an dem Energiemanagement teilnehmen. Dies wird, wie bereits beschrieben, in einzelnen Simulationsagenten realisiert, die mit dem Energiemanagement interagieren. In einem Haushalt fällt jedoch zusätzlich eine Menge von Minimalverbrauchern an, die in Summe durchaus relevante Leistungswerte ergeben. Diese bilden gemeinsam die sogenannte Grundlast[3].

Die Entwicklung des Simulationsagenten für die Grundlast erfolgte bereits in [Maus12] und soll an dieser Stelle zusammengefasst werden. Die Grundlage für die Berechnung der Grundlast in der verwendeten Simulation orientiert sich analog zu den Einschaltzeitpunkten an dem

---

[3]Vergleiche dazu die Modellierung in Abschnitt 5.2

VDEW-H0-Profils [Ener12]. Eine exemplarische Darstellung der Grundlast auf dieser Basis ist in Abbildung 8.7 zu erkennen.

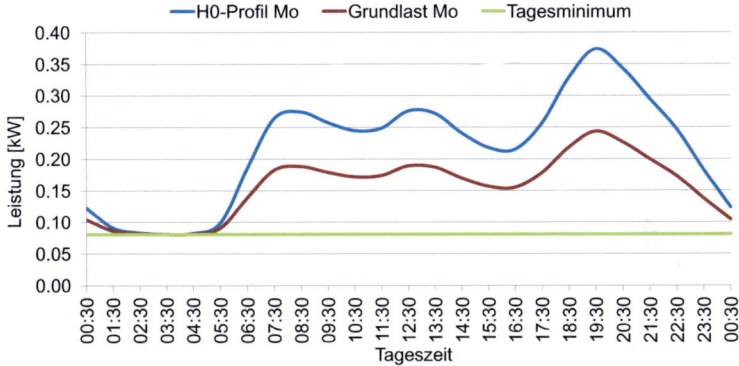

Abbildung 8.7: Erzeugung der Grundlast aus dem H0-Profil, entnommen
aus [Maus12]

Das zur Berechnung der Grundlast verwendete H0-Profil wurde dabei um
den Leistungsbetrag der mit Agenten simulierten Haushaltskomponenten
reduziert und darüber hinaus wurde angenommen, dass im Zeitraum des
Tagesverbrauchsminimums keines dieser Geräte betrieben wird und somit
die Grundlastkurve in diesem Bereich identisch zu dem Tagesminimum
ist.

Die Simulation der Grundlast ist insofern von Bedeutung, da sie bei
einem Haushalt mit dezentralen Erzeugern die verfügbare Leistung, die
beispielsweise durch eine Lastverschiebung von Geräten genutzt werden
kann, reduziert. Diese Reduktion ist insbesondere bei der PV-Anlage im
Winter ein relevanter Aspekt, da in den Morgen- und Nachmittagsstunden
teilweise die Produktion der Anlage unterhalb der Grundlast liegt, was sie
für das Energiemanagement uninteressant macht. Für das Energiemanagement besteht daher kein Anlass, eine steuerbare Haushaltskomponente
in einen solchen Zeitraum zu verschieben.

Simulation des BHKWs

Für eine Simulation des BHKWs ist eine thermische Simulation des zu simulierenden Gebäudes erforderlich. Dafür werden zum einen Daten über die Heizlast, zum anderen über typische Warmwasser-Zapfprofile benötigt.

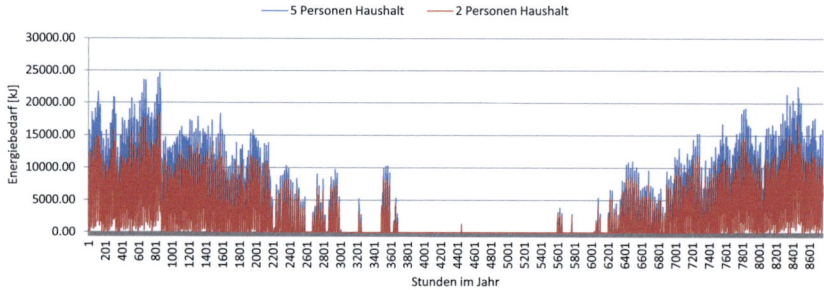

Abbildung 8.8: Heizlast im simulierten Haus

Die thermische Simulation kann durch die in [GBK+11] beschriebene agentenbasierte Simulationskomponente realisiert und in das Organic Smart Home eingebunden werden. Die dazu erforderlichen Kalibrierungsdaten wurden durch Grässle at al. [GBK+11] im Rahmen einer auf TRNSYS[4] basierenden Simulation für Gebäudedaten evaluiert und in den entsprechenden Simulationsagenten integriert.

Diese Simulation wurde entsprechend der Simulationsanordnung um die in Abschnitt 8.3 beschriebenen Haushaltsgrößen skaliert. Dabei wurde zum einen die Heizlast angepasst, wie in Abbildung 8.8 zu erkennen und zum anderen die typischen Warmwasserprofile auf die Anzahl der im Haushalt befindlichen Personen angeglichen.

Ein beispielhaftes Warmwasser-Zapfprofil für einen Tag in einem 5-Personen-Haushalt liefert Abbildung 8.9.

---

[4] http://www.trnsys.com/

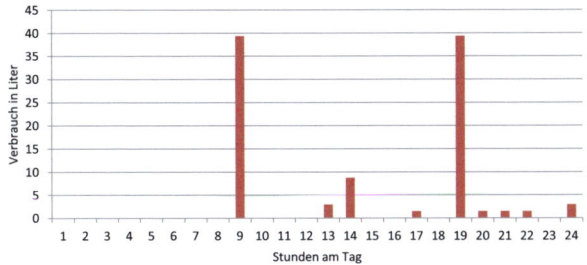

Abbildung 8.9: Warmwasser-Zapfprofil, 5 Personen (beispielhafter Tag)

Simulation der externen Signale

In der vorliegenden Arbeit werden zwei unterschiedliche Typen von Signalen benutzt. Dabei handelt es sich um Lastgrenzen sowie Strompreissignale, wie sie in Abschnitt 2.2.4 näher erläutert wurden. In Abbildung 8.10 ist exemplarisch je ein zeitvariables Lastbegrenzungssignal sowie ein zeitvariables Strompreissignal abgebildet, dessen Grundlagen in [Maus12] geschildert werden.

Simulierte Benutzerpräferenzen

Im Gegensatz zu [Maus12] konzentriert sich die Evaluation der vorliegenden Arbeit auf je ein bindendes längerfristiges Strompreissignal sowie ein Lastbegrenzungssignal. Beide Signale werden alle 12 Stunden an den Haushalt übertragen und gelten für einen Horizont von 36 Stunden in die Zukunft. Dies bedeutet, dass für die Optimierung zu jedem Zeitpunkt mindestens ein Horizont von 24 Stunden in die Zukunft zur Verfügung steht, da bereits kommunizierte Größen nicht mehr verändert werden.

Orientiert ist das Strompreissignal, wie in [Maus12] beschrieben, an dem H0-Profil und genügt den Forderungen des aktuellen deutschen Energiewirtschaftsgesetzes [Bund12d], wodurch dieses Strompreissignal als durchaus realistisch angenommen werden kann.

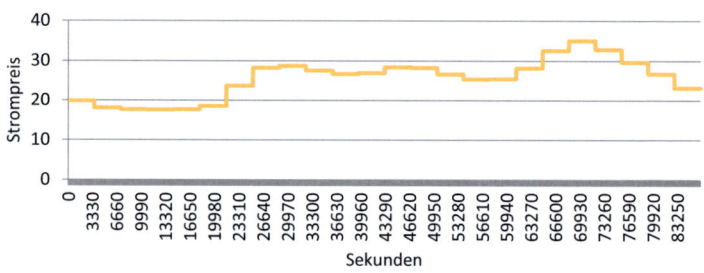

(a) Zeitvariables Strompreissignal

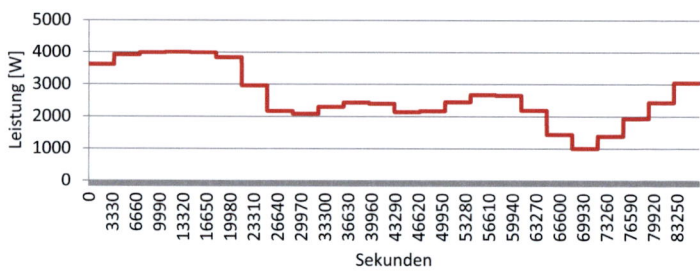

(b) Zeitvariables Lastbegrenzungssignal

Abbildung 8.10: Externe Signale

In [Maus12] werden folgende Forderungen an ein solches Signal formuliert:

- Es existiert ein maximaler Strompreis.

- Es existiert ein minimaler Strompreis.

- Es existiert ein mittlerer Strompreis, welcher bei einer konstanten Entnahme elektrischer Energie im Tagesmittel erzielt wird.

- Der Strompreis wird, unter Beachtung der oben genannten Grundsätze, frei vom Stromanbieter festgelegt.

Das verwendete Lastbegrenzungssignal weicht von dem Ansatz in [Maus12] ab. Dort wird von einer konstanten Lastgrenze für den gesamten Horizont des Signals ausgegangen. In der vorliegenden Arbeit wird jedoch von einem zeitvariablen Lastbegrenzungssignal ausgegangen, das eventuell durch einen Netzbetreiber übermittelt werden kann. Für die folgenden Experimente wird ein Lastbegrenzungssignal angenommen, das sich stets antizyklisch zu dem Strompreissignal verhält, wie es in Abbildung 8.10 dargestellt ist.

Konkret bedeutet dies, dass die Lastgrenze zu dem Zeitpunkt des maximalen Strompreises am geringsten ist, während sie bei einem niedrigen Strompreis hoch ist[5]. Dieser antizyklische Charakter kann eine recht realistische Aussage über den Zustand des Netzes machen: Wenn eine hohe Nachfrage und damit ein hoher Strompreis besteht, ist auch das Netz stark belastet. Durch die geringere Lastgrenze soll diesem Zustand weiter entgegengewirkt werden. Ebenso sind auch Signale denkbar, die zu Zeiten eines geringen Strompreises durch eine niedrige Lastgrenze eine Überlastung eines lokalen Netzes vermeiden. Derartige Signale sind jedoch nicht Gegenstand der vorliegenden Arbeit.

Die Simulation der Benutzerpräferenzen wird im vorliegenden Szenario auf die Festlegung der zeitlichen Freiheitsgrade $tDoF_j$ der Haushaltskomponente j für alle steuerbaren, zeitabhängigen Haushaltskomponenten reduziert.

---

[5]Die Begründung für die beiden Signale von unterschiedlichen Entitäten liefert Abschnitt 2.2.4

Die zeitlichen Freiheitsgrade werden auf Basis der in [Maus12] vorgestellten Konzepte wie folgt bestimmt:

- Für Geräte mit einem zeitlichen Freiheitsgrad wird ein maximaler Freiheitsgrad von $tDoF_{max} = 57600sec$ (16 Stunden) angenommen.

- Dieser verkürzt sich, falls die Geräte zweimal an einem Tag eingeplant werden, um die Hälfte, also auf 8 Stunden.

- Der Erwartungswert des Freiheitsgrads $tDoF$ ist mit genau der Hälfte des Maximalwerts festgelegt, woraus sich eine Granularität der möglichen Werte für $tDoF$ von 900 Sekunden (15 Minuten) ergibt.

- Diese Werte sollen dabei folgender Binomialverteilung genügen:

$$tDoF_j = 900 \cdot Bin\left(\frac{tDoF_{max}}{900}, \frac{1}{2}\right)$$

.

Die Basis dieser Werte wurde in [Maus12] aus Erfahrungswerten der realen Wohnphasen im ESHL ermittelt. Für jede Ausführung der Haushaltskomponente j wird der Freiheitsgrad $tDoF_j$ erneut berechnet, sodass eine realistische Varianz der Werte gewährleistet wird.

Im Gegensatz zu den in [Maus12] beschriebenen zwei Freiheitsgraden wird in der vorliegenden Arbeit nur ein Freiheitsgrad verwendet. Dieser wird in [Maus12] als *Hauptfreiheitsgrad* bezeichnet. Die dort beschriebenen *Nebenfreiheitsgrade* beziehen sich auf die Optimierung nach kurzfristigen Signalen, die in der vorliegenden Arbeit nicht betrachtet werden.

8.3 Haushaltskonfigurationen

Im Kontext der vorliegenden Arbeit werden verschiedene Szenarien betrachtet, die sich hinsichtlich der Haushaltsgröße sowie der Konfiguration von Haushaltskomponenten unterscheiden.

Zunächst wird als maximales Szenario ein 5-Personen-Haushalt, also beispielsweise eine Familie mit 3 Kindern vorgestellt. Eine solche Familie hat einen signifikanten Strom- und Wärmebedarf, der den Einsatz eines

BHKWs sinnvoll erscheinen lässt. Es wird davon ausgegangen, dass dieser Haushalt in einem Einfamilienhaus lebt und somit die Möglichkeit hat auf dem Dach eine Solaranlage zu installieren. Als Kontrast dazu wird der 2-Personen-Haushalt vorgestellt, der über die gleiche Konfiguration an Haushaltskomponenten verfügt wie der 5-Personen-Haushalt. Er unterscheidet sich jedoch stark, was die Nutzungshäufigkeit der Haushaltskomponenten und den Bedarf an Heizung und Warmwasser angeht. Dies basiert auf den Zusammenhängen, die im vorigen Abschnitt im Rahmen der Erläuterungen zur Simulation der zeitabhängigen Haushaltskomponenten und des BHKWs hergestellt wurden. Durch diese Modellierung soll die Vergleichbarkeit der Szenarien sichergestellt werden.

Durch die Betrachtung zweier unterschiedlicher Haushaltsgrößen kann evaluiert werden, ob und inwiefern Unterschiede hinsichtlich des Optimierungspotenzials bestehen. Die Wahl der Personenzahl lässt sich anhand eines einfachen Beispiels erläutern: Vor dem Hintergrund der relativ hohen Nebenkosten einer größeren Familie werden die dezentralen Erzeuger sowie das Energiemanagementsystem angeschafft. Mit dem Auszug der drei Kinder ist die technische Konfiguration des Haushalts prinzipiell noch die gleiche, jedoch wird von den noch verbliebenen zwei Personen, eine wesentlich geringere Last erzeugt. Zudem kann durch diese Betrachtung evaluiert werden, wie stabil das Energiemanagement auf die veränderte Situation reagiert. Daher wurden in der vorliegenden Arbeit grundsätzlich je ein 2- und ein 5-Personen-Haushalt untersucht.

Darüber hinaus wurden die Haushaltskomponenten, die zum Einsatz kommen, sowie die Zielgrößen in den durchgeführten Experimenten variiert. Wie dies im Einzelnen erfolgte, erläutert der nächste Abschnitt.

8.4 Durchgeführte Experimente

Die Evaluation des Organic Smart Home wird in der vorliegenden Arbeit, wie bereits erwähnt, simulativ durchgeführt. Durch diese Simulation soll gezeigt werden, dass die hier vorgestellte Laufzeitumgebung und das Rahmenwerk in einer gegebenen Umgebung den Erwartungen entsprechend reagieren.

Um dies zu verdeutlichen, wurden die in Tabelle 8.3 dargestellten Experimente durchgeführt und ausgewertet.

Tabelle 8.3: Übersicht über die durchgeführten Experimente

Untersuchungsziel	externes Signal	Experiment
Maximierung des Eigenstromverbrauchs sowie der Eigenstromversorgung durch Lastmanagement	SPS + LBS	A: Eigenstrom
Minimierung der Stromkosten durch Lastmanagement	SPS + LBS	B: Kostenminimierung
Qualitative Auswertung des Lastmanagements	SPS + LBS	C: Lastmanagement
Lastmanagement mit Prädiktion	SPS + LBS	D: Prädiktion
Minimierung der Überschreitung des Lastbegrenzungssignals	LBS	E: Lastlimit
Kalibrierung des Evolutionären Algorithmus	SPS + LBS	F: Kalibrierung

Als zeitliche Basis für die Auswertungen wurde je ein Jahr angenommen, d.h. es wurde je Lauf ein vollständiges Jahr simuliert. Die zeitliche Auflösung der Simulation erfolgte in Sekundenschritten, was auch der Messauflösung der einzelnen Komponenten in dem realen Szenario des ESHL entspricht (vgl. Abschnitt 8.1).

Zunächst wird die Maximierung des Eigenstromverbrauchs und der Eigenstromversorgung untersucht. Diese Größen stellen im Zusammenhang der Evaluation wichtige Zielgrößen dar, die deutlich die Auswirkungen der Optimierung zeigen, ohne dabei primär finanzielle Anreize in den Vordergrund zu stellen.

In Experiment B werden daraufhin die finanziellen Auswirkungen der in A betrachteten Szenarien untersucht, es erfolgt eine Kostenminimierung. Experiment C betrachtet eine qualitative Auswertung des betriebenen Lastmanagements, während sich Experiment D mit den möglichen Auswirkungen einer Prädiktion auf die Qualität der Ergebnisse beschäftigt. In allen bisher beschriebenen Experimenten wurden sowohl zeitvariable Strompreis- als auch Lastbegrenzungssignale eingesetzt (vgl. Tabelle 8.3). Um die Auswirkungen einer reinen Lastbegrenzung genauer zu untersuchen, soll die Grenzüberschreitung in Experiment E minimiert werden unter der Annahme eines konstanten Strompreises.

Der eingesetzte evolutionäre Algorithmus verfügt über einige Stellschrauben, die es insbesondere für seinen Einsatz in der realen Umgebung des ESHL zu kalibrieren galt. Eine dafür nötige Untersuchung wird in Experiment F vorgestellt.

In allen Experimenten bildet das in Abschnitt 5.3.2 geschilderte komplexe Szenario den Ausgangspunkt für die Haushaltskonfigurationen sowie die Zielgrößen. Dazu gehören die folgenden Aspekte:

- Verwendung von zeitabhängigen Haushaltskomponenten mit Freiheitsgrad $tDoF$

- Verwendung eines Lastbegrenzungs- sowie Strompreissignals

- Verwendung eines steuerbaren dezentralen Erzeugers (BHKW)

- Verwendung eines nicht steuerbaren dezentralen Erzeugers (PV-Anlage)

- Betrachtung der nicht steuerbaren, beobachtbaren Haushaltskomponenten

- Betrachtung der Grundlast des Haushalts

- Betrachtung der zusätzlichen Kosten

- Minimierung der Gesamtkosten

Welche Komponenten jeweils in die Optimierung mit einfließen, kann der ausführlichen Vorstellung der Experimente entnommen werden.

Während der Experimente werden immer die nicht im globalen Controller optimierten Ergebnisse (unoptimierter Fall) mit den optimierten verglichen (optimierter Fall). Diese werden wie folgt unterschieden:

- Der **optimierte Fall** bedeutet, dass alle Haushaltskomponenten und die dezentralen Erzeuger mit dem in Abschnitt 6.2 beschriebenen teilproblembasierten evolutionären Algorithmus optimiert werden. Hierbei kommt das hierarchische Energiemanagement mit globaler O/C-Einheit zum Einsatz.

- Im **unoptimierten Fall** wird die globale Optimierung durch die globale O/C-Einheit ausgeschaltet. Die lokalen O/C-Einheiten bleiben jedoch aktiv. So werden diese aufgrund ihrer lokalen Entscheidungen die mit ihnen assoziierten Haushaltskomponenten steuern.

Tabelle 8.4 gibt dabei einen Überblick über das Verhalten der Haushaltskomponenten in beiden Fällen.

Tabelle 8.4: Verhalten im optimierten und unoptimierten Szenario

Haushaltskomponente	optimiert	unoptimiert
zeitabhängig, steuerbar (Vertreter: Spülmaschine etc.)	Erzeugt EA-Part, globale Optimierung im globalen Controller	Startet, wenn von Benutzer freigegeben, sofort
dauerhaft, steuerbar (Vertreter: BHKW)	Erzeugt EA-Part, globale Optimierung im globalen Controller	Startet durch Entscheidung des lokalen Controllers
nicht steuerbar (Vertreter: Kochfeld, PV-Anlage etc.)	Erzeugt Observable-EA-Part	keine Reaktion

Die folgenden Abschnitte stellen die durchgeführten Experimente sowie deren Ergebnisse ausführlich dar.

8.4.1 Experiment A: Maximierung von Eigenstromverbrauch und -versorgung

Das vorliegende Szenario dient der quantitativen Betrachtung des Optimierungspotenzials. Dabei wird der Strom von den dezentralen Erzeugern zu gewissen Zeitpunkten erzeugt. Der Verbrauch der einzelnen Haushaltskomponenten soll nun so verschoben werden, dass er sich möglichst gut mit der Erzeugung deckt und dabei die Verwendung des selbst erzeugten Stroms maximiert. Hierbei werden zwei Größen betrachtet: der Eigenstromverbrauch und die Eigenstromversorgung, die wie folgt definiert werden:

- Der **Eigenstromverbrauch** ist der prozentuale Anteil der dezentral erzeugten Energie, der in dem Moment der Erzeugung direkt von Haushaltskomponenten verbraucht wird. Ist er beispielsweise 1,0 – also 100% – so wird momentan die gesamte dezentral erzeugte Energie direkt lokal im Haushalt verbraucht.

- Die **Eigenstromversorgung** ist der prozentuale Anteil am Gesamtenergieverbrauch des Haushalts, der über die dezentralen Erzeuger gedeckt werden kann. Hierbei wird ebenso auf die Gleichzeitigkeit von Erzeugung und Verbrauch Wert gelegt.

Um diesen Zusammenhang zu verdeutlichen, zeigt Abbildung 8.11 hierfür ein konkretes Beispiel.

Weiterhin wird eine Kostenminimierung als Zielfunktion eingesetzt. Der Einsatz der Kostenfunktion ist deshalb möglich, weil die Kosten für den von den dezentralen Erzeugern erzeugten und selbst verbrauchten Strom bei 0 liegen[6]. So ist es aus Sicht einer kostenbasierten Optimierung sinnvoll, in Richtung der Verwendung der dezentralen Erzeuger zu maximieren. Wird also der von dem Haushalt konsumierte Strom direkt von den dezentralen Erzeugern generiert, so wären die Stromkosten 0 und in dem vorliegenden Szenario als minimal anzusehen[7].

---

[6]Wie bereits erwähnt, werden hier keine Einspeisevergütungen o.ä. betrachtet. Es wird ferner davon ausgegangen, dass es in jedem Fall günstiger ist, den selbst erzeugten Strom zu verbrauchen.

[7]Negative Stromkosten werden in der vorliegenden Arbeit nicht betrachtet.

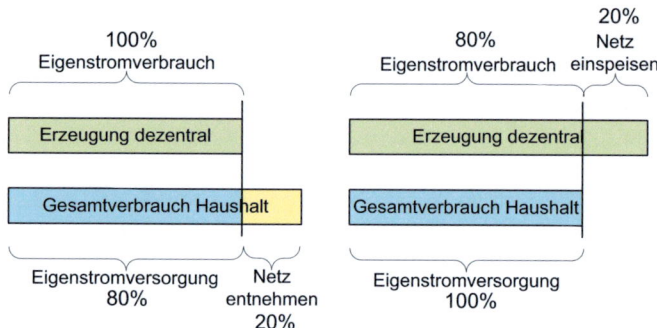

Abbildung 8.11: Verhältnis zwischen Eigenstromverbrauch und Eigenstromversorgung

Aufgrund der Tatsache, dass einige Haushaltskomponenten nicht verschiebbar sind bzw. der Freiheitsgrad der verschiebbaren Haushaltskomponenten und dezentralen Erzeuger begrenzt ist, ist eine vollständige Verwendung des dezentral erzeugten Stroms nicht immer möglich. So wird hier ein kombiniertes Modell betrachtet, wobei zunächst versucht wird, den Strombedarf durch die dezentralen Erzeuger abzudecken. Für diejenigen Fälle, in denen dies nicht möglich ist, wird versucht, die Haushaltskomponenten möglichst zu Zeiten des minimalen Stromtarifs zu betreiben und dabei die Überschreitung der gegebenen Lastgrenze zu minimieren.

Die folgenden Ergebnisse der Experimente wurden auf Basis einer Evaluation über 365 Tage erzielt. Zur besseren Übersicht sind in den Diagrammen die durchschnittlichen Werte der jeweiligen Woche angegeben. Es sei dabei aber angemerkt, dass die Verbrauchs- und Erzeugungsdaten dennoch sekundengenau berechnet wurden, was für die Aspekte der Eigenstromversorgung bzw. des Eigenstromverbrauchs relevant ist.

Abbildung 8.13 zeigt den Verlauf der Eigenstromversorgung. In diesem Experiment wurden beide dezentralen Erzeuger, also PV-Anlage und BHKW betrieben. Selbst ohne Optimierung kann ein recht gleichmäßiger Verlauf der Eigenstromversorgung festgestellt werden. Dies ist damit zu erklären, dass die meisten Haushaltsgeräte ohnehin während des Tages

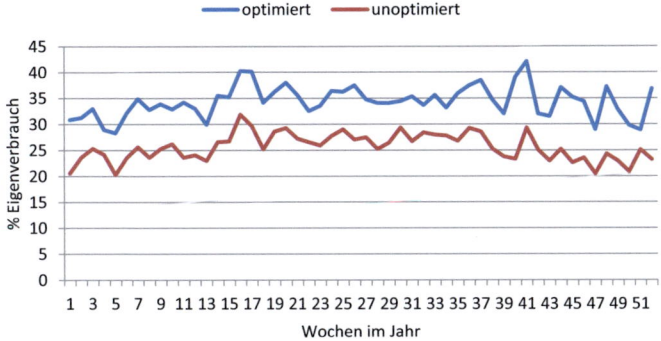

Abbildung 8.12: 5-Personen Eigenverbrauch mit BHKW und PV-Anlage

betrieben werden und sie somit in die Zeit fallen, zu der teilweise eine deutliche Einspeisung der PV-Anlage erfolgt. Dies gilt insbesondere in den Sommermonaten. In den Wintermonaten wird dieser Anteil teilweise vom BHKW übernommen.

Im nicht optimierten Fall überwacht der lokale Observer des BHKW dessen Schichtspeichertemperatur und wird beim Unterschreiten einer Grenze aufgrund einer lokalen Entscheidung dieses automatisch starten. Die simulierten Warmwasser-Zapfprofile erzeugen in den Morgenstunden einen recht hohen Warmwasser Bedarf, wie Abbildung 8.9 zu entnehmen. Es wird dabei die Tatsache modelliert, dass die Bewohner morgens duschen, was als allgemein gängiges Verhalten angesehen werden kann. Dadurch sinkt die Schichtspeichertemperatur schnell zu diesem Zeitpunkt, was ein Einschalten des BHKW bedingt. Zu dieser Zeit steigt jedoch auch, wie in Abschnitt 8.2 erläutert, analog zum H0-Profil die Wahrscheinlichkeit für das Starten von Haushaltskomponenten wie z.B. Geschirrspüler oder Waschmaschine. Dadurch liegen häufig diese Geräte bereits recht günstig hinsichtlich einer Maximierung der Eigenstromversorgung. In den Wintermonaten wird das BHKW zusätzlich stärker zum Heizen verwendet und somit kann man auch einen Anstieg der Heizlast während des Tages beobachten, was diesen Effekt noch deutlich verstärkt.

Mit der Optimierung lässt sich jedoch in dem 5-Personen-Haushalt eine sehr stabile Verbesserung erzielen. Dies ist insbesondere damit zu erklä-

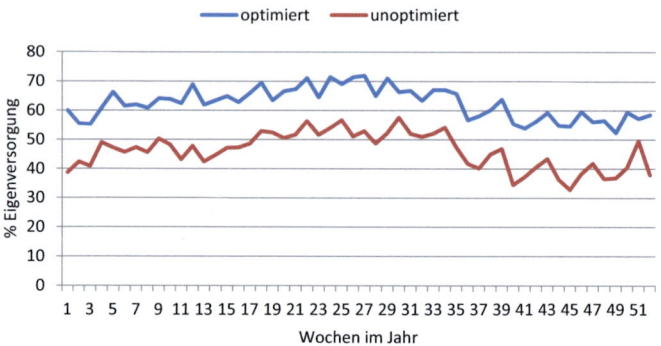

Abbildung 8.13: 5 Personen Eigenversorgung mit BHKW und PV-Anlage

ren, dass nun Haushaltskomponenten verschoben werden können und das BHKW gezielt eingesetzt werden kann, wenn mehrere Haushaltskomponenten parallel aktiv sind. Die Eigenstromversorgung zeigt ein ähnliches Bild. Hier ist, wie in Abbildung 8.13 dargestellt, ein leichter Anstieg im Sommer zu erkennen, was mit der großen PV-Einspeisung zu erklären ist.

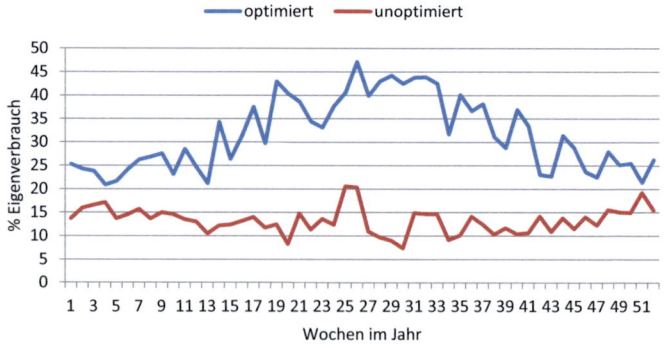

Abbildung 8.14: 5 Personen Eigenverbrauch nur BHKW

Wird im 5-Personen-Haushalt auf die Photovoltaikanlage verzichtet und ausschließlich ein steuerbarer dezentraler Erzeuger verwendet, in diesem Fall ein BHKW, dann lässt sich die Auswirkung der Optimierung noch deutlicher erkennen. In Abbildung 8.14 sieht man, dass in den Wintermonaten der Unterschied zwischen der optimierten und unoptimierten Konfiguration deutlich geringer ist, als in den Sommermonaten. Dies ist wieder mit der bereits erwähnten Tatsache zu erklären, dass der Stromverbrauch und die notwendige Erzeugung, um den Wärmespeicher des BHKW innerhalb seiner Grenzwerte zu halten, zusammenfallen.

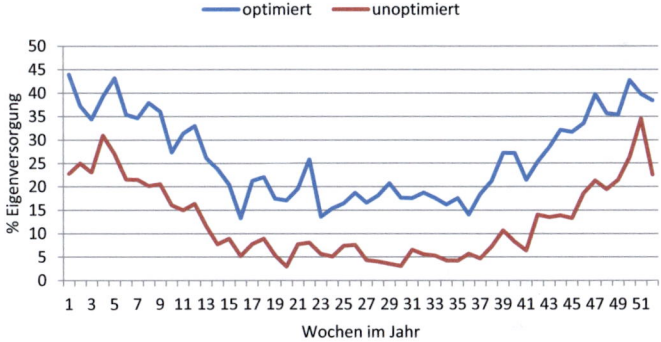

Abbildung 8.15: 5 Personen Eigenversorgung nur BHKW

Im Sommer jedoch, wenn das BHKW fast ausschließlich zur Warmwasser-Erzeugung verwendet wird und dessen Bedarf im Sommer im Allgemeinen deutlich geringer ist, wächst dadurch der Freiheitsgrad des BHKWs stark an, was die deutliche Verbesserung in dem optimierten Szenario erklärt. Nun kann das BHKW sehr gezielt dann eingesetzt werden, wenn eine große elektrische Last seitens der anderen Haushaltskomponenten gegeben ist. In diesem Fall kann das BHKW auch in die Mittagsstunden verschoben werden, in denen mit hoher Wahrscheinlichkeit durch das Kochen ein großer Verbrauch an elektrischer Energie entsteht, der jedoch nicht verschoben werden kann.

In Abbildung 8.15 ist die Eigenstromversorgung für diese Szenario abgetragen. Dort lässt sich, vergleichbar dem vorigen Szenario mit beiden dezentralen Erzeugern, auch eine stabile Erhöhung der optimierten

gegenüber der unoptimierten Kurve erkennen. Die Werte für die Eigenstromversorgung steigen für den optimierten wie für den unoptimierten
Fall gleichermaßen im Winter an, was wieder mit dem erhöhten Betrieb
des BHKW argumentiert werden kann, jedoch ist diese Kurve nicht so
gleichmäßig, wie die, in der beide dezentrale Erzeuger aktiv sind. Dies begründet sich damit, dass der Ausgleich zwischen PV-Anlage und BHKW
hier fehlt.

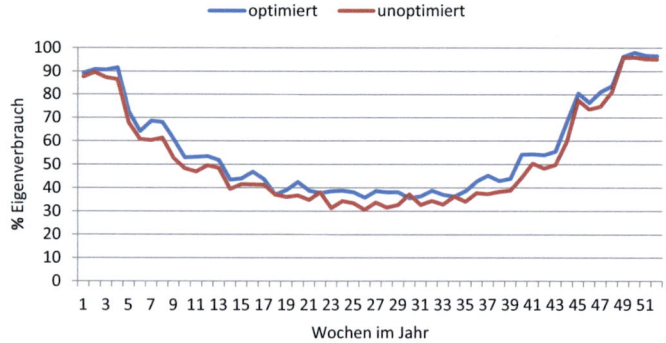

Abbildung 8.16: 5 Personen Eigenverbrauch nur PV-Anlage

Betrachtet man nun ausschließlich den nicht steuerbaren dezentralen
Erzeuger, die PV-Anlage, so kann man in den Abbildungen 8.16 und 8.17
erkennen, dass die Auswirkung der Optimierung bezüglich der betrachteten Größen hier relativ gering ist. Die hohe Eigenstromversorgung in der
Winterzeit ist damit zu erklären, dass die von der PV-Anlage erzeugte
Energie fast vollständig in die Grundlast des Haushalts fließt, was das
Optimierungspotenzial zudem faktisch auf null reduziert. Bei der Eigenstromversorgung lässt sich ein gewisses Potenzial bei der Optimierung in
den Sommermonaten feststellen, da hier die Anlage durchweg eine recht
große Leistung, auch bereits in den Morgenstunden, produziert.

Generell gilt auch in diesem Fall, dass auf Basis der gewählten Einsatzprofile der Haushaltskomponenten, wie sie in Abschnitt 8.2 beschrieben
werden, diese meist tagsüber im Einsatz sind, was sie besonders in den
Sommermonaten, mit der maximalen Leistung der PV-Anlage zeitlich
zusammenfallen lässt. Ein Potenzial für die Optimierung bleibt hier nur

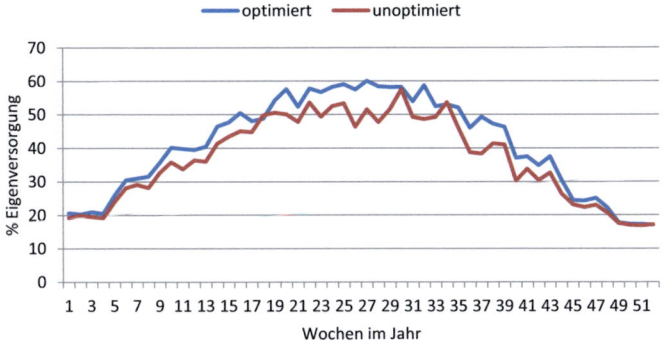

Abbildung 8.17: 5 Personen Eigenversorgung nur PV-Anlage

in den Randbereichen, in denen Haushaltskomponenten stärker in die Bereiche verschoben werden können, in denen die PV-Anlage eine größere Leistung produziert.

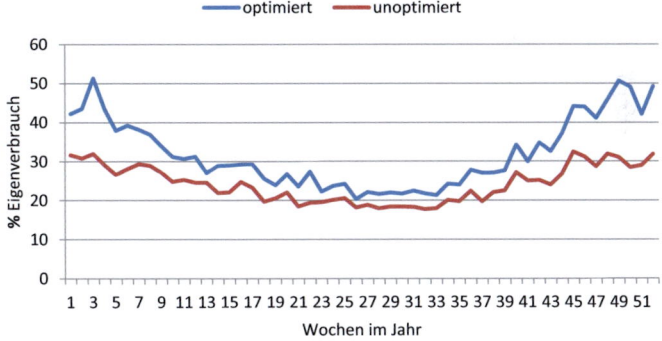

Abbildung 8.18: 2 Personen Eigenverbrauch mit BHKW und PV-Anlage

Betrachtet man nun die Haushaltsgröße nach unten skaliert, wie es in Abbildung 8.18 zu erkennen ist, stellt man fest, dass hier die Kurve nicht so ausgeglichen erscheint, wie es im 5-Personen-Haushalt der Fall ist. Dies ist zum einen damit zu begründen, dass in einem 2-Personen-Haushalt sowohl die Heizlast als auch der Warmwasserbedarf wesentlich geringer sind. Der Gradient der Temperatur im Schichtspeicher des BHKW ist somit ebenfalls wesentlich geringer. Dadurch hat das BHKW einen größeren Freiheitsgrad, was seine zeitliche Verschiebung betrifft, in gleichem Maße ist jedoch durch den geringen Gradienten der Temperatur im Schichtspeicher die zeitliche Differenz, bis das BHKW wieder zur Lastglättung eingesetzt werden kann, recht lange. Bei genauerer Analyse ist zu erkennen, dass sich das BHKW in dieser Konfiguration kontinuierlich nahe der oberen Grenztemperatur des Schichtspeichers bewegt.

Im Sommer kann hingegen, wie besonders in Abbildung 8.21 zu erkennen, festgestellt werden, dass der generelle Anstieg der Eigenstromversorgung zwischen Sommer und Winter mit der starken Überproduktion der PV-Anlage zu argumentieren ist und somit die relativ geringe Anzahl der betriebenen Haushaltskomponenten unterhalb der PV-Einspeisekurve betrieben werden können.

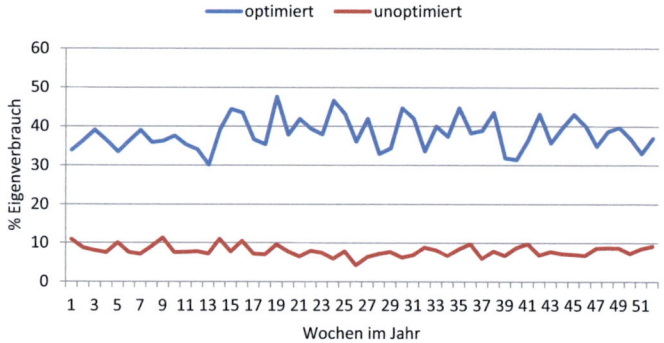

Abbildung 8.19: 2 Personen Eigenverbrauch nur BHKW

Eine weitere interessante Konstellation, welche die Wirkungsweise der Optimierung besonders herausstreicht, ist in Abbildung 8.19 und 8.20 bezogen auf Eigenstromversorgung sowie Eigenstromverbrauch dargestellt. Wird nur ein BHKW mit einem 2-Personen-Haushalt eingesetzt, so steigen Eigenstromversorgung sowie -verbrauch im optimierten Fall im Verhältnis zum unoptimierten sehr stark an.

Der evolutionäre Algorithmus in der vorliegenden Konfiguration schaffte es präzise, das BHKW genau dann einzusetzen, wenn die Haushaltskomponenten betrieben werden und die steuerbaren Haushaltskomponenten möglichst unter die Kurve des BHKW zu verschieben. Aufgrund der nicht allzu hohen Anzahl von eingesetzten Haushaltsgeräten kann somit das BHKW viel ausgleichen.

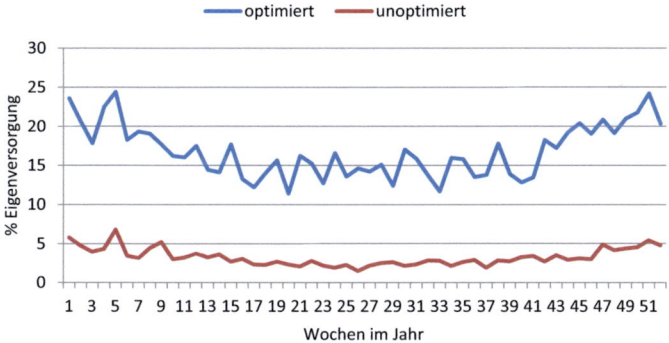

Abbildung 8.20: 2 Personen Eigenversorgung nur BHKW

Skaliert man nun den 2-Personen-Haushalt um eine weitere Person nach oben, wie in Abbildung 8.22 und 8.23 beschrieben, so erhält man einen Eindruck für die Auslegungskapaziäten der dezentralen Erzeuger. Je nach deren Einspeiseverhalten im Verhältnis zu der elektrischen wie auch der thermischen Last im Haus, die von der Anzahl der Personen im Haushalt abhängt, verändert sich stark die Auswirkung der Optimierung. Die Eigenstromversorgung im 3-Personen-Szenario zeigt eine sehr viel weniger deutliche Abweichung zwischen dem optimierten und dem unoptimierten Fall. Das gleiche gilt für den Eigenverbrauch in dieser Konstellation wie er in Abbildung 8.22 dargestellt ist; im Sommer ist hier der Unterschied recht gering, während im Winter eine starke Differenz zu beobachten ist.

Zusammenfassend kann festgestellt werden, dass die Auswirkung der Optimierung sehr von den eingesetzten Haushaltskomponenten abhängt sowie insbesondere abhängig von der Relation des Einspeiseverhaltens zu dem Stromverbrauch ist.

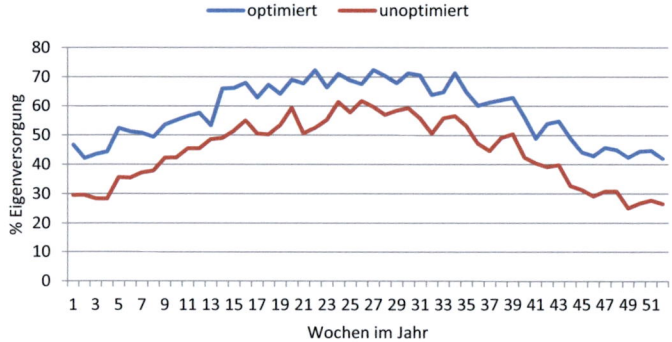

Abbildung 8.21: 2 Personen Eigenversorgung mit BHKW und PV-Anlage

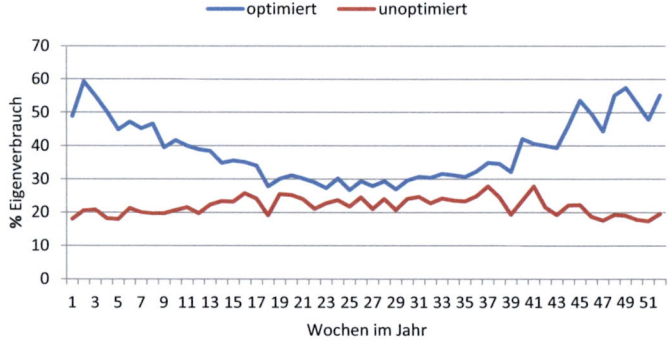

Abbildung 8.22: 3 Personen Eigenverbrauch mit BHKW und PV-Anlage

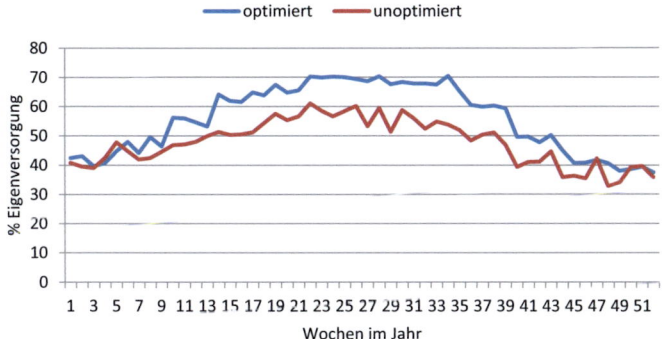

Abbildung 8.23: 3 Personen Eigenversorgung mit BHKW und PV-Anlage

Es kann dennoch gezeigt werden, dass das hier vorgestellte Optimierungsverfahren selbst mit stark unterschiedlichen Konfigurationen stabil und robust reagiert. Dabei sei angemerkt, dass keine weiteren Anpassungen an der Kalibrierung des evolutionären Algorithmus vorgenommen wurden, um die unterschiedlichen Konfigurationen zu evaluieren, sondern dies ausschließlich durch die Konfigurationsdateien (HALConfig.xml)[8] des Organic Smart Homes realisiert wurde, was auch einer Konfiguration in einem realen Szenario mit unterschiedlichen Haushaltskonfigurationen und Gegebenheiten entsprechen würde.

Die Gesamtauswirkung der Optimierung ist in Tabelle 8.5 zusammengefasst. Dabei werden je die optimierten (+) und die unoptimierten (−) Szenarien für die 2- sowie 5-Personen-Haushalte gegenübergestellt. Betrachtet wird der Eigenstromverbrauch als Maximalwert (EVbu. max.) sowie als Durchschnittswert (EVbu. avg.) und die Eigenstromversorgung ebenfalls als Maximal- (EVs. max.) und als Durchschnittswert (EVs. avg.). Hiermit wird insbesondere deutlich, dass steuerbare dezentrale Erzeuger in Kombination mit steuerbaren Haushaltskomponenten das größte Potenzial für eine Optimierung aufweisen.

---

[8]vergleiche dazu Abschnitt 4.3.4

Tabelle 8.5: Zusammenfassung der Auswirkung der Optimierung in Experiment A

Optimiert	Konfiguration	EVbu. max. [%]	EVs. max. [%]	EVbu. avg. [%]	EVs. avg. [%]
+	2-Pers. BHKW, PV	51,2	72,3	32,0	57,9
−	2-Pers. BHKW, PV	32,3	61,7	24,2	44,5
+	2-Pers. BHKW	47,77	24,4	38,2	16,8
−	2-Pers. BHKW	11,2	6,7	7,9	3,2
+	2-Pers. PV	74,4	67,7	37,1	45,3
−	2-Pers. PV	71,9	61,7	35,2	42,5
+	5-Pers. BHKW, PV	42,0	71,9	34,3	62,5
−	5-Pers. BHKW, PV	31,8	57,5	25,6	46,1
+	5-Pers. BHKW	47,1	43,9	31,7	26,5
−	5-Pers. BHKW	20,6	34,5	13,3	12,7
+	5-Pers. PV	97,9	60,0	56,5	40,9
−	5-Pers. PV	95,9	57,4	52,3	36,8

8.4.2 Experiment B: Minimierung der Stromkosten

Die bisherigen Auswertungen beschäftigten sich mit dem Eigenstromverbrauch sowie der Eigenstromversorgung unter Einsatz von dezentralen Erzeugern. Dabei wurden Vergleiche anhand unoptimierter und optimierter Szenarien angestellt. In dem Experiment B soll nun genauer betrachtet werden, welche finanziellen Vorteile für Haushalte verschiedener Konfiguration allein durch zeitvariable Stromtarife erzielbar sind. Dabei entsprechen die zugrunde liegenden Stromtarife denen des vorigen Szenarios.

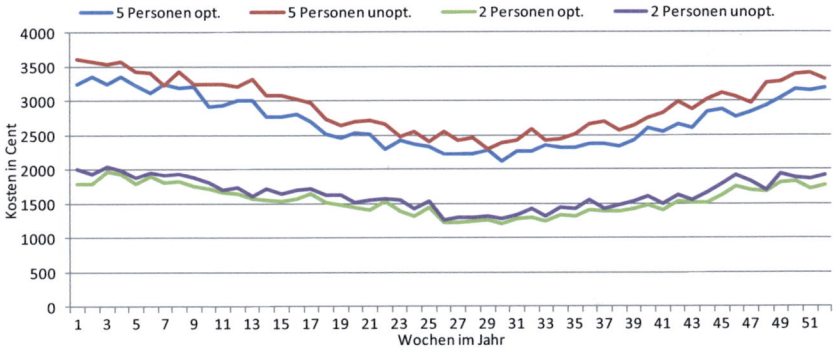

Abbildung 8.24: Stromkosten mit variablem Tarif ohne dezentrale Erzeuger

Die Basis des Experiments bilden zunächst die Szenarien über ein Jahr mit der Konfiguration des 5-Personen-Haushalts und des 2-Personen-Haushalts ohne dezentrale Erzeuger. Der Vergleich der zugehörigen Kosten im unoptimierten und im optimierten Fall sind in Abbildung 8.24 zu erkennen. Die verwendeten Signale, also Strompreis- und Lastbegrenzungssignal, entsprechen den Signalen von [Maus12]. Durch das Überschreiten des Lastbegrenzungssignals werden keine zusätzlichen Kosten verursacht. Die Optimierung betrachtet dieses Signal jedoch in jedem Fall und versucht, dessen Überschreitung zu minimieren.

In beiden Haushaltsgrößen ist zu erkennen, dass der optimierte Fall sichtbar über dem unoptimierten liegt. Die hier zu erwirtschaftenden

Vorteile sind als recht gering einzustufen. Selbst wenn die Haushalts-komponenten nahezu ideal optimiert eingeplant werden, ist kein großer wirtschaftlicher Vorteil zu erkennen. Tabelle 8.6 liefert hierfür die absolu-ten Werte bezogen auf ein Jahr.

Tabelle 8.6: Vergleich der Stromkosten: Ersparnis ohne dezentrale Erzeuger

	Szenario	Kosten (Euro)	Differenz
5 Personen	Unoptimiert	1523,79	
5 Personen	Optimiert	1408,50	115,29
2 Personen	Unoptimiert	857,41	
2 Personen	Optimiert	805,52	51,89

Aus diesen Werten ist zu erkennen, dass der rein finanzielle Anreiz für den Einsatz eines Energiemanagementsystems in diesen Szenarien nicht ausreichend ist. Hierfür ist unter anderem die geringe Preisspreizung verantwortlich, die jedoch bewusst gewählt wurde, um ein realistisches Preisniveau unter aktuellen Bedingungen zu garantieren (vgl. dazu An-nahmen über Stromtarife in [Maus12]).

Dies schmälert jedoch nicht die Aussagekraft über die Funktionsweise des Energiemanagements im Haushalt, welche auf Basis von externen Signalen durchgeführt wird. Im Rahmen der vorliegenden Arbeit konnte erfolgreich validiert werden, dass die hier eingesetzten Verfahren das Last-verhalten des Haushalts den Signalen entsprechend erfolgreich optimieren, unter Berücksichtigung der von den einzelnen Komponenten und von dem Benutzer gegebenen Freiheitsgrade. Das Entscheidende in diesem Kontext ist, dass für das Energiesystem der Zukunft ein derartiges Lastmanage-ment essenziell sein kann, wie in Abschnitt 3.2 beschrieben. In diesem System wird nicht nur der finanzielle Vorteil des einzelnen Endverbrau-chers relevant werden, sondern die Stabilisierung des Netzes, die durch das Lastmanagement erreichbar ist, könnte dabei sogar im Vordergrund stehen. Es stellt sich die Frage, wie oder ob hier freiwillige Anreizsysteme ausreichen oder weitere regulatorische Maßnahmen erforderlich werden. Die in der vorliegenden Arbeit getrennt modellierten externen Signale können einen solchen Prozess technisch unterstützen, da sie, wie in Abschnitt 2.2.4 motiviert, unterschiedliche Ziele seitens des Marktes, des Netzes oder anderer Teilnehmer der gesamten Wertschöpfungskette der Energieversorgung abbilden.

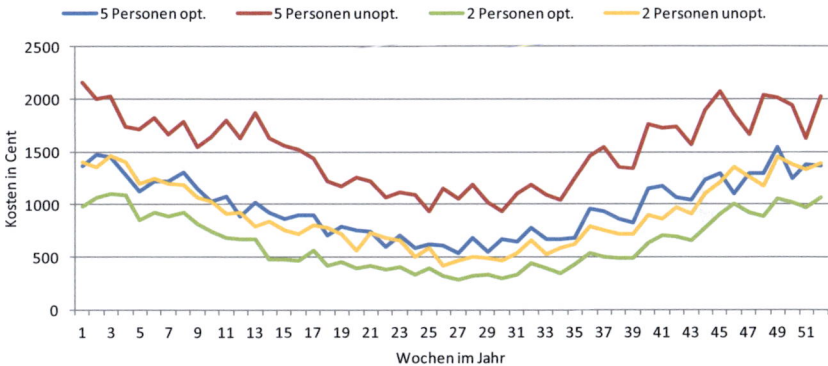

Abbildung 8.25: Stromkosten mit variablem Tarif mit dezentralen Erzeugern

Kommen zu den Konfigurationen des 5- bzw. des 2-Personen-Haushalts dezentrale Erzeuger hinzu, so ergibt sich ein anderes Bild, wie in Abbildung 8.25 dargestellt. Durch die dezentralen Erzeuger, und vor dem Hintergrund der Maximierung des Eigenstromverbrauchs, können tatsächlich signifikante wirtschaftliche Vorteile erreicht werden. So ist z.B. zu erkennen, dass die Stromverbrauchskurve eines optimierten 5-Personen-Haushalts recht exakt auf dem Niveau eines unoptimierten 2-Personen-Haushalts liegt. Hierbei sei angemerkt, dass auch in diesem Experiment die Kosten für den selbst erzeugten Strom bei 0 liegen.

Die Gegenüberstellung des finanziellen Vorteils in diesem Szenario liefert Tabelle 8.7. Eine Betrachtung etwaiger Verkaufserlöse des Eigenstroms werden auch in diesem Fall nicht betrachtet, um die Ergebnisse transparent gegenüber den aktuellen wirtschaftlichen Förderungen zu betrachten.

Tabelle 8.7: Vergleich der Stromkosten: Ersparnis mit dezentralen Erzeugern

	Szenario	Kosten (Euro)	Differenz
5 Personen	Unoptimiert	792,47	
5 Personen	Optimiert	509,41	283,05
2 Personen	Unoptimiert	469,76	
2 Personen	Optimiert	333,93	135,83

8.4.3 Experiment C: Qualitative Auswertung des Lastmanagements

Um die Wirkungsweise des Energiemanagements auf Basis des Organic Smart Home qualitativ zu betrachten, sind in Abbildung 8.26 je ein optimierter und ein unoptimierter Tagesablauf für eine Simulation eines 5-Personen-Haushalts mit PV-Anlage und BHKW zu erkennen. Für die konkrete Implementierung bedeutet das, dass der globale Controller im unoptimierten Szenario durch einen Dummy ersetzt wurde, der keine Entscheidungen trifft, und nur die lokalen O/C-Einheiten aktiv sind. Dadurch wird immer noch eine gewisse Form des Managements realisiert, was sich beispielsweise erheblich in der Betriebsführung des BHKW auswirkt. Dort wird durch die lokale Einheit weiterhin der Gradient der Temperatur des Schichtspeichers überwacht. Auf dieser Basis trifft die mit dem BHKW assoziierte O/C-Einheit lokale Entscheidungen, die in einem Ablaufplan für das BHKW resultieren.

Für die steuerbaren, zeitabhängigen Haushaltskomponenten bedeuten unoptimierte, lokale Entscheidungen, dass sie jeweils zu dem Zeitpunkt, an dem sie freigegeben wurden, direkt gestartet werden[9]. Damit entspricht ihre Funktionalität der der „klassischen", nicht intelligenten Haushaltskomponenten.

Allein aufgrund der lokalen Entscheidung des BHKW ist in Abbildung 8.26(a) zu erkennen, dass, abhängig von der Größe des Gradienten, eine mehr oder weniger lange Laufzeit des BHKWs eingeplant wird. Es fällt auf, dass aufgrund des großen Bedarfs an Warmwasser und Heizung am

---

[9]Vergleiche dazu r_j in Abschnitt 5.2

Morgen und gegen Abend lange Laufzeiten bestehen, die teilweise auch mit den Laufzeiten der Haushaltskomponenten zusammenfallen.

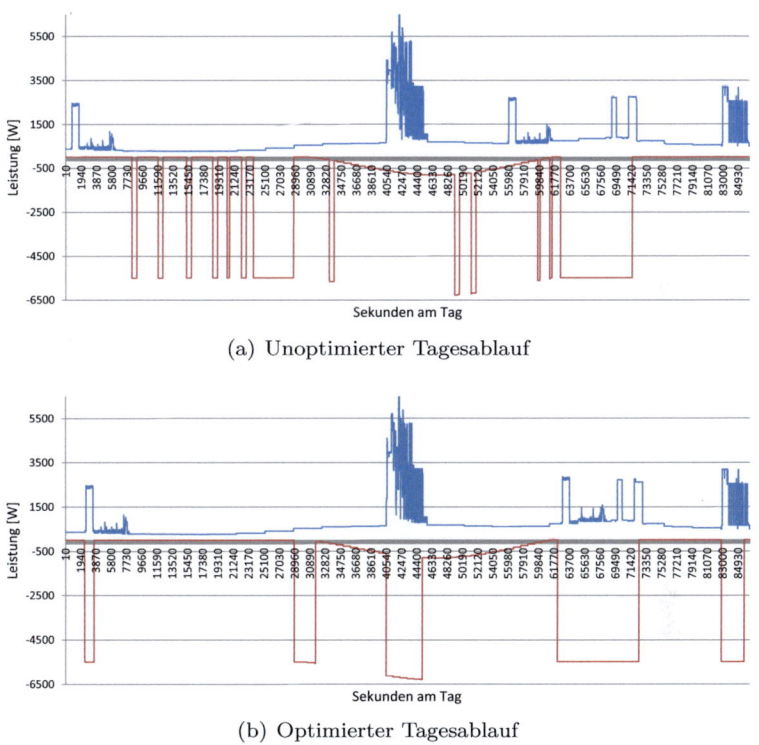

(a) Unoptimierter Tagesablauf

(b) Optimierter Tagesablauf

Abbildung 8.26: Vergleich optimierter und unoptimierter Tagesablauf

Die Optimierung zielt darauf ab, wie in der Modellierung in Abschnitt 5.2 beschrieben, die Laufzeit des BHKWs möglichst mit dem Stromverbrauch zu koordinieren und zu vermeiden, dass das BHKW häufig ein- und ausgeschaltet werden muss. Dadurch ergeben sich, wie in Abbildung 8.26(b) zu erkennen, deutlich stärker zusammenhängende Laufzeiten. Es ist ebenso zu erkennen, dass die Optimierung versucht, möglichst immer wenn größere Lasten auftreten, diese mit dem BHKW auszugleichen.

Darüber hinaus ist besonders gegen Abend (ab 61770 sec) ein zeitliches „Zusammenziehen" der Haushaltskomponenten zu beobachten. Dadurch kann die generierte Last von der Erzeugung des BHKW ausgeglichen werden. Über den gesamten Tagesverlauf können durch die Optimierung alle Lastspitzen, die durch die Haushaltskomponenten verursacht werden, durch das BHKW ausglichen werden.

8.4.4 Experiment D: Lastmanagement mit Prädiktion

Wie in Abschnitt 6.4.3 erläutert, besteht im globalen Observer die Möglichkeit, Ereignisse durch geeignete Prädiktionsverfahren vorherzusehen. Das im Folgenden beschriebene Experiment soll diesen Aspekt des Organic Smart Home evaluieren.

Als Prädiktionsverfahren wurde ein sehr einfaches Modell, das Tagestypenmodell, verwendet. Damit dieses Modell eine sinnvolle Prädiktion erstellen kann, ist es erforderlich, dass die Tagesabläufe sich in zyklischen Abständen bezüglich gewisser Ereignisse wiederholen.

Die Qualität einer derartigen Prädiktion hängt stark von mehreren Faktoren ab. Der Stärkste dieser Faktoren ist die Vorhersehbarkeit eines bestimmten Ereignisses. Sollten also die Ereignissequenzen, wie in Abschnitt 6.4 motiviert, völlig zufällig sein, ist eine Prädiktion, unabhängig vom verwendeten Modell, unmöglich. Somit ist eine gewisse Regelmäßigkeit für den Einsatz der Haushaltskomponenten essenziell.

Daher gelten für die Evaluation der Prädiktion die beiden folgenden Prämissen:

- Berufstätige Bewohner verlassen zu einer geregelten Zeit morgens das Haus, haben einen geregelten Arbeitsablauf und kommen daher mit einer hohen Wahrscheinlichkeit in einem entsprechend geregelten Zeitraum abends wieder nach Hause.

- Die Prädiktion bezieht ausschließlich Haushaltskomponenten ein, die zeitabhängig und steuerbar sind, also auch programmiert werden können.

Man kann nun weiter davon ausgehen, dass diese Haushaltskomponenten, wie etwa eine Waschmaschine oder Spülmaschine nach folgendem Muster in den Zustand *programmiert* überführt werden:

Die Bewohner werden, unter der Prämisse, dass sie sich aktiv an dem Energiemanagement im Haushalt beteiligen möchten, entweder morgens, vor der Arbeit, eventuell Geräte mit einem zeitlichen Freiheitsgrad *programmieren*, sodass sie nach Möglichkeit fertig sind, wenn die Bewohner abends wieder nach Hause kommen. Oder im anderen Fall, dass Geräte abends mit einem längeren Freiheitsgrad *programmiert* werden, damit sie über Nacht eingeplant werden können.

Somit kann man beim Betrachten eines solchen Profils gewisse Regelmäßigkeiten erkennen. Ebenso sind natürlich auch beliebig andere Tagesabläufe möglich, die bisherigen Betrachtungen stellen dabei nur ein Beispiel dar. Das Entscheidende in diesem Zusammenhang ist immer die Regelmäßigkeit von Abläufen.

Auf dieser Basis wurden die Quelldaten der Simulation entsprechend angepasst, sodass diese bestimmte Regelmäßigkeiten enthalten, welche Typen von ähnlichen Tagen im Sinne des Tagestypenmodells entsprechen. Dabei wurden aus der in Abschnitt 8.4.1 verwendete Simulationsgrundlage beliebige einzelne Wochen als Repräsentanten für die Jahreszeiten entnommen und mit einer gewissen Varianz zu einem kompletten Jahr zusammengefügt. Das bedeutet, dass dieser spezifische Wochenablauf mit einer Varianz von ca. 30 min bis zu einer Stunde über eine ganze Saison (Jahreszeit) simuliert wird. Dabei werden die weiteren Gegebenheiten wie Jahreszeiten und die damit verbundenen unterschiedlichen Lastprofile - thermisch wie elektrisch - in gleichem Maße betrachtet wie in Abschnitt 8.4.1.

Das Ergebnis eines dieser Läufe ist in Abbildung 8.27 zu erkennen. Hierbei handelt es sich um den Vergleich der identischen Simulationskonfiguration jeweils mit und ohne Prädiktion mittels des Tagestypenmodells. Dabei wurden ausschließlich folgende zeitabhängige, steuerbare Haushaltskomponenten für die Prädiktion verwendet:

- Waschmaschine

- Spülmaschine

- Trockner

Diese Geräte realisieren in der Regel eine relevante Last in Haushalten. Somit kann davon ausgegangen werden, dass deren präzisere Einplanung durch das Hinzunehmen einer Prädiktion eine Verbesserung verspricht.

Darüber hinaus wurde für dieses Experiment ausschließlich ein BHKW verwendet. Das BHKW bietet als dezentraler Erzeuger eine recht hohe Flexibilität, die außerdem abhängig von der entsprechenden Jahreszeit ist.

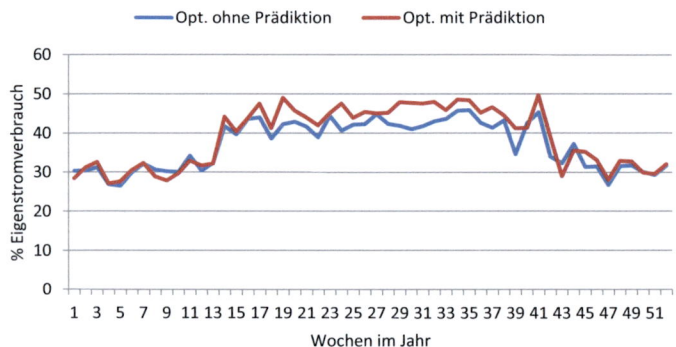

Abbildung 8.27: Vergleich der Optimierung mit und ohne Prädiktion

In Abbildung 8.27 ist deutlich zu erkennen, dass es eine sichtbare Verbesserung in den Sommermonaten gibt. In den Wintermonaten ist die Verbesserung jedoch in diesem Szenario recht gering. Das BHKW hat seine höchste zeitliche Flexibilität im Sommer; hier sind Heizlast und Warmwasserbedarf minimal. So kann der Heizprozess des BHKWs über einen größeren Zeitraum verschoben werden.

Zusammenfassend kann man feststellen, dass eine Prädiktion in dem gezeigten Szenario eine Verbesserung bringen kann. Es kann daher davon ausgegangen werden, dass eine gewisse Kenntnis über die Zukunft des Optimierungshorizonts die Optimierung verbessern kann. Dies gilt insbesondere dann, wenn ein dezentraler Erzeuger genutzt wird, der über eine wesentlich höhere, nicht regelbare Leistung verfügt als die einzelne Haushaltskomponente. Dadurch kann ein Ausgleich der jeweiligen positiven und negativen Lastprofile erfolgen, wie er zu Beginn von Abschnitt 6.4 schematisch visualisiert wurde.

8.4.5 Experiment E: Minimierung der Überschreitung des Lastbegrenzungssignals

Die in der vorliegenden Arbeit eingeführte Lastbegrenzungsfunktion kann, wie in Abschnitt 2.2.4 dargestellt, ein sinnvolles Werkzeug sein, das zukünftige Engpässe in einem Energiesystem mit dezentralen, volatilen Erzeugern und teilweise sehr starken Verbrauchern, wie beispielsweise Elektrofahrzeugen, reduzieren oder verhindern kann. Wie bereits dargelegt, handelt es sich im Rahmen der vorliegenden Evaluation um eine weiche Grenze, deren Überschreitung minimiert werden soll.

In allen bisher vorgestellten Experimenten zur Validierung des hier vorgestellten Energiemanagements ist dieses Lastgrenzsignal mit enthalten, da es aus Sicht der vorliegenden Arbeit als Mechanismus essenziell ist, der einem Haushalt direkte Einschränkungen über die Menge des bezogenen Stroms gibt. Diese Begrenzungsfunktion soll daher auch variabel und der Situation im Netz entsprechend gestaltet sein. Die eigentliche Auswirkung dieses Lastbegrenzungssignals ist jedoch in den vergangenen Experimenten nicht deutlich zu erkennen. Deshalb soll an dieser Stelle ein Experiment diskutiert werden, das ausschließlich dieses Begrenzungssignal betrachtet.

Dazu wird im Experiment E der Strompreis als konstant angenommen. Die Lastgrenze richtet sich antizyklisch nach dem VDEW-H0-Profil[10]. Die Konfiguration des Haushalts ist die des 5-Personen-Haushalts einmal ohne, einmal mit dezentralem Erzeuger (BHKW) und die Jahreszeit ist im Januar angesiedelt. Das Ergebnis dieses Experiments ist in Abbildung 8.28 visualisiert.

Die Diagramme sind dabei folgendermaßen zu lesen: Die dargestellten Kurven entsprechen der Differenz zwischen der Lastgrenze und dem resultierenden Lastgang des Hauses. Ist die momentane Leistungsaufnahme des Hauses genauso groß wie die aktuelle Lastgrenze, so hat die Kurve an dieser Stelle den Wert 0, während eine positive Kurve anzeigt, wie weit die Lastgrenze überschritten wurde. Ein negativer Kurvenwert kann als „Reserve" bis zur Lastgrenze interpretiert werden. Betrachtet man das unoptimierte Szenario (Abbildung 8.28(a)), so stellt man fest, dass der normale Lastgang die gegebene Grenze an mehreren Stellen des Tages deutlich überschreitet.

---

[10]Vergleiche dazu Abschnitt 8.2.

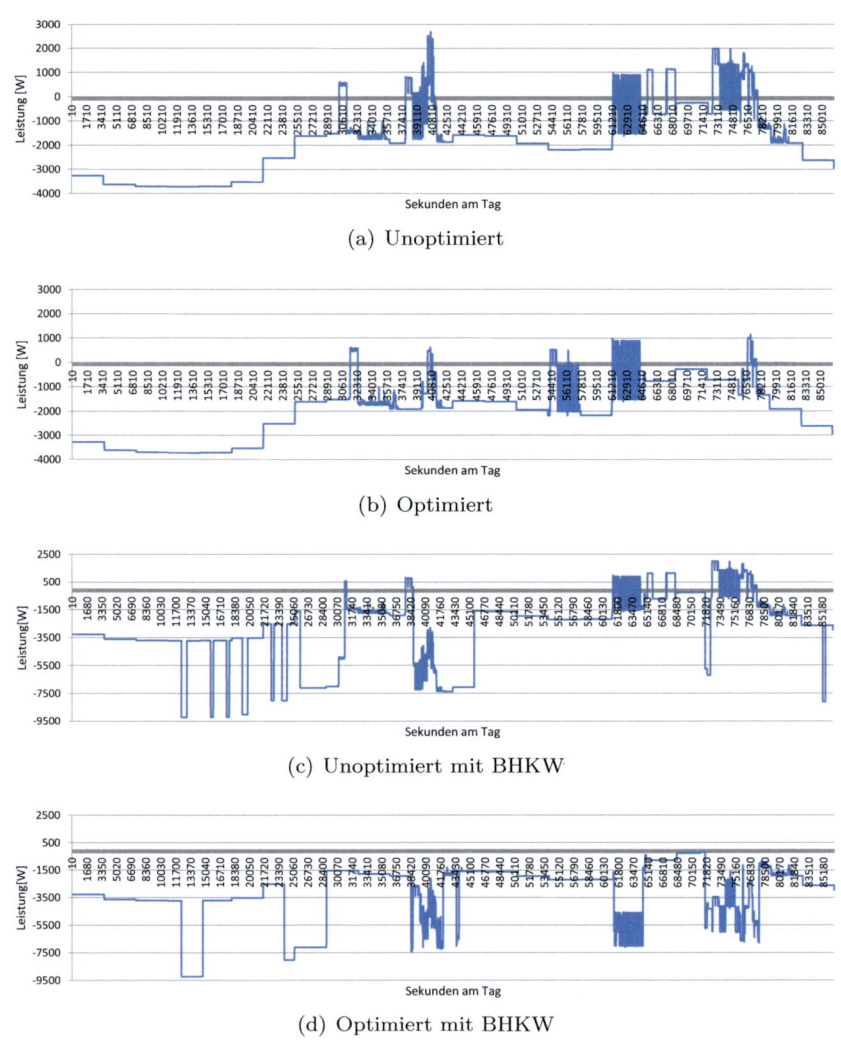

(a) Unoptimiert

(b) Optimiert

(c) Unoptimiert mit BHKW

(d) Optimiert mit BHKW

Abbildung 8.28: Überschreitung des Leistungslimits

Im optimierten Fall (Abbildung 8.28(b)) hingegen ist bereits eine signifikante Reduktion der Überschreitung zu erkennen. Verschiebbare Haushaltskomponenten werden durch die Optimierung weitgehend so eingeplant, dass ihr Betrieb keine Überschreitung des Lastgrenzsignals mehr verursacht.Nicht verschiebbare Komponenten, wie beispielsweise der Herd, welcher ca. bei 61210 sec gestartet wird, verletzen die Lastgrenze nach wie vor und in gleichem Maße wie im unoptimierten Szenario. Nimmt man nun als steuerbaren dezentralen Erzeuger das BHKW hinzu, so erkennt man zunächst im unoptimierten Fall (Abbildung 8.28(c)), dass das BHKW in regelmäßigen Abständen aufgrund lokaler Entscheidungen an geht. Fallen diese Laufzeiten zufällig mit der Laufzeit einer Haushaltskomponente zusammen, so wird die Überschreitung des Leistungslimits reduziert[11], wie es z.B. in bei ca. 38420 sec der Fall ist. Ansonsten ist kein Unterschied bei der Verletzung der Lastkurve im Gegensatz zu dem unoptimierten Fall ohne dezentrale Erzeuger zu erkennen. Im optimierten Fall mit BHKW (Abbildung 8.28(d)) hingegen stellt sich eine völlig andere Situation dar. Die resultierende Kurve liegt in diesem Fall über den gesamten betrachteten Zeitraum im negativen Bereich. Das bedeutet, die Lastgrenze wird zu keinem Zeitpunkt überschritten. Selbst die nicht verschiebbaren Lasten werden durch den optimierten Einsatz des BHKW, wie deutlich zu erkennen, ausgeglichen.

Tabelle 8.8: Energiebedarf oberhalb der Lastgrenze

Szenario	Energiebedarf über Lastgrenze
Unoptimiert	280,69 Wh
Optimiert	70,30 Wh
Unoptimiert mit BHKW	236,26 Wh
Optimiert mit BHKW	0,00 Wh

Zusammenfassend führt Tabelle 8.8 für die betrachteten Szenarien die absolut überschrittene Fläche der Lastgrenze in Wattstunden auf. Dies entspricht der Energie, die oberhalb der Lastgrenze bezogen wurde. Dabei wird deutlich, dass durch die Optimierung die Überschreitung dieser

---

[11]Dieses Phänomen im Kontext des Einsatzes dezentraler Erzeuger wurde bereits in den vorigen Abschnitten mehrfach diskutiert.

Grenze in beiden Szenarien erheblich reduziert werden kann. Unter Einsatz des BHKW als dezentralem Erzeuger kann eine Überschreitung in diesem Fall sogar vollständig vermieden werden. Darüber hinaus sei an dieser Stelle angemerkt, dass, abgesehen von der Konfiguration der Signale und dem Entfernen bzw. Hinzufügen eines dezentralen Erzeugers, keine weiteren Änderungen am der vorgestellten Anwendung des Organic Smart Home stattgefunden hat. Dies unterstreicht die Robustheit des Optimierungsverfahrens, da hier ein variables Signal (das Strompreissignal) weggenommen bzw. durch ein konstantes ersetzt wurde und dennoch der eingesetzte teilproblembasierte evolutionäre Algorithmus stabile Ergebnisse vorweisen kann.

8.4.6 Experiment F: Kalibrierung des Optimierungsverfahrens

Sowohl für die Durchführung der Experimente der vorliegenden Arbeit als auch für das reale Szenario ist eine Kalibrierung des eingesetzten evolutionären Algorithmus erforderlich. Der aktuell verwendete Algorithmus aus dem Paket gGA[12] des JMetal-Frameworks verfügt über folgende Einstellmöglichkeiten:

- Modifikation der genetischen Operatoren

- Konfiguration der Rekombinationswahrscheinlichkeit

- Konfiguration der Mutationsrate

- Modifikation der Populationsgröße

- Konfiguration der Anzahl der durchgeführten Evaluationen[13]

Um geeignete Einstellungen für diese Parameter zu ermitteln, wurden vor der Durchführung der Experimente dedizierte Simulationsläufe ausgeführt und analysiert. Das dabei verwendete Szenario war ein 5-Personen-Haushalt mit BHKW, PV-Anlage sowie allen steuerbaren und nicht

---

[12]Vergleiche dazu Abschnitt 6.3

[13]Implizit dadurch Festlegung der Anzahl von Generationen, da sich die Anzahl der Evaluationen als Produkt der Populationsgröße mit der Generationsanzahl ergibt.

steuerbaren Haushaltskomponenten. Diese Szenario wurde gewählt unter der Annahme, dass sich hier durch die Koordination vieler Haushaltskomponenten die höchsten Anforderungen an die Optimierung stellen. Darüber hinaus muss das BHKW eingeplant werden, das aufgrund der Anzahl der im Haushalt lebenden Personen starke Änderungen bezüglich des Temperaturgradienten des Schichtspeichers aufweist[14]. Analysiert wurde im Rahmen der Simulationsläufe zur Kalibrierung des Evolutionären Algorithmus eine zufällige Woche in einer Zwischenjahreszeit, in der sowohl bereits ein signifikanter Ertrag der PV-Anlage zu verzeichnen ist sowie immer noch ein signifikanter Heizungs- und Warmwasserbedarf vorliegt.

Nach einer groben Kalibrierung hinsichtlich Operatorenwahl (vgl. Abschnitt 6.3) und assoziierter Wahrscheinlichkeiten und der Festlegung auf 100 Individuen pro Generation[15], wurde zunächst eine geeignete Anzahl an Evaluationen gesucht, wozu eine Vielzahl von Simulationsläufen mit verschiedenen Voreinstellungen dieses Parameters durchgeführt wurden.

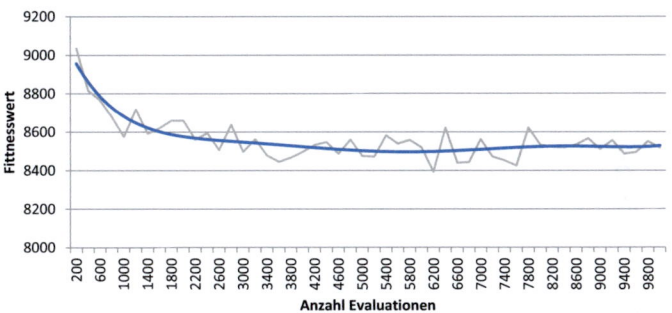

Abbildung 8.29: Verhältnis zwischen durchschnittlicher Fitness und Anzahl der Evaluationen

Das Ergebnis dieser Läufe ist in Abbildung 8.29 zu erkennen. Darin sind die Fitnesswerte, die bei einer gewissen Anzahl an Evaluationen verzeichnet wurden, abgetragen (graue Kurve in Abbildung 8.29). Dabei

---

[14]Vergleiche dazu Abschnitt 8.2

[15]Dieser Parameter wurden bereits in [Maus12] als geeignet in einem ähnlichen Szenario identifiziert.

entspricht die Fitness den summierten Kosten, welche in dem in der vorliegenden Arbeit dargestellten Optimierungsszenario minimiert werden sollen. Die blaue Kurve zeigt hingegen eine interpolierte Tendenz der Fitnesswerte in Abhängigkeit von der Anzahl der Evaluationen. Man erkennt einen deutlichen Abfall der resultierenden Fitnesswerte bis ca. 2600 Evaluationen. Jedoch fällt, durch die graue Kurve repräsentiert, auf, dass in dem Bereich bis ca. 8000 Evaluationen eine relativ hohe Varianz der optimierten Fitnesswerte zu beobachten ist. Danach verläuft die graue Kurve wesentlich glatter. Untersuchungen zeigten, dass jenseits der 10000 Evaluationen keine weiteren Verbesserungen bezüglich der Fitness erzielt wurden.

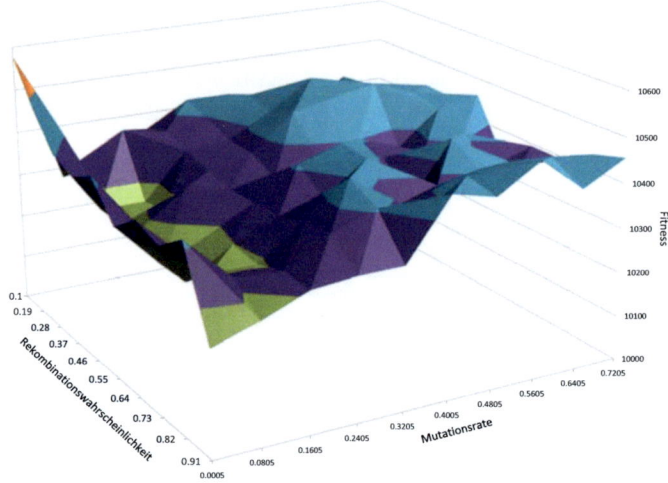

Abbildung 8.30: Verhältnis zwischen Mutationsrate und Rekombinationswahrscheinlichkeit

Der „Schweregrad" des Problems je Optimierungslaufs schwankt relativ stark. Dadurch werden auch schon bei wenigen Evaluationen meist recht gut Ergebnisse erreicht. Damit das Optimierungsverfahren jedoch eine gewisse Robustheit erreicht und somit auch in den „schweren" Situationen verlässlich gute Ergebnisse mit geringer Varianz liefert, wurden für die hier vorgestellten Experimente 10000 Evaluationen verwendet. Es ist dabei anzumerken, dass es sich hier um einzelne Evaluationen handelt. Geht man von 100 Individuen pro Generation aus, so erhält man bei 10000 Evaluationen insgesamt 100 Generationen.

Des Weiteren wurde der Zusammenhang zwischen Mutationsrate und der Rekombinationswahrscheinlichkeit hinsichtlich der resultierenden Fitnesswerte untersucht, wie es in Abbildung 8.30 dargestellt ist. Die Berechnung erfolgte anhand zufällig gewählter Testwochen in dem oben beschriebenen Szenario. Als Voreinstellung wurden dabei bereits 10000 Evaluationen verwendet. In dieser Grafik sind in y-Richtung wiederum die zu minimierenden Kosten als Fitness abgetragen, während in x- bzw. z-Richtung die Mutationsrate und Rekombinationswahrscheinlichkeit abgetragen sind. Dabei ist deutlich zu erkennen, dass bei einer Mutationsrate von ca. 0,095 sowie einer Rekombinationswahrscheinlichkeit von ca. 0,80 minimale Fitnesswerte erreicht werden können.

KAPITEL 9

ZUSAMMENFASSUNG UND AUSBLICK

Angesichts der sich immer mehr verschärfenden Bedingungen auf den internationalen Rohstoffmärkten sowie in Hinblick auf die enorme Bedeutung, die einer sicheren Versorgung mit Energie sowohl für die Wirtschaft als auch für die Bevölkerung zukommt, wurden in den letzten Jahren in der Europäischen Union und Deutschland eine Vielzahl von Richtlinien und Programmen verabschiedet, die auf eine aktive Gestaltung dieser Situation hinwirken sollen. Für die Zukunft soll im Sinne einer nachhaltigen Politik eine Ausgangsbasis geschaffen werden, die zum einen die Versorgungssicherheit dauerhaft gewährleistet, zum anderen weiteres Wachstum ermöglicht und stabilisiert (vgl. [Euro10]).

Diese Maßnahmen zielen insbesondere darauf ab, den Anteil der erneuerbaren Energien an der Energieversorgung zu erhöhen, die Energieeffizienz zu steigern sowie die Treibhausgasemissionen zu verringern. Vor diesem Hintergrund wurde in Deutschland ein umfangreiches Paket zur Umgestaltung der Energieerzeugung und des Energieverbrauchs verabschiedet, welches aufgrund seines umwälzenden Charakters als Energiewende bezeichnet wird. Um die darin statuierten Ziele zu unterstützen, können intelligente Informations- und Kommunikationstechnologien insbesondere in das Stromnetz integriert werden. Ein derartig gestaltetes

Netz, ein Smart Grid, ist dadurch darüber hinaus in der Lage, auch die Verbraucherseite in das Geschehen mit einzubeziehen. Dabei bildet ein intelligentes Gebäude ein interessantes Teilszenario, in dem Verbraucher und dezentrale Erzeuger automatisiert gesteuert werden können, um einerseits den Bedürfnissen der Bewohner gerecht zu werden, andererseits aber auch um eine verstärkte Nutzung erneuerbarer Energien zu unterstützen oder zu einer Netzstabilisierung beizutragen. Eine Architektur für ein Energiemanagement-System, das in der Lage ist, diesen Aufgaben und Anforderungen sowie vielen weiteren auf flexible und robuste Weise nachzukommen, wurde im Rahmen dieser Arbeit mit dem Organic Smart Home vorgestellt.

Die folgenden Abschnitte fassen die wesentlichen Umgebungsbedingungen, Leitgedanken und Merkmale des Organic Smart Home zusammen. Zudem wird der Kern der Resultate seines Einsatzes in einer realen Umgebung sowie einer Simulation umrissen. Ein Ausblick auf die weitere Entwicklung des Organic Smart Home und eine abschließende Bewertung der in dieser Arbeit gewonnenen Erkenntnisse runden das Kapitel ab.

9.1 Zusammenfassung

Im Bereich der Wertschöpfungskette von Energieerzeugung bis hin zum Konsum und der Verwertung der bezogenen Leistungen fanden in den letzten Jahrzehnten und finden aktuell umfangreiche Umwälzungen statt. Das beeinflusst und verändert nicht zuletzt die Rolle des Verbrauchers, der mit den Konzepten des Smart Grid und des Smart Home zunehmend aktiv am Geschehen teilnehmen kann. Dabei kann ihn ein Energiemanagementsystem in seinem Haushalt unterstützen, das in der Lage ist, die diversen Aspekte seiner Umgebung zu beachten und für den Bewohner optimal zu nutzen.

Einer dieser Aspekte stellt die Möglichkeit dar, mit einem Smart Grid zu interagieren und die daraus gewonnen Informationen für die Steuerung der Komponenten eines Smart Home einzusetzen. Zu diesen Komponenten zählen neben den Haushaltskomponenten, die eventuell über Außenschnittstellen auch zur Kommunikation befähigt sind, dezentrale Energieerzeuger und -speicher, die in Hinblick auf eine verstärkte Nutzung der erneuerbaren Energien zunehmend Bestandteil von Haushalten werden könnten. Der Bewohner bzw. der Benutzer selbst stellt den

wichtigsten Faktor, der in die Betrachtungen im Rahmen eines Energiemanagements auf Haushaltsebene einbezogen werden muss, dar. Durch
seine Handlungen und Präferenzen entstehen permanent neue Situationen, denen ein derartiges System gerecht werden muss. Daher wurden die
Aspekte von Smart Grid und Smart Home in Kapitel 2 in der vorliegenden Arbeit als technische Umgebung eines Energiemanagement-Systems
vorgestellt.

Maßnahmen und Techniken zur Veränderung von Verbrauchsmustern
beim Kunden, die in der Energiebranche schon längere Zeit verbreitet
sind, erregen in Hinblick auf die Zielvorstellungen hinsichtlich dezentraler
Erzeugung und die Möglichkeiten, die eine Integration von Informations-
und Kommunikationstechnologien in das Netz eröffnen können, wieder
verstärkte Aufmerksamkeit. Die informativen und finanziellen Anreize,
die zu einer Veränderung beitragen können, wurden im Rahmen dieser
Arbeit unter dem Oberbegriff Demand Side Management zusammengefasst, während die damit angestrebten Wirkungen auf den Lastgang als
Lastmanagement bezeichnet wurden. Ein Kunde beispielsweise, dem ein
zeitvariabler Strompreis angeboten wird, kann den Betrieb seiner Geräte
in Zeiten verlagern, in denen der Preis geringer ist. Der Kunde würde
also ein Lastmanagement realisieren.

Im Rahmen dieser Steuerung kann ihn ein autonomes Energiemanagement-System auf Haushaltsebene entlasten und unterstützen. Dabei wurden in der vorliegenden Arbeit an ein solches System mehrere grundlegende Anforderungen gestellt. Dazu gehört, dass der Zustand der Komponenten im Haushalt überwacht, die Ziele des Benutzers möglichst
selbstorganisiert realisiert und Situationsänderungen stabil gehandhabt
werden. Dazu wurde der Haushalt als komplexes, technisches System aus
vielen Komponenten aufgefasst, die, nach ihren Eigenarten klassifiziert,
an einem ganzheitlichen Energiemanagement teilnehmen können.

In Kapitel 3 wurden damit Aspekte der Umgebung eines Energiemanagement-Systems dargelegt, die einen Anreiz für seinen Einsatz darstellen sowie die konkrete Wirkung seines Einsatzes auf Haushaltsebene
in Form eines Lastmanagements beschreiben. Zusätzlich wurden dort die
wesentlichen Auslegungskriterien eines Energiemanagement-Systems verankert und die beteiligten Haushaltskomponenten nach ihren Potenzialen
hinsichtlich einer Lastverschiebung und Steuerbarkeit klassifiziert.

Die Leitgedanken des Organic Computing und insbesondere der darin entwickelten generischen Observer/Controller-Architektur spiegeln die Auslegungskriterien des Energiemanagement-Systems wider: Ein komplexes, technisches System soll dahin gehend gestaltet werden, dass es bis zu einem gewissen Maß selbstorganisiert agiert, flexibel auf Situationsänderungen reagiert und die Ziele des Benutzers in das Zentrum der Entscheidungen stellt. Daher wurde in der vorliegenden Arbeit auf der Basis der Observer/Controller-Architektur ein Rahmenwerk und eine Laufzeitumgebung für ein Energiemanagement-System für intelligente Gebäude entwickelt, das Organic Smart Home.

Dazu wurde ein hierarchischer Ansatz vorgeschlagen, der den Komponenten, seien es Haushaltskomponenten, der Benutzer oder externe Entitäten, lokale Einheiten zu ihrer Beobachtung und, falls möglich, zu ihrer Steuerung zuordnet, während das Gesamtsystem von einer globalen Einheit überwacht und unter Beachtung der externen Eingangsgrößen auf die Ziele des Benutzers hin optimiert. Die Einheiten und deren Kommunikation wurden dabei generisch angelegt und eine Hardware-Abstraktionsschicht eingeführt, die es ermöglicht, auf einheitliche Art und Weise mit den verschiedenen Komponenten und Entitäten zu kommunizieren. Dadurch kann die Erweiterbarkeit und Flexibilität des Organic Smart Home gesichert werden.

Eine Management-Schicht, welche dessen Elemente instanziiert und kontrolliert, ermöglicht den Einsatz des Organic Smart Home sowohl in einer realen Umgebung als eine Art Betriebssystem für intelligente Gebäude als auch in einer Simulationsumgebung, in der eine Entwicklung und Kalibrierung der Elemente für das reale Szenario erfolgte und welche die Basis der Evaluation in der vorliegenden Arbeit bildete, um eine Vergleichbarkeit der Ergebnisse zu gewährleisten. Die Szenarien, in denen das Organic Smart Home betrieben werden kann, gehen jedoch über die Haushaltsebene weit hinaus und eröffnen Möglichkeiten eines Energiemanagement-Systems unter Einbeziehung mehrerer Haushalte in einem oder mehreren Gebäuden. Abstrakte Klassen und Interfaces setzen die generische Architektur und Laufzeitumgebung auch in der im Rahmen dieser Arbeit erfolgten Implementierung des Organic Smart Home fort.

Kapitel 4 stellte damit die Leitgedanken des Organic Smart Home aus dem Organic Computing und das Vorbild seiner Architektur, die generische Observer-Controller-Architktur dar und beschrieb deren konkrete Ausprägung und Erweiterungen in den Elementen des Organic Smart Home. Dieses ist durch seine Gestaltung in der Lage, als flexibles, robustes und erweiterbares Rahmenwerk und Laufzeitumgebung für intelligente Gebäude eingesetzt zu werden. Darüber hinaus bietet es für den Entwickler eines Energiemanagement-Systems eine Entlastung, da er sich nicht mehr mit der Komplexität der Einbindung verschiedenster Eingangsgrößen und der Überwachung des Haushalts beschäftigen muss, sondern auf die Elemente des Organic Smart Home zurückgreifen kann.

In Kapitel 5 wurde die Umgebung, in der das Energiemanagement mit dem Organic Smart Home in der vorliegenden Arbeit betrachtet wurde, in Form einer Problembeschreibung näher spezifiziert und hinsichtlich einer Lastoptimierung formal modelliert. In diese formale Modellierung wurden die Komponenten eines Smart Home, die externen Signale in Form von Lastbegrenzungs- und Strompreissignalen, die im Rahmen des Demand-Side Management und des Lastmanagements auftreten können und die Zielfunktionen einbezogen. Je nach dem, welche Komponenten und externen Signale in ein Szenario einfließen, wurde darüber hinaus eine Unterscheidung zwischen dem einfachen und dem komplexen Szenario getroffen, die den Ausgangspunkt der Evaluation in der realen und in der simulierten Umgebung bildeten.

Zur Lösung des Energiemanagement-Problems in diesen Szenarien wurden einerseits exakte Verfahren vorgeschlagen, andererseits das metaheuristische Verfahren des evolutionären Algorithmus vorgestellt. Dabei können die Zielfunktionen insbesondere dafür verwendet werden, die Qualität einer Lösung zu bewerten, die von einem Algorithmus für das Energiemanagement-Problem gefunden wird und wurden daher auch in der späteren Evaluation zum Vergleich der Ergebnisse herangezogen.

Die Umgebung eines Energiemanagement-Systems ist charakterisiert durch eine Vielzahl von heterogenen Elementen und geprägt durch eine hohe Dynamik, die nicht zuletzt durch den Benutzer zustande kommen, der die Restriktionen einer Optimierung mit bestimmen kann und im System Komponenten hinzufügen und entfernen kann. In einer konkreten Anwendung des Organic Smart Home in Kapitel 6 wurde daher für die flexible Anpassung des Optimierungsproblems auf die sich häufig verändernde Situation in einem Haushalt eine Möglichkeit zur Partitionierung des Gesamtenergiemanagement-Problems in Teilprobleme vorgestellt. Dazu kommt die hierarchische Ausprägungsform des Organic Smart Home zum Einsatz, indem die lokalen Einheiten bei einer Veränderung des Zustands der ihnen zugeordneten Haushaltskomponente ein Teilproblem an die übergeordnete, zentrale Instanz des Energiemanagement-Systems kommunizieren. Diese setzt daraus das Gesamtproblem zusammen und optimiert dieses.

In der vorliegenden Arbeit wurde für die Optimierung ein evolutionärer Algorithmus eingesetzt, der sehr gut dazu in der Lage ist, ein solches teilproblembasiertes Optimierungsproblem zu lösen. Dieses Vorgehen unterstützt die Flexibilität und Erweiterbarkeit des Organic Smart Home weiter und ermöglicht zudem die Realisierung von stabil guten Ergebnissen in der Optimierung relativ zu der dazu benötigten Rechenzeit und -leistung, wie auch in der Evaluation gezeigt wurde.

Um das Energiemanagement mit dem Organic Smart Home weiter zu verbessern, wurde darüber hinaus eine Prädiktion eingebunden, die es dem System ermöglicht, proaktiv zu planen und daraufhin zu agieren. Die Methodik der Problempartitionierung und damit der teilproblembasierten Optimierung bewährte sich bei der Integration der Vorhersage.

In Anbetracht der Einsatzumgebung und des Einsatzzwecks eines Energiemanagement-Systems wurden in diesem Kapitel darüber hinaus kleine, Strom sparende, preisgünstige Rechensysteme basierend auf der ARM-9-Architektur als Plattform für ein Energiemanagement auf Basis des Organic Smart Home vorgeschlagen um zu demonstrieren, dass ein Einsatz auf einem derartigen System möglich ist.

Der vorliegenden Arbeit verwandte Ansätze und Arbeiten wurden in Kapitel 7 vorgestellt und im Zusammenhang mit den Konzepten des Organic Smart Home sowie seiner Anwendung betrachtet.

Um zu validieren, dass das Organic Smart Home in einem realen Haushalt als Basis für ein Energiemanagement verwendet werden kann, wurde es im Rahmen des Projekts MeRegioMobil in einem Wohnlabor, dem Energy Smart Home Lab auf dem Campus des Karlsruher Instituts für Technologie implementiert und in mehreren Phasen mit Testbewohnern erfolgreich eingesetzt.

Für die intensivere Prüfung der Konzepte des Organic Smart Home hinsichtlich Flexibilität, Robustheit und Erweiterbarkeit wurde in der vorliegenden Arbeit die Simulationsumgebung gewählt, um einerseits eine Vergleichbarkeit der Ergebnisse sicherzustellen, andererseits um verschiedene Haushaltskonfigurationen und -größen zugrunde legen zu können. Auch lange Laufzeiten für die Evaluationen bis hin zu einem Jahr konnten darin realisiert werden. Dabei zeigte sich, dass ein Energiemanagement-System auf Basis des Organic Smart Home einerseits stabil für unterschiedliche Haushaltsgrößen und -konfigurationen eingesetzt werden kann. Dabei verbesserte der eingesetzte teilproblembasierte evolutionäre Algorithmus die Ergebnisse des Energiemanagements und benötigte dabei nur sehr geringe Rechenkapazität und -zeit.

Durch die konsequente Einbindung externer Signale in Form von zeitvariablen Strompreis- und Lastbegrenzungssignalen konnte darüber hinaus validiert werden, dass sich derartige Konzepte aus dem Bereich des Demand-Side Management zur Durchführung eines Lastmanagements eignen können und dass eine dadurch initiierte Lastverschiebung den kommunizierten Zielen entspricht. Durch die Einbindung dezentraler Erzeuger, teilweise auch auf Basis erneuerbarer Energien, lassen die Ergebnisse der Evaluation auch den Schluss zu, dass durch die Konzepte des Organic Smart Home die Einbindung dezentraler Erzeugungsanlagen hinsichtlich Eigenstromverbrauch und Eigenstromversorgung unterstützen können.

Die Ergebnisse der Evaluation der Konzepte des Organic Smart Home in Kapitel 8 legen nahe, dass ein derart gestaltetes System auf Haushaltsebene die übergeordneten Ziele hinsichtlich der Einbindung dezentraler Energieerzeugung aus erneuerbaren Quellen sowie einer Netzstabilisierung durch die Einbindung intelligenter Technologien unterstützen können. Indirekt kann der Einsatz eines Energiemanagement-Systems dadurch auch erweiterten Zielstellungen hinsichtlich einer Effizienzsteigerung und einer Reduktion der Emission von Treibhausgasen dienlich sein.

Das im Rahmen der vorliegenden Arbeit entwickelte Rahmenwerk und die Laufzeitumgebung des Organic Smart Home und das daraus entwickelte „Betriebssystem" für ein intelligentes Gebäude wird zum Zeitpunkt der Erstellung dieser Arbeit immer noch im Energy Smart Home Lab betrieben und wird permanent weiterentwickelt und ist unter

237

einer freien Software-Lizenz verfügbar[1]. Einen Ausblick auf zukünftige Vorhaben soll der folgende Abschnitt vermitteln.

9.2 Ausblick

In der vorliegenden Arbeit wurde insbesondere in der Evaluation ein Szenario präsentiert, welches aus dezentralen Erzeugern und steuerbaren Haushaltskomponenten besteht. Ein großes zusätzliches Potenzial bezüglich der Optimierung von Eigenstromversorgung und Eigenstromverbrauch stellt der Einsatz von dezentralen Speichern dar, wie in Abschnitt 2.2.2 erläutert. Diese in das bestehende Szenario des Energiemanagements der vorliegenden Arbeit zu integrieren ist ein interessanter zukünftiger Schritt, um die Effizienz und das Potenzial eines solchen Managements erheblich zu steigern. Der Gedanke der Integration eines statischen Speichers kann weitergeführt werden hin zu mobilen Speichern. Diese mobilen Speicher, in der Regel Elektrofahrzeuge, die bidirektional an den Haushalt angeschlossen sind[2] stellen einen weiteren Kandidaten für die Optimierung dar, da diese insbesondere über zusätzlich Restriktionen verfügen.

Das hauptsächliche Ziel der vorliegenden Arbeit war die Entwicklung einer Methodik für das Energiemanagement in intelligenten Gebäuden. Der nächste Schritt ist nun, weitere konkrete Anwendungen für dieses System zu realisieren, wie es bereits im Rahmen des Energy Smart Home Lab stattfand. Ausgehend von den dort realisierten Konzepten soll der Bogen weiter gespannt werden hin zu einer Realisierung eines Energiemanagement-Systems für bestehende Haushalte. In diesem Fall kommen weitere herausfordernde Restriktionen hinzu, insbesondere hinsichtlich der Adaption des Organic Smart Home an die Gegebenheiten von Bestandsbauten. In diesem Fall kommt es nicht mehr nur auf die Realisierbarkeit an, sondern auf eine technische Umsetzung, die keine oder nur möglichst geringe Modifikationen der bestehenden Infrastruktur erfordert.

Im Zuge der Planungen zur Realisierung von Smart Grids tritt immer wieder der Aspekt der Datensicherheit, der Probleme der Angreifbarkeit

---

[1] http://sourceforge.net/projects/osmarthome/
[2] Vgl. Abschnitt 2.2

solcher Systeme in den Vordergrund. Hier stellt sich die Frage, welche Informationen über einen Haushalt durch ein derartiges Energiemanagement-System nach außen dringen können (vgl. [MMSF+10]). Durch den klar strukturierten Aufbau des Organic Smart Home können Konzepte realisiert werden, die diese sicherheitsrelevanten Aspekte behandeln. Eine der denkbaren Lösungen ist, dass die Kommunikation über das Registrar der O/C-Schicht um Rollen- und Rechteinformationen erweitert wird. Dadurch könnte gewährleistet werden, dass keine nicht berechtigten Entitäten Zugriff auf interne, sensible Daten wie z.b. Verbrauchsprofile bekommen. Der Zugang zu diesen Datenobjekten könnte dabei nur für einzelne Komponente der O/C-Schicht restriktiv gehandhabt werden. So könnte z.b. der COM-Manager bereits prinzipiell keine Informationen von einem bestimmten Typ über eine COM-Schnittstelle nach außen propagieren. Auch die Hardware-Abstraktionsschicht eignet sich durch ihre unifizierten Schnittstellen gut zur Einbindung von Konzepten, welche die Privatsphäre der Bewohner schützen. Zur Kommunikation der erforderlichen Daten an den Messstellenbetreiber bzw. -dienstleister könnten bei der Gestaltung dieser Austauschobjekte beispielsweise die Vorgaben der BSI-Schutzprofile beachtet werden.

LITERATUR

[ABS10]   F. Allerding, B. Becker und H. Schmeck. Integration
          intelligenter Steuerungskomponenten in reale smart-home-
          Umgebungen. In K. Fähnrich, B. Franczyk (Hrsg.), *Informatik
          2010 Service Science - Neue Perspektiven für die Informatik*,
          Band P-175 der *Lecture Notes in Informatics (LNI)*, Bonn,
          September 2010. Gesellschaft für Informatik e.V. (GI), Köllen
          Druck+Verlag GmbH, S. 455–460.

[AlS11]   F. Allerding und H. Schmeck. Organic smart Home - archi-
          tecture for energy management in intelligent buildings. In
          Workshop Organic Computing as part of ICAC 2011, 2011.

[APP08]   S. Abras, S. Ploix, S. Pesty und M. Jacomino. A Multi-agent
          Home Automation System for Power Management. In J. A.
          Cetto, J.-L. Ferrier, J. M. Costa dias Pereira und J. Filipe
          (Hrsg.), *Informatics in Control Automation and Robotics*,
          Band 15 der *Lecture Notes in Electrical Engineering*, S. 59–68.
          Springer Berlin Heidelberg, 2008.

[APS12]   F. Allerding, M. Premm, P. K. Shukla und H. Schmeck. Elec-
          trical Load Management in Smart Homes Using Evolutionary

Algorithms. In J.-K. Hao und M. Middendorf (Hrsg.), *Proceedings of the main European events on Evolutionary Computation*, Nr. 7245 der LNCS, Malaga, Spain, April 2012. Springer. to appear.

[Bao11] K. Bao. Vorhersageverfahren für das Benutzerverhalten im Smart Home. Diplomarbeit, Karlsruher Institut für Technologie, 2011.

[BAR+10] B. Becker, F. Allerding, U. Reiner, M. Kahl, U. Richter, D. Pathmaperuma, H. Schmeck und T. Leibfried. Decentralized Energy-Management to Control Smart-Home Architectures. In C. Müller-Schloer, W. Karl und S. Yehia (Hrsg.), *Architecture of Computing Systems - ARCS 2010*, Band 5974 der *Lecture Notes in Computer Science*, S. 150–161. Springer Berlin / Heidelberg, 2010.

[BAS11] K. Bao, F. Allerding und H. Schmeck. User behavior prediction for energy management in smart homes. In *Fuzzy Systems and Knowledge Discovery (FSKD), 2011 Eighth International Conference on*, Band 2, Shanghai, China, Juli 2011. Fuzzy Systems and Knowledge Discovery (FSKD), IEEE, S. 1335 – 1339.

[Bell00] G. Bellarmine. Load management techniques. In *Southeastcon 2000. Proceedings of the IEEE*, 2000, S. 139 –145.

[BKS12] B. Becker, A. Kellerer und H. Schmeck. User Interaction Interface for Energy Management in Smart Homes. In *Proceedings of the 3rd IEEE PES Conference on Innovative Smart Grid Technologies (ISGT)*, Washington, Januar 2012. IEEE PES, IEEE.

[BKZ10] P. Birkner, S. Küppers und M. Zdrallek. Anforderungen und zukünftiger Bedarf für intelligente Netze in Deutschland. In *VDE-Kongress 2010*, 2010.

[BMMS+06] J. Branke, M. Mnif, C. Müller-Schloer, H. Prothmann, U. Richter, F. Rochner und H. Schmeck. Organic Computing - Addressing Complexity by Controlled Self-Organization.

In T. Margaria, A. Philippou und B. Steffen (Hrsg.), *Post-Conference Proceedings of the 2nd International Symposium on Leveraging Applications of Formal Methods, Verification and Validation (ISoLA 2006)*. IEEE, November 2006, S. 185–191.

[Bund11]   Bundesnetzagentur. Smart Grid und Smart Market - Eckpunktepapier der Bundesnetzagentur, 2011.

[Bund12a]   Bundesministerium für Wirtschaft und Technologie. Die Energiewende in Deutschland - Mit sicherer, bezahlbarer und umweltschonender Energie ins Jahr 2050. Sonderheft Schlaglichter der Wirtschaftspolitik, Februar 2012.

[Bund12b]   Bundesministerium für Wirtschaft und Technologie. Energiekonzept, 2012. http://www.bmwi.de/DE/Themen/Energie/Energiepolitik/energiekonzept.html, zugegriffen am 10.12.2012.

[Bund12c]   Bundesministerium für Wirtschaft und Technologie. Energiepolitik, 2012. http://www.bmwi.de/DE/Themen/Energie/energiepolitik,did=405004.html, zugegriffen am 15.12.2012.

[Bund12d]   Bundestag Deutschland. Energiewirtschaftsgesetz vom 7. Juli 2005 (BGBl. I S. 1970, 3621), das zuletzt durch Artikel 2 des Gesetzes vom 16. Januar 2012 (BGBl. I S. 74) geändert worden ist., Januar 2012.

[Char05]   Charles River Associates. Primer on Demand-Side Management, Februar 2005. http://siteresources.worldbank.org/INTENERGY/Resources/PrimeronDemand-SideManagement.pdf, zugegriffen am 01.12.2012.

[Curr05]   E. Curry. *Message-Oriented Middleware*. John Wiley & Sons, Ltd. 2005.

[DuH73]   R. Duda und P. Hart. *Pattern classification and scene analysis*. Wiley-Interscience Publication, New York. 1973.

243

[DuN11] J. J. Durillo und A. J. Nebro. jMetal: A Java framework for multi-objective optimization. *Advances in Engineering Software* 42(10), 2011, S. 760 – 771.

[ElA05] H. Elzabadani und S. Abdelsalam. Self-sensing spaces: smart plugs for smart environments. In *3rd Intl. Conf. on Smart homes and Health Telemetrics*, 2005.

[Ener12] Energie Agentur NRW. Erhebung: Wo im Haushalt bleibt der Strom? Anteile, Verbrauchswerte und Kosten von 12 Verbrauchsbereichen in Ein- bis Sechs-Personen-Haushalten., 2012. http://www.energieagentur.nrw.de/_database/_data/datainfopool/erhebung_wo_bleibt_der_strom.pdf, zugegriffen am 01.12.2012.

[Eto96] J. Eto. The past, present, and future of US utility demand-side management programs. Technischer Bericht, Lawrence Berkeley National Lab., CA (United States), 1996.

[Euro10] Europäische Kommission. Eine Strategie für intelligentes, nachhaltiges und integratives Wachstum. Mitteilung der Kommission: EUROPA 2020, 2010.

[Frau13a] Frauenhofer IWES. OGEMA: Open Gateway Energy Management, 2013.

[Frau13b] Frauenhofer IWES. OGEMA Technology in Brief, 2013.

[Frey06] H. Frey. Strompreissignal an der Steckdose - effiziente Laststeuerung durch variable Tarife. In *Elftes Kasseler Symposium Energie-Systemtechnik - Informations- und Kommunikationstechnologien für die Energieversorgung von morgen*, 2006.

[GBK+11] S. Grässle, B. Becker, T. Knapp, F. Allerding, H. Schmeck und A. Wagner. Intelligent Control System for CHP-equipment in Smart-homes. In *Proceedings of the 2nd International Conference on Microgeneration and Related Technologies*, 2011.

[Gell85]   C. Gellings. The concept of demand-side management for electric utilities. *Proceedings of the IEEE* 73(10), oct. 1985, S. 1468 – 1470.

[GHP08]   T. Guldemond, J. Hurink, J. Paulus und J. Schutten. Time-constrained project scheduling. *Journal of Scheduling*, 2008.

[Glov86]   F. Glover. Future paths for integer programming and links to artificial intelligence. *Computers & Operations Research* 13(5), 1986, S. 533–549.

[Gold89]   D. E. Goldberg. *Genetic Algorithms in Search, Optimization, and Machine Learning.* Addison-Wesley. 1989.

[Habl04]   M. Hable. *Beitrag zur Energieeinsatzoptimierung mit evolutionären Algorithmen in lokalen Energiesystemen mit kombinierter Nutzung von Wärme- und Elektroenergie.* Dissertation, TU Dresden, 2004.

[HDS10]   K. Heuck, K.-D. Dettmann und D. Schulz. *Elektrische Energieversorgung.* Vieweg & Teuber Verlag, Wiesbaden. 2010.

[HiA10]   C. Hirsch und F. Allerding. Konzeption einer Simulationskomponente Nachfrager, Erzeugungsanlagen und Speicher. Technischer Bericht, Karlsruher Institut für Technologie, 2010.

[HKR08]   P. Hitzler, M. Krötzsch, S. Rudolph und Y. Sure. *Semantic Web - Grundlagen.* eXamen.press. Springer-Verlag Berlin Heidelberg. 2008.

[Hled09]   R. Hledik. How Green Is the Smart Grid? *The Electricity Journal* 22(3), 2009, S. 29 – 41.

[HOC12]   S. Hasan, S. O'Riain und E. Curry. Approximate semantic matching of heterogeneous events. In *Proceedings of the 6th ACM International Conference on Distributed Event-Based Systems*, DEBS '12, New York, NY, USA, 2012. ACM, S. 252–263.

[Holl62]   J. H. Holland. Concerning Efficient Adaptive Systems. In *Self-Organizing Systems*, S. 215–230. Yovitis, Jacobi, Goldstein, 1962.

[HPJ10]   D. L. Ha, S. Ploix, M. Jacomino und M. H. Le. *A mixed integer linear programming formulation of the home energy management problem*, Kapitel 5, S. 77–105. InTech. 2010.

[HPZ05]   D. L. Ha, S. Ploix, E. Zamaï und M. Jacomino. Control of energy consumption in home automation by ressource constraint scheduling. In *The 15th international conference on control systems and computer science*, Buccarest, Romania, 2005.

[HPZ06]   D. L. Ha, S. Ploix, E. Zamai und M. Jacomino. Tabu search for the optimization of household energy consumption. In *Information Reuse and Integration, 2006 IEEE International Conference on*, 2006, S. 86 –92.

[HPZ08]   D. L. Ha, S. Ploix, E. Zamai und M. Jacomino. Realtimes dynamic optimization for demand-side load management. *International Journal of Management Science and Engineering Management* Band 3, 2008, S. 243–252.

[HPZ09]   D. L. Ha, S. Ploix, E. Zamai und M. Jacomino. Metaheuristics for the home load management system. 2009.

[HRD98]   W. Herroelen, B. D. Reyck und E. Demeulemeester. Resource-constrained project scheduling: A survey of recent developments. *Computers & Operations Research* 25(4), 1998, S. 279 – 302.

[HuH04]   K.-Y. Huang und Y.-C. Huang. Integrating direct load control with interruptible load management to provide instantaneous reserves for ancillary services. *Power Systems, IEEE Transactions on* 19(3), aug. 2004, S. 1626 – 1634.

[Jong75]   K. D. Jong. *An Analysis of the Behavior of a Class of Genetic Adaptive Systems*. Dissertation, University of Michigan, 1975.

[KaE09]   A. Kamper und A. Eßer. *Biologically-inspired optimization methods*, Band 210/2009 der *Studies in Computational Intelligence*, Kapitel Strategies for decentralized balancing power, S. 261–289. Springer. 2009.

[Kamp10]   A. Kamper. *Dezentrales Lastmanagement zum Ausgleich kurzfristiger Abweichungen im Stromnetz.* KIT Scientific Publishing. 2010.

[Kell11]   Kellendonk Elektronik GmbH. EEbus die Technologien. Technischer Bericht, 2011. Available online at http://www.eebus.de; zuletzt aufgerufen: Juli 2012.

[KKN+09]   K. Kok, S. Karnouskos, D. Nestle, A. Dimeas, A. Weidlich, C. Warmer, P. Strauss, B. Buchholz, S. Drenkard, N. Hatziargyriou und V. Lioliou. Smart houses for a smart grid. In *Electricity Distribution - Part 1, 2009. CIRED 2009. 20th International Conference and Exhibition on*, june 2009, S. 1 –4.

[KLM08]   V. Krishnan, H. Liu und J. McCalley. Reactive power planning against power system steady state voltage instability. In *Power Symposium, 2008. NAPS '08. 40th North American*, 2008, S. 1 –8.

[KMS12]   C. B. Kobus, R. Mugge und J. P. Schoormans. Washing when the sun is shining! How users interact with a household energy management system. *Ergonomics* 0(0), 2012, S. 1–12.

[Komm07]   Kommission der Europäischen Gemeinschaften. Mitteilung der Kommission an den Europäischen Rat und an das Europäische Parlament, 01 2007.

[KuY55]   H. W. Kuhn und B. Yaw. The Hungarian method for the assignment problem. *Naval Res. Logist. Quart*, 1955, S. 83–97.

[Leen09]   T. M. Leena Suhl. *Optimierungssysteme: Modelle, Verfahren, Software, Anwendungen.* Springer-Lehrbuch. 2009.

[LiS06]   D. Li und X. Sun. *Nonlinear integer programming*. International Series in Operations Research & Management Science, 84. Springer, New York. 2006.

[MaR97]   H. Mannila und P. Ronkainen. Similarity of event sequences. In *Proceedings of the 4th International Workshop on Temporal Representation and Reasoning*. IEEE Computer Society, 1997.

[Maus12]   I. Mauser. Kurzfristiges Lastmanagement in einem Smart Home und Bereitstellung von Netzdienstleistungen. Diplomarbeit, Institut AIFB, Karlsruher Institut für Technologie, 2012.

[MMS02]   D. Merkle, M. Middendorf und H. Schmeck. Ant Colony Optimization for Resource-Constrained Project Scheduling. In *IEEE Transactions on Evolutionary Computation*, 2002, S. 333–346.

[MMSF⁺10]   A. Molina-Markham, P. Shenoy, K. Fu, E. Cecchet und D. Irwin. Private memoirs of a smart meter. In *Proceedings of the 2nd ACM Workshop on Embedded Sensing Systems for Energy-Efficiency in Building*, BuildSys '10, 2010, S. 61–66.

[MSSU11]   C. Müller-Schloer, H. Schmeck und T. Ungerer (Hrsg.). *Organic Computing – A Paradigm Shift for Complex Systems*. Autonomic Systems. Birkhäuser. 2011.

[Nest07]   D. Nestle. *Energiemanagement in der Niederspannungsversorgung mittels dezentraler Entscheidung*. Dissertation, kassel university press, 2007.

[Niss94]   V. Nissen. *Evolutionäre Algorithmen - Darstellung, Beispiele, betriebswirtschaftliche Anwendungsmöglichkeiten*. DUV Wirtschaftsinformatik. Deutscher Universitätsverlag. 1994.

[OHK02]   O. Oberschelp, T. Hestermeyer, B. Kleinjohann und L. Kleinjohann. Design of self-optimizing agent-based controllers. In *CfP Workshop 2002 – Agent-Based Simulation 3*, 2002.

[Pall12]   F. Pallas. Data Protection and smart grid communication - The European perspective. In *Innovative Smart Grid Technologies (ISGT), 2012 IEEE PES*, jan. 2012, S. 1 –8.

[Piet09]   A. Pietzowski. *Selbstschutz in Organic- und Ubiquitous-Middleware-Systemen unter Verwendung von Computer-Immunologie*. 2009.

[PKJ11]   A.-G. Paetz, T. Kaschub, P. Jochem und W. Fichtner. Me-RegioMobil AP 522: Test von Anreizsystemen (insbesondere Tarifmodelle) zur Beeinflussung von Lastgängen. Technischer Bericht, Lehrstuhl für Energiewirtschaft, IIP, KIT, 2011.

[Prot11]   H. Prothmann. *Organic traffic control*. KIT Scientific Publishing. 2011.

[Quin86]   J. Quinlan. Induction of Decision Trees. *Machine Learning* Band 1, 1986, S. 81–106.

[ReW09]   C. Rehtanz und C. Wietfeld. Das Internet der Energie. Trends in der Automatisierung von Energienetzen Internet for Energy. *at-Automatisierungstechnik* 57(10), 2009, S. 514–524.

[Rich09]   U. Richter. *Controlled Self-Organisation Using Learning Classifier Systems*. Phdthesis, PhD thesis at the Universität Karlsruhe (TH), Fakultät für Wirtschaftswissenschaften, 2009.

[RKL⁺10]   U. Reiner, M. Kahl, T. Leibfried, F. Allerding und H. Schmeck. MeRegioMobil-Labor: Entwicklungsumgebung für zukünftige Smart-homes. In *Proceedings of the VDE Kongress Leipzig*. ETG Jahrestagung, VDE Verlag, November 2010.

[RLA09]   U. Reiner, T. Leibfried, F. Allerding und H. Schmeck. Potenzial rückspeisefähiger Elektrofahrzeuge und steuerbarer Verbraucher im Verteilnetz unter Verwendung eines dezentralen Energiemanagementsystems. In ETG (Hrsg.), *Internationaler ETG-Kongress 2009 (ETG-FB 118)*, Berlin-Offenbach, September 2009. VDE, S. 329–334.

[RMB+06] U. Richter, M. Mnif, J. Branke, C. Müller-Schloer und H. Schmeck. Towards a Generic Observer/Controller Architecture for Organic Computing. In C. Hochberger und R. Liskowsky (Hrsg.), *INFORMATIK 2006 ? Informatik für Menschen!*, Band P-93 der *LNI*. Bonner Köllen Verlag, Oktober 2006, S. 112–119.

[RPW+11] O. Raabe, F. Pallas, E. Weis, M. Lorenz und K. V. Boesche. *Datenschutz in Smart Grids*. Begleitforschung E-Energy und IKT für Elektromobilität. 2011.

[Schö09] I. Schönberg. Modellstadt Mannheim. In A. Picot und K.-H. Neumann (Hrsg.), *E-Energy*, S. 69–71. Springer Berlin Heidelberg, 2009.

[Schm05] H. Schmeck. Organic computing: A new vision for distributed embedded systems. In *Proceedings Eighth IEEE International Symposium on Object-Oriented Real-Time Distributed Computing (ISORC 2005)*. IEEE Computer Society, 2005, S. 201–203.

[Smar] Smart Grids ETP. Smart Grids European Technology Platform. http://www.smartgrids.eu/ETPSmartGrids, zugegriffen am 25.04.2013.

[Smar12] Smarthome Initiative Deutschland e.V. SmartHome -Positionspapier, 12 2012. http://www. smarthome-deutschland.de/files/upload/1328121136_ 20110916_Positionspapier_SmartHome-final.pdf, zugegriffen am 9.12.2012.

[SMSc+10] H. Schmeck, C. Müller-Schloer, E. Çakar, M. Mnif und U. Richter. Adaptivity and self-organization in organic computing systems. *ACM Transactions on Autonomous and Adaptive Systems* 5(3), 2010, S. 1–32.

[SPH10] W. Ströbele, W. Pfaffenberger und M. Heuterkes. *Energiewirtschaft : Einführung in Theorie und Politik*. Oldenbourg, München. 2., völlig neu überarb. Aufl.. Auflage, 2010.

[SSK10]   H. Strese, U. Seidel, T. Knape und A. Botthof. *Smart Home in Deutschland Untersuchung im Rahmen der wissenschaftlichen Begleitung zum Programm Next Generation Media (NGM) des Bundesministeriums für Wirtschaft und Technologie.* VDI/VDE-IT. 2010.

[TGA-12]   TGA-Online.   Variable Strompreise sind noch Papiertiger, 2012. http://www.tga-fachplaner.de/Gentner.dll/PL_ 107996_302301, zugegriffen am 25.11.2012.

[TKL11]   A. Todd, A. Keller, M. Lewis und M. Kelly. Multi-agent System Simulation in Scala: An Evaluation of Actors for Parallel Simulation. In *International Conference on Parallel and Distributed Processing Techniques and Applications*, 2011.

[Verb12]   Verbraucherzentrale Nordrhein-Westfalen. Variable Stromtarife: Kein Anreiz fürs Stromsparen, 2012. http://www.vz-nrw. de/Variable-Stromtarife-Kein-Anreiz-fuers-Stromsparen-1, zugegriffen am 11.12.2012.

[VoS07]   U. Vogel und M. Sonnenschein. Optimization of Adaptive Consumers to a Time-varying Electricity Supply. In *ITEE*, 2007, S. 119–131.

[Weic07]   K. Weicker. *Evolutionäre Algorithmen (2. Auflage).* Teubner, Stuttgart. 2007.

[WSO⁺10] P. Wolf, A. Schmidt, J. P. Otte, M. Klein, S. Rollwage, B. König-ries, T. Dettborn und A. Gabdulkhakova. openAAL 1- the open source middleware for ambient-assisted living (AAL), 2010.

[Zhu09]   J. Zhu. *Optimization of Power System Operation.* IEEE Computer Society Press. 2009.